VOLTAR A VIVER

Joe Fisher

VOLTAR A VIVER
O Guia Definitivo para Compreender a Reencarnação

Tradução
GILSON CÉSAR CARDOSO DE SOUSA

Prefácio de
Sua Santidade o Dalai-Lama

Editora
Pensamento
SÃO PAULO

Título original: *Coming Back Alive.*

Copyright © 1984, 1992, 1998 Joe Fisher.

Todos os direitos reservados. Nenhuma parte deste livro pode ser reproduzida ou usada de qualquer forma ou por qualquer meio, eletrônico ou mecânico, inclusive fotocópias, gravações ou sistema de armazenamento em banco de dados, sem permissão por escrito, exceto nos casos de trechos curtos citados em resenhas críticas ou artigos de revistas.

A Editora Pensamento-Cultrix Ltda. não se responsabiliza por eventuais mudanças ocorridas nos endereços convencionais ou eletrônicos citados neste livro.

Coordenação editorial: Denise de C. Rocha Delela e Roseli de S. Ferraz
Preparação de originais: Roseli de S. Ferraz
Revisão: Iraci Miyuki Kishi
Diagramação: Join Bureau

Dados Internacionais de Catalogação na Publicação (CIP)
(Câmara Brasileira do Livro, SP, Brasil)

> Fisher, Joe
> Voltar a viver : o guia definitivo para compreender a reencarnação / Joe Fisher ; tradução Gilson César Cardoso de Sousa ; prefácio de sua santidade o Dalai-Lama. – São Paulo: Pensamento, 2011.
>
> Título original: Coming back alive.
> ISBN 978-85-315-1745-7
>
> 1. Doutrina reencarnacionista 2. Espiritualidade 3. Reencarnação 4. Terapia da reencarnação 5. Vida futura I. Título.
>
> 11-07109   CDD-133.90135

Índices para catálogo sistemático:

1. Reencarnação : Espiritualidade   133.90135

O primeiro número à esquerda indica a edição, ou reedição, desta obra. A primeira dezena à direita indica o ano em que esta edição, ou reedição, foi publicada.

Edição	Ano
1-2-3-4-5-6-7-8-9-10-11	11-12-13-14-15-16-17-18

Direitos de tradução para o Brasil
adquiridos com exclusividade pela
EDITORA PENSAMENTO-CULTRIX LTDA.
Rua Dr. Mário Vicente, 368 — 04270-000 — São Paulo, SP
Fone: 2066-9000 — Fax: 2066-9008
E-mail: atendimento@pensamento-cultrix.com.br
http://www.pensamento-cultrix.com.br
que se reserva a propriedade literária desta tradução.
Foi feito o depósito legal.

Em memória especial de
Rodger Holmes
(1955-1997)

AGRADECIMENTOS

O autor deseja expressar toda a sua gratidão a: David Kendall, cúmplice e boxeador "sombra", por sua leitura atenta e impiedosa do manuscrito.

Linda Pellowe, por seu empenho em tornar este livro realidade. Irmão Malcolm "Laird" Fisher, por sua diligência em Sydney, Austrália.

Obrigado também a Zasep Rinpoche, Tempa Tsering, Tendzin Choegyal, Ian Currie, Peter Commins, Ed Moran, Libby Sellwood, Helen Baltais, Ken Robertson, Kathy Brooks, Larry Kopman, Bill Lanning, Pascal Kaplan, Jim Wheatley, Yuzo Hatano, Cody Poulton, Karl Kamper, Gina Cerminara, Doug Cass, Uwe Ackerman, David Kopman, Faith Brown, Kevin Scanlon, Terri Degler, Al Wainio, Lena McEvenue, Steve Waring, Brian Postnikoff, Alexander Duncan e Patrick Crean por germinarem na hora certa a semente de uma ideia.

Pela ajuda no preparo da nova edição, agradecimentos especiais a Roy Stemman, Caroline Keenan e Alexander Blair-Ewart.

DO ESCRITÓRIO DE SUA SANTIDADE O DALAI-LAMA

A reencarnação não é um conceito exclusivamente budista ou hindu, mas faz parte da história da origem humana. Permanece como prova da capacidade do fluxo mental para reter conhecimento das atividades físicas, vocais e mentais.

A teoria da reencarnação não pode ser isolada do estilo de vida dos budistas tibetanos e se aplica tanto à mente boa quanto à mente má. Prende-se à teoria da origem interdependente e à lei de causa e efeito. Constitui, assim, um fator relevante na evolução dessa sabedoria e compaixão que, em última análise, levam ao estado plenamente iluminado de um Buda.

Às vezes, na infância, as pessoas relembram e reconhecem experiências ou ambientes de vidas anteriores. Além disso, um número considerável de cientistas começa a se interessar profundamente pelo assunto. A filosofia budista pode, em definitivo, contribuir para o estudo da mente e sua continuidade, proporcionando modos lógicos de pesquisa sobre o controvertido tópico da reencarnação.

Seria desejável que um estudo intenso e honesto das várias crenças referentes à reencarnação fosse levado adiante a fim de obter uma compreensão mais profunda e científica do problema.

Por isso, sinto-me feliz em apresentar este livro do sr. Joe Fisher, certo de que contribuirá substancialmente para interessar e instruir o leitor ocidental médio no tema do renascimento.

13 de outubro de 1983   *O Dalai-Lama*

"Enquanto não tiveres consciência da lei perpétua do Morrer e Renascer, continuarás sendo apenas um vago hóspede numa Terra escura."
 – Goethe

SUMÁRIO

Prefácio à Nova Edição 15

1   Pequena história do renascimento
     Resumo da crença reencarnacionista do antigo
     instinto tribal à era da tecnologia 23

2   O que sai da boca de recém-nascidos e crianças de peito
     As crianças tagarelas são algumas das testemunhas
     mais convincentes do renascimento. Exame da obra
     do dr. Ian Stevenson e Hemendra Banerjee, os
     maiores pesquisadores mundiais da reencarnação 29

3   Ponto de vista
     Os ciclos de renascimento e regeneração operam em
     todos os níveis imagináveis da vida. A humanidade que
     reencarna está no mesmo contexto de tudo o mais que
     reencarna também – das partículas subatômicas
     ao universo 45

4   Prodígios, Platão e precognição
     De como a lei do renascimento parece operar
     independentemente de hereditariedade ou genética 51

5   Cura de cicatrizes seculares
     A história da regressão hipnótica e da terapia de vidas
     passadas. O testemunho dos principais terapeutas de
     vidas passadas. Casos documentados de cura produzida
     pelo conhecimento de vidas passadas 61

6   Muito tempo atrás: As raízes da crença
As origens remotas da crença no renascimento – mito, fábula, memória tribal e as grandes religiões do mundo 83

7   A nota esquecida do cristianismo
De como a reencarnação foi violentamente banida do ensinamento cristão. Há indícios da doutrina do renascimento tanto na Bíblia quanto nos Evangelhos Gnósticos 99

8   O estado de *bardo*: Do túmulo ao berço
O plano da consciência entrevidas. Testemunho de terror, beleza, atemporalidade e necessidade de autoexame 111

9   O fantasma do passado do futuro
O tempo como ilusão. Em que medida ele afeta o tradicional conceito linear de vidas encadeadas 129

10   Vidas mesquinhas: Renascimento nos reinos inferiores
A longa jornada de corporificação progressiva que forma a Grande Cadeia do Ser. Podem os seres humanos reencarnar como animais? 135

11   Guerreiros intrépidos e a falácia do suicídio
Os guerreiros que acreditam em reencarnação são os mais valentes. E aqueles que tentam escapar do mundo tirando a própria vida são ludibriados pela porta giratória do renascimento 151

12   Plutão: O planeta do renascimento
Senhor da morte e do renascimento, Plutão é reconhecido como um poder formidável na astrologia. Agora, o planeta se encontra em Sagitário, uma era que anuncia mudanças drásticas 161

13   Investigação pessoal de vidas passadas
De que modo a pessoa pode tomar conhecimento das vidas anteriores. Exercícios para estimular a "Memória Mágica" 173

14 Do Dalai-Lama ao enigma da população
*Uma série de pontos de vista sobre renascimento.
Apresentando o Dalai-Lama, Edgar Cayce, xenoglossia,
déjà vu, arte em vidas passadas e muito mais...* 189

15 De volta à vida
*Pesquisas e estudos de caso recentes confirmaram e
incentivaram a aceitação cada vez maior da reencarnação
nos últimos anos do século XX* 207

16 Levar tudo de volta para casa
*O verdadeiro significado da reencarnação:
A perspectiva de mudança positiva no indivíduo
e na sociedade* 229

Bibliografia 233

Índice das citações 239

PREFÁCIO À NOVA EDIÇÃO

A reencarnação está de volta

Por trinta anos, a reencarnação não significou nada para mim. Criado num lar cristão fundamentalista (meu pai era ministro batista; minha mãe, de família metodista devota, é agora Testemunha de Jeová), ignorava a ideia de que, a bem de nossa evolução espiritual, voltamos à Terra numa série de corpos diferentes. Embora meus pais enfatizassem a concepção de que a espiritualidade está na raiz e na copa de nossa humanidade, o fundamentalismo religioso me parecia cada vez mais uma interpretação coercitiva e pueril da inefável grandeza que, seguramente, envolve o mundo maior da alma.

Anos depois, esgotado pelas pressões diárias e o cinismo mortal do mundo jornalístico, troquei a sala de redação do *Toronto Sun* por Quito, no Equador... apenas para ficar de cama seis semanas com uma hepatite. Enfim, com tempo para refletir maduramente, analisei a possibilidade de eu mesmo ter escolhido, antes de nascer, minha acanhada educação cristã. Não para me tornar um evangelizador de Bíblia em punho mas, ao contrário, para testar minha vontade contra o dogmatismo e, assim fazendo, descobrir uma maneira de ser menos intransigente, mais relevante para o destino humano, mais sensível e mesmo sublime. Percebendo que o renascimento talvez fosse uma exigência da evolução humana, dispus-me a examinar seus princípios e doutrina.

Enquanto pesquisava e escrevia *Voltar a Viver: O Guia Definitivo para Compreender a Reencarnação*, notei certa vez, numa loja de Londres, um monte de *bottons* de metal com a mensagem: "A reencarnação está de volta". Não pude resistir e comprei um, tamanha foi a empatia. Hoje, quase quinze anos depois, o *botton* me parece mais uma predição que uma definição, ao menos pelo fato de essa antiga crença estar gozando outra vez do favor público.

Quando este livro foi publicado pela primeira vez, a reencarnação ainda era uma ideia bastante exótica no Ocidente. Parecia estranha porque nossa civilização vinha há séculos sendo condicionada pela ortodoxia cristã, que banira logo no começo a doutrina do renascimento. A controladora aliança entre Igreja e Estado considerava a crença na reencarnação tão perigosa que qualquer ressurgimento daquilo que Henry David Thoreau chamaria "um instinto da raça" era sumariamente omitido. A ameaça aos autocratas eclesiásticos não podia ser mais clara. Se as massas esperassem viver de novo, acreditando-se responsáveis por seu próprio destino eterno, o domínio da Igreja se diluiria.

A ressaca provocada por essa antiga opressão começava a amainar quando comecei a refletir sobre um conceito que, na época, me parecia apenas intrigante. Ao escrever um livro anterior, *Predictions*, ficara impressionado com os trabalhos do grande clarividente americano, Edgar Cayce. Homem temente a Deus, Cayce era um professor de escola dominical que lia sua Bíblia diariamente e considerava a reencarnação obra de Satanás. No entanto, quando em transe auto-hipnótico, ele discorria involuntariamente sobre vidas passadas e sua relação com a condição presente daqueles que buscavam seu conselho. A princípio, Cayce ruminou sombriamente sobre influências demoníacas, mas no fim, persuadido por seu próprio testemunho inconsciente, aceitou a doutrina reencarnacionista. Essa conversão me deixou perplexo. Se um cristão fervoroso como Edgar Cayce podia mudar de ideia, talvez houvesse alguma verdade na crença oriental de que o renascimento é um processo natural para todos nós.

Meu plano era pesquisar para um livro que, como o juiz justo diante do júri, apresentasse os prós e os contras da reencarnação. Porém, quanto mais lia a respeito da possibilidade de existências sucessivas e entrevistava médicos ou autoridades espirituais para quem o renascimento era mera questão de senso prático, mais me via confrontado com um conjunto de evidências que apoiavam a ideia. Ao mesmo tempo, as pessoas que repudiavam a possibilidade da reencarnação pareciam compelidas a negar a existência de qualquer coisa fora do alcance de seus cinco sentidos. Em si mesma, a rejeição dos céticos era muito pouco convincente.

Assim, concentrei-me em *defender* a reencarnação. Afinal, os céticos haviam controlado a opinião pública durante gerações sem que ninguém os ameaçasse seriamente. Por esse motivo, não surpreendia que o júri da sociedade do início dos anos 80 relutasse, num primeiro momento, em levar a sério a doutrina. A chamada Nova Era ainda aguardava confirmação; a atriz Shirley MacLaine ainda ensaiava o papel de porta-voz da reencarnação; programas de TV sobre a paranormalidade ainda não estavam em voga; e a internet voltada para a cultura popular ainda era um simples lampejo nos olhos dos inventores.

Em suma, o interesse público por vidas passadas e crenças reencarnacionistas apenas começava a ganhar ímpeto. A filosofia dominante no Ocidente estava a léguas da aceitação oriental do renascimento como lei da vida, como postulado necessário da condição humana. Foi por isso, creio eu, que Sua Santidade o Dalai-Lama concordou em escrever o prefácio para o presente livro. Ele espera que o leitor "ocidental médio" compreenda que nascemos em corpos diferentes para evoluir e crescer como seres espirituais. E, presumivelmente, viu em meu manuscrito um veículo para alcançar esse objetivo. Como que por um passe de mágica, um ano ou dois depois da publicação deste livro parecia que todos estavam falando em "renascimento". Na América do Norte, Europa e Japão, *Voltar a Viver: O Guia Definitivo para Compreender a Reencarnação* ajudou a fomentar – e a lançar – uma verdadeira onda de fascínio.

Hoje, o Dalai-Lama deve estar muito satisfeito com a progressiva reabilitação da doutrina reencarnacionista na consciência ocidental. Mas o líder espiritual do Tibete talvez se pergunte por que nossa sociedade ainda materialista conta com tantos interessados em lucrar com a doutrina transcendente. Médiuns ganham muito dinheiro para emprestar sua voz a entidades suspeitas, que alardeiam uma longa história de vidas passadas. "Conselheiros empáticos" discorrem ao vivo, a qualquer momento, sobre vidas passadas, por telefone ou e-mail. Alguns bancos oferecem, a investidores com dinheiro para torrar, serviços especiais que enfocam a "vida futura" – e o seguro-reencarnação é anunciado como "o melhor investimento financeiro".

Na televisão, o assunto vem sendo tratado de maneira divertida em programas como *The X-Files*, *Psi Factor* e *Mysterious Forces*

Beyond. Pela internet, uma empresa de Illinois oferece, por um preço em dólares, um *"kit de sistemas de reencarnação"* para "guiar sua alma em segurança... de volta ao mundo tal qual o conhecemos". Outro *site* da Web promove um catálogo de "Next Life Parents" ["Pais para a Próxima Vida"]. Não bastasse isso, nos tribunais, a reencarnação às vezes dá o ar da graça para ajudar na defesa. Em maio de 1997, um ex-professor – condenado, no fim, a dezoito meses de prisão – confidenciou a um juiz de Santa Fé, Novo México, que seu relacionamento com uma estudante de 14 anos vinha de vidas passadas no Tibete, há mais de mil anos, quando ela salvara sua vida recebendo uma flecha que lhe era destinada.

Rir é o melhor remédio, mas o sensacionalismo e a banalização do renascimento injetam óleo sujo naquilo que chamo de "engrenagem da imortalidade" – a verdadeira casa de máquinas de nossa evolução espiritual. O assunto merece um exame profundo, tanto mais que um estudo sério da matéria nos permite arriscar algumas respostas a perguntas intrigantes como: quem somos? De onde viemos? E para onde vamos, se é que vamos para algum lugar? Fyodor Dostoievsky disse no *Diário de um Escritor*: "Um único conceito superior existe na Terra: o da imortalidade da alma humana. As outras ideias profundas pelas quais o homem vive são meras extensões dele". Se a imortalidade é a proposta irrecusável, a reencarnação é o meio natural de conquistá-la.

Esta edição totalmente revista e atualizada contém matérias que não foram incluídas no volume original. Um novo capítulo, "De Volta à Vida", apresenta uma série de estudos de caso e dados de pesquisa recentes. Em Londres, o editor Roy Stemman vem publicando desde 1994 uma ótima revista, *Reincarnation International*, que foi para mim uma rica fonte de informação. Entre os materiais novos, há um resumo dos últimos trabalhos do dr. Ian Stevenson, da Virgínia, o mais famoso investigador do renascimento em todo o mundo e incansável coletor de provas que liguem existências atuais a vidas passadas. Ampliei o capítulo "O Estado de *Bardo*: do Túmulo ao Berço" para incorporar, entre outras coisas, os achados de *Life Between Life*, o primeiro estudo contemporâneo de situações entrevidas, que escrevi a quatro mãos com o neuropsiquiatra de Toronto, o dr. Joel Whitton. Com a ajuda da astróloga Caroline Keenan, o capítulo "Plutão: o Planeta do Renascimento" foi amplamente remanejado a fim de acompanhar a trajetória astrológica que a Terra percorreu desde o aparecimento da primeira edição. Outros capítulos apresentam relatos de casos e comentários novos, especialmente os que tratam da terapia de vidas passadas e reencarnação no cristianismo. Além disso, "quadros" que apareciam apenas na edição original em capa dura intercalam agora, juntamente com outras novas, o texto todo.

A curiosidade intelectual me levou a investigar a fundo a legitimidade da reencarnação. Impressionado, na época, com a pertinência, a justiça e a total plausibilidade da doutrina, fiquei mentalmente convencido de que voltamos para burilar nosso destino numa série de corpos. A convicção plena, no entanto – talvez bloqueada pelo entranhado condicionamento social –, demorou um pouco mais. Hoje, porém, vejo as pessoas como espíritos encarnados que escolheram a existência atual para adquirir mais amor, conhecimento e compreensão de si mesmos e dos semelhantes. Uma afinidade instantânea ou uma forte aversão (às vezes uma mistura de ambas) geralmente identificam as pessoas com quem partilhei vidas anteriores. Saber e aceitar que sou membro de uma grande família presa ao ciclo das reencarnações torna a vida infinitamente fascinante. Embora sejamos responsáveis apenas por nosso destino, a jornada espiritual exige companheirismo. Os entes queridos, parentes e amigos fiéis de hoje com quase certeza estiveram conosco em vidas passadas. E, com toda a certeza, o contato persistirá por muito, muito tempo.

No rádio, na televisão e no circuito de conferências, uma pergunta sempre é feita: se a reencarnação existe, por que as condições terrenas não melhoram? Por que os seres humanos não superam a guerra, a inveja e o egoísmo? Minha resposta não muda nunca: a Terra é como um curso. Os alunos se matriculam, aprendem as lições e vão embora – mas o curso permanece o mesmo. Voltamos ao campo de treinamento da Terra tantas vezes quantas a evolução espiritual o exigir e, cumprido o aprendizado, qualificamo-nos para planos superiores da vida.

Algumas pessoas acreditam que o progresso material levará à comprovação científica da reencarnação. E, de acordo com outras, dia virá em que o inventário de vidas passadas de uma criança poderá ser visto na tela do computador como um recurso didático, proporcionando aos pais e ao filho um panorama do que aconteceu antes para que a vida atual seja melhorada. Embora um número crescente de pessoas espere regressar à Terra, não vejo provas de renascimento neste mundo. Saber, sem sombra de dúvida, que já vivemos antes e viveremos de novo seria como obter por antecipação as respostas a um exame. Quero ser bem claro a respeito das limitações que cercam a avaliação de um processo transdimensional do ponto de vista precário de nossa realidade terrena. *Voltar a Viver: O Guia Definitivo para Compreender a Reencarnação* não pode provar a existência do renascimento – isso é impossível a um escritor que fala a leitores igualmente presos à Terra. O máximo que se pode fazer é apresentar uma série de indícios segundo os quais nós realmente vivemos muitas vidas para obter o necessário desenvolvimento espiritual. Embora o estado entrevidas (*bardo*) seja nossa morada natural – em essência, uma esfera não física onde planejamos, ponderamos e refletimos –, reencarnamos porque a Terra é um bom cadinho para a experiência do aprendizado e da capacitação.

Irreprimível como a própria vida, a reencarnação prevalece a despeito dos críticos materialistas. Sociedades tribais eram nutridas por seu vigor místico; sociedades clássicas tratavam a doutrina com lógica e raciocínio; e a civilização global do século XX testou sua validade científica, revelando-lhe o poder terapêutico.

Testemunhas do processo de renascimento falarão nas páginas seguintes, mas a defesa da doutrina não se baseará em depoimentos subjetivos. As evidências serão colhidas da pesquisa empírica, da observação médica, da sabedoria espiritual, da investigação metafísica, do registro histórico, da acuidade mística e da vasta experiência contemporânea. Este livro resgata a importância da reencarnação para a humanidade atual, tentando mostrar que o conhecimento do assunto amplia nossa visão daquilo que somos e, ao mesmo tempo, empresta significado ao papel que desempenhamos na ordem universal.

Com respeito à jornada pessoal que é a reencarnação, o trecho seguinte de um poema intitulado *Minha Lei* ou *Tieme Ranapiri* – atribuído a um maori anônimo – resume todas as nossas andanças:

Foste. Serás! Sabei-o bem enquanto és:
Teu espírito vagou por muito tempo e muitos lugares.
Veio da Fonte, para a Fonte regressará:
A centelha, uma vez acesa, brilha eternamente.

De corpo em corpo, teu espírito avança,
Buscando uma forma nova quando a antiga se desgastou.
A forma que encontra é a trama que teceste
No tear da mente, com a fibra do pensamento.

És teu próprio mal, és teu próprio Deus.
Abriste os caminhos onde deixaste tuas pegadas.
Ninguém te pode salvar do erro ou do pecado
Até te sintonizares com o espírito interior.

– Joe Fisher, West Garafraxa, Ontário

PEQUENA HISTÓRIA DO RENASCIMENTO

"O túmulo não é um beco sem saída; é uma passagem.
Fecha-se ao crepúsculo. Abre-se ao alvorecer."
– Vítor Hugo

"Todo recém-nascido de fato chega novo e feliz à nova vida, gozando-a
como um dom. No entanto, nada é – nem pode ser – gratuito.
A nova vida é paga pela velhice e a morte de uma outra que se
consumiu, mas continha a semente indestrutível a partir da qual
surgiu a nova. Ambas pertencem a um único ser."
– Arthur Schopenhauer

Aos olhos de nossos antepassados, ir para o túmulo era voltar à Mãe Terra com sua infinita capacidade de renovação. Morrer era renascer; e renascer era reaparelhar-se fisicamente para exprimir, de maneira mais apropriada, a energia espiritual perene. Chuang Tzu, o místico taoista que viveu no século IV a.C., captou o otimismo do processo ao escrever: "Revestir a forma humana: que fonte inesgotável de alegria! Em seguida, passar por incontáveis transições apenas com o infinito pela frente: que bênção!"

À medida que a civilização evoluía a partir da vida tribal dispersa, os instintos primitivos de renovação, que inspiraram os mitos sagrados e atribuíram sentido à luta diária pela sobrevivência, foram se transformando na doutrina da reencarnação. E a justificativa básica dessa doutrina para a sucessão de vidas na Terra é o karma: o conceito segundo o qual tudo o que a pessoa pensa e faz afeta o equilíbrio do universo, provocando sua reação. Em outras palavras, o renascimento só cessa quando toda imperfeição foi erradicada graças ao jogo de causa e efeito. A justiça impessoal do karma está implícita no próprio tecido do universo. A lei da conservação da energia, pela qual energia alguma jamais se perde, a terceira lei do movimento de Newton (toda ação gera uma reação igual e oposta) e a tão citada passagem bíblica: "Aquilo que semeares, isso colherás" (Gálatas 6:7) dão testemunho do rigor kármico.

> A reencarnação é conhecida na Nigéria como *Ogba Nje*. Segundo a crença tradicional, as pessoas podem conseguir renascer juntas para levar a termo alguma missão em grupo. Se uma delas não quiser cumprir o contrato enquanto viva, as outras a impedirão. Esse impedimento, ao que se diz, toma a forma de distúrbio mental que os médicos nativos, depois de chegar ao diagnóstico pela leitura das mãos, podem curar libertando o paciente do compromisso.

Desde que a reencarnação e o karma foram aceitos por seus maiores místicos e filósofos, o povo do Oriente passou a mostrar grande reverência pelos giros infindáveis da "roda da vida". Não assim no Ocidente, onde a reencarnação foi enterrada viva há mais de catorze séculos. Os comparsas responsáveis, a Igreja e o Estado, temiam que sua autoridade fosse desafiada por uma doutrina segundo a qual os indivíduos eram responsáveis por sua própria salvação. A partir de 553 d.C., quando a "monstruosa restauração" do renascimento foi denunciada pelo imperador Justiniano, os fiéis tiveram de acreditar na vida eterna ignorando a irmã espiritual da imortalidade, a reencarnação. Os cristãos aprendiam que a eternidade começava no berço. Mas, como só o que não tem começo pode não ter fim, poderíamos acreditar também na capacidade de uma mesa se apoiar em apenas três pés!

Essa semi-imortalidade tornava o materialismo mais atraente como código de comportamento. Em consequência, o exílio da reencarnação foi sancionado pelo fomento do materialismo ocidental que a Igreja indiretamente promoveu. Pois o materialismo, que mais tarde associou a ciência vaidosa à sua visão míope, não sanciona realidade alguma fora daquilo que se pode medir, pesar, ouvir, cheirar, comprar e vender. Ironicamente, essa tendência apressou também o declínio da autoridade eclesiástica, que se apoiava sobretudo na manipulação do intangível.

A Igreja continuaria todo-poderosa por séculos, embora carregasse consigo as sementes da própria ruína. Muitos reencarnacionistas rebeldes foram executados com fúria vingativa, porquanto os bispos implicitamente condenaram a doutrina do renascimento mais duas vezes, nos concílios de 1274 e 1439, reafirmando em altas vozes o céu, o inferno e o purgatório. Contudo, a velha crença de que muitas vidas são necessárias para nossa evolução espiritual, como necessária é uma sequência de anos para nosso desenvolvimento físico, não desapareceu. Quando a Idade das Trevas recuou perante a Renascença, a sociedade voltou a exaltar espontaneamente os valores individuais. O poder do papado veio enfim abaixo e, durante o Iluminismo que se seguiu, muitas das grandes mentes da Europa apresentaram a reencarnação como um fato indiscutível da vida, que temperava o caos de um mundo iníquo com justiça, significado e propósito. Voltaire disse: "Nascer duas vezes não é mais surpreendente do que nascer uma vez".

As massas, porém, tinham mais com que se surpreender, pois uma tremenda excitação estava sendo gerada pelos rudimentares mecanismos automáticos da Revolução Industrial. No fim do século XIX, o movimento teosófico desafiou as crenças dominantes na época indo abeberar-se no tesouro das doutrinas hinduísta e budista a fim de divulgar a reencarnação no Ocidente. Mas, aferradas aos conceitos fundamentalistas e contidas pelo medo da morte, após a qual seriam recompensadas ou castigadas no paraíso ou no inferno, as pessoas, em sua maioria, não se deixaram convencer.

"Pedem-me para arar a terra! Empunharei então uma faca e abrirei o ventre de minha mãe? Quando eu morrer, não serei acolhido em seu regaço, para repousar. Pedem-me para arrancar pedras! Escavarei então a pele de minha mãe, à cata de seus ossos? Quando eu morrer, não poderei entrar de novo em seu corpo, para renascer."

– Resposta de Smohalla, chefe indígena das Grandes Planícies, quando aconselhado a convencer seu povo a adotar a agricultura.

Nosso próprio século testemunhou uma resposta limitada, nos anos 30 e 40, ao místico Edgar Cayce, o qual, embora muito religioso, caía em transe auto-hipnótico para transmitir – a princípio contra a vontade – espantosas revelações sobre vidas passadas que remontavam ao continente perdido da Atlântida.

Só em 1954, com o sensacional caso de Bridey Murphy, a imaginação pública aceitou a doutrina reencarnacionista como hipótese razoável. Crentes e descrentes ficaram impressionados com os relatos sobre Morey Bernstein, um empresário do Colorado que por meio da hipnose fazia a dona de casa Virginia Tighe recuar a uma vida obscura, mas plausível, na Irlanda do século IX, na qual se chamara Bridey Murphy. Filmes e canções inspirados na reencarnação não tardaram a aparecer. Ao mesmo tempo, estudos pioneiros submetiam o problema ao escrutínio científico. Enquanto os arquivos de casos intrigantes se avolumavam, em meados dos anos 70 a terapia de vidas passadas se impunha como um meio poderoso de curar doenças físicas e psicológicas pela recuperação de lembranças de vidas passadas sob hipnose. A crença em vidas sucessivas, porém, não renascia isoladamente. Ao contrário, tomava seu lugar em meio a um amplo ressurgimento da consciência espiritualista e a um apetite cada vez maior por alimento não material num mundo que se tornara altamente tecnológico.

As pesquisas refletem essa tendência. Uma delas, feita pelo Gallup em 1994, revelou que 27% dos americanos aceitavam a ideia da reencarnação. Outra, de 1997, na Grã-Bretanha, mostrou que um em cada quatro de oito mil adultos acreditava na reencarnação.

Os céticos, é claro, nunca deixaram de criticar as pessoas "crédulas" que atribuem muitas visões e idiossincrasias da vida atual a ecos de vidas passadas. Refutam todos esses fenômenos atribuindo-os a possessões demoníacas, percepção extrassensorial ou truques perpetrados pela mente, que nós ainda não entendemos por completo. No entanto, a reencarnação continua se safando do ostracismo que lhe foi há muito imposto pela trindade da Igreja, Estado e materialismo científico. Nas palavras do cientista e educador austríaco Rudolf Steiner, "... assim como a época de Copérnico estava madura para aceitar sua teoria do universo, assim a nossa está pronta para permitir que as ideias de reencarnação e karma penetrem na consciência geral da humanidade. O que tiver de acontecer no curso da evolução *acontecerá*, independentemente dos poderes que se lhe oponham".

> Sustentam os céticos que a reencarnação é apenas uma racionalização do desejo nos seres humanos incapazes de enfrentar sua própria mortalidade. Todavia, para hindus e budistas, racionalização do desejo é acreditar na possibilidade de serem poupados dos inúmeros nascimentos que o giro infinito da roda da vida provoca.

O QUE SAI DA BOCA DE RECÉM-NASCIDOS E CRIANÇAS DE PEITO

"A evidência mais promissora da reencarnação parece provir
dos casos espontâneos, especialmente entre crianças."
– Dr. Ian Stevenson

"Como você certamente já notou, muitas vezes as crianças exprimem,
de repente, ideias que nos levam a imaginar como puderam
concebê-las. Essas ideias pressupõem uma longa série de
outras ideias e ruminações secretas, que brotam como esguichos
do chão – indício certo de que o esguicho não foi produzido logo
após a queda de umas poucas gotas de chuva, mas fluía há
muito tempo nas profundezas da terra."
– J. G. Herder

Espontaneamente, por meio de observações entremeadas em conversas casuais sobre o mundo à sua volta, a pequena Romy Crees evocava o homem que, ela insistia, fora outrora. Tão logo aprendeu a falar, a criaturinha bonita e de cabelos ondulados que morava em Des Moines, Iowa, disse ser Joe Williams, marido de Sheila e pai de três filhos. Frequentemente, ela expressava o desejo de "ir para casa". Descrevia sua morte num acidente de motocicleta, descrição tão vívida que os pais acabaram por levar a sério algo que a princípio tomavam por divagações da fantasia infantil. "Tenho medo de motocicletas", afirmava Romy.

Tão persistentes eram as "lembranças" que a criança de 3 anos tinha de incidentes e pessoas de sua outra vida misteriosa que os pais decidiram receber em casa Hemendra Banerjee, pesquisador profissional da "memória extracerebral". Acompanhado pela esposa e seu colega Margit, além de dois jornalistas da revista sueca *Allers*, Banerjee chegou à casa dos Crees num dia frio do inverno de 1981. Com os cachos do cabelo se agitando em torno da face rosada, Romy, de vestido azul florido, brincava animadamente sobre o grosso tapete da sala. Uma imagem católica de Nossa Senhora sorria na parede enquanto Bonnie Crees, de 28 anos, contava que vinha procurando distrair a filha na esperança de calar aquelas lembranças perturbadoras por meio de uma conversa mais normal. Mas sempre a outra vida se intrometia...

"Frequentei a escola em Charles City", disse Romy. "Morava numa casa de tijolos vermelhos e casei-me com Sheila. Tivemos filhos, mas nessa época já nos havíamos mudado de Charles City..."

"Minha mãe sentia uma dor bem aqui", continuou, apontando a perna direita. "A mamãe Williams se chamava Louise. Não a vejo há muito tempo."

"Certa vez houve um incêndio em casa. Foi culpa minha, mas mamãe jogou água no fogo. Queimou a mão."

A face de Romy se contraiu quando Bonnie Crees falou da preocupação da filha com Joe Williams e Charles City. "Quero ir a Charles City", declarou ela. "Preciso dizer à mamãe Williams que tudo vai bem."

Então os Banerjees, os jornalistas suecos, o especialista de Des Moines, dr. Greg States, e Barry Crees partiram com Romy para Charles City, uma cidadezinha de oito mil habitantes a cerca de 220 km. Durante toda a viagem, Romy se mostrou irrequieta e ansiosa; e, quando se aproximavam de Charles City – sem ninguém ter dito que já estavam chegando –, ela saltou do banco traseiro e se meteu entre o dr. States e Hemendra Banerjee. "Precisamos comprar flores", avisou. "A mamãe Williams gosta de flores azuis. Quando chegarmos, não poderemos entrar pela porta da frente. Teremos de dar a volta até a porta de trás."

Como Romy não conseguia localizar o endereço da sra. Williams naquela cidade moderna, cheia de igrejas e bangalôs espalhados pelos campos junto à divisa com Minnesota, o grupo ligou para o serviço telefônico local. Logo chegaram, não a uma casa de tijolos vermelhos, como informara Romy, mas a um bangalô branco na orla da cidade. Romy saltou do carro e empurrou Banerjee impacientemente pelo caminho que levava à porta da frente, onde um cartaz dizia: "POR FAVOR, USEM A PORTA DE TRÁS".

> *Samskara* é a palavra sânscrita para os traços pessoais que passam de uma vida à seguinte. *Samskara* descreve as impressões residuais da mente deixadas por causas que já não atuam.

Não houve de início resposta ao toque da campainha, mas por fim a porta de trás se abriu lentamente e apareceu uma senhora idosa, apoiada em muletas de metal. As palavras de Romy sobre "uma dor na perna", tanto quanto sobre a porta da frente, estavam corretas. Em volta da perna direita da mulher – que era de fato a sra. Williams –, via-se uma bandagem firmemente amarrada. Entretanto, como a sra. Williams ia sair para uma consulta médica, não quis nem conversar com o grupo nem ouvir suas histórias. Fechou a porta, e os olhos de Romy se encheram de lágrimas.

A menina, seu pai e os jornalistas suecos voltaram uma hora depois e foram recebidos. Houve uma empatia imediata entre Romy e a mulher. Trocaram beijos e abraços enquanto a sra. Williams aceitava da menina um buquê de flores. Encantada com os visitantes e atônita com a escolha de Romy, ela confidenciou que o último presente de seu filho falecido fora justamente um ramalhete de flores azuis. E mais espantada ficou quando Barry Crees, ainda lutando contra a descrença, relatou-lhe as reminiscências de Romy sobre a família Williams: "Mas de que modo ela obteve essas informações?", quis saber a velha senhora. "Não conheço vocês nem ninguém em Des Moines!" Então, a mulher de 76 anos explicou por que estava morando num bangalô branco e por que a comunidade talvez houvesse parecido tão estranha a Romy, apesar de seu assombroso conhecimento do local: "Nossa casa, de fato, era de tijolos vermelhos, mas foi destruída por um violento furacão que danificou boa parte de Charles City há dez anos. Joe nos ajudou a construir esta casa e insistiu para que mantivéssemos a porta da frente fechada no inverno".

A sra. Williams, interrompendo o relato, correu para o quarto mais próximo e Romy foi atrás dela. Algum tempo depois voltaram, de mãos dadas. A pequena Romy tentava amparar a velha senhora, que trazia um retrato de Joe, Sheila e as crianças, tirado no Natal anterior ao acidente. "Ela os reconheceu", murmurou a sra. Williams, num tom hesitante. "Ela os reconheceu!"

O casamento de Joe e Sheila, os três filhos que tiveram, os nomes de outros parentes, o acidente de motocicleta em 1975 perto de Chicago, no qual marido e mulher haviam morrido, o incêndio na casa durante o qual a sra. Williams queimara a mão: esses e outros detalhes que a menina mencionara foram todos confirmados. Também foi exata sua descrição dos ferimentos sofridos no acidente fatal. Nascido em 1937, Joe Williams, que morrera dois anos antes do nascimento de Romy, era o penúltimo de sete filhos.

> Crianças birmanesas que conseguem lembrar-se de vidas passadas são conhecidas como *winzas*. Na Birmânia, é costume marcar as crianças que morrem, ou estão para morrer, na esperança de que renasçam na mesma família e sejam identificadas por um sinal de nascença correspondente.

O caso de Romy Crees é o estudo mais bem-documentado dos arquivos de Banerjee e, segundo o pesquisador, "prova que a reencarnação é real". Mas, como católicos praticantes, os pais de Romy e Louise Williams não aceitam essa explicação. "Explicar, não sei", suspira Bonnie Crees. "Mas *sei* que minha filha não está mentindo."

> Aos 3 anos de idade, Joey Verwey, de Pretória, África do Sul, começou a falar de suas vidas passadas. A mãe, Helge Verwey, passou a registrar num diário essas lembranças – que cobriam dez existências – a partir dos 6 anos da menina. O cientista sul-africano, dr. Arthur Bleksley, comenta: "Antes de aprender a escrever, a criança fazia desenhos de roupas antigas, fornecendo sempre os mínimos detalhes. Mais tarde descreveu objetos, costumes e modas que só quem vivera na época podia conhecer. Sua precisão é espantosa, e não encontro outra explicação para esse notável conhecimento a não ser a possibilidade de que ela haja de fato reencarnado várias vezes".

Em busca de vidas passadas

Romy é apenas uma entre centenas de crianças que, em todas as partes do mundo, têm falado com desenvoltura, precisão e convicção inabalável sobre vidas passadas historicamente verificadas. Em muitos casos, essas testemunhas ingênuas comunicam suas lembranças entre os 2 e 5 anos de idade, falando quase sempre de vidas que terminaram de maneira abrupta e violenta. Murmurando distraidamente ou pedindo para ser ouvidas, empregam frases do tipo: "Quando eu era grande", reclamando às vezes de seus corpos pequenos e mostrando-se até ressentidas por não serem do mesmo sexo que antes. Não raro se confessam saudosas da companhia de um marido, esposa, filho ou filha. Anseiam pelas comidas, roupas e estilo de vida – e mesmo, em algumas ocasiões, por álcool, drogas ou tabaco – de uma vida anterior. Sofrem de fobias que podem ser diretamente associadas às suas mortes repentinas – por exemplo, facas afiadas, veículos motorizados ou água. No entanto, elas têm pouca esperança de coibir esses poderosos impulsos porque raramente são estimuladas a expor suas lembranças de vidas passadas. No Ocidente, os pais costumam ignorar ou distorcer o que consideram divagações sem sentido; no Oriente, há a superstição de que quem se lembra de uma vida passada está fadado a morrer jovem. Na Índia, no sul da Ásia e na Turquia, não é incomum que os pais reajam enchendo a boca dos filhos com porcarias ou sabão.

O ferroviário B. Ram Ghulam Kapoor deve ter ficado perplexo demais para apanhar o pedaço de sabão quando seu filho de 5 anos, Bishen Chand, começou a lhe falar sobre sexo de homem para homem. "Papai", disparou o menino certa feita, "por que não arranja uma amante? Gozará muito com ela." Tentando disfarçar sua confusão, o pai lhe perguntou em voz baixa: "Gozar como, meu filho?" E Bishen não se fez de rogado: "Gozar com o perfume de seus cabelos, alegrando-se muito em sua companhia".

As lembranças de Bishen, registradas em Bareilly, Uttar Pradesh, Índia, em meados dos anos 20, correspondiam conforme se descobriu à vida de Laxmi Narain, que morrera em 1918, aos 32 anos de idade, em Shahjahanpur, Uttar Pradesh. Filho único de um fazendeiro rico, Laxmi não regateava comilanças, roupas caras e mulheres, tendo-se apaixonado por uma prostituta chamada Padma.

Quando Bishen estava com 23 anos e trabalhava no escritório central da receita em Tenakpore, Padma, então com 52 anos, apareceu à porta. Bishen reconheceu-a imediatamente e ficou tão emocionado que desmaiou. Naquela noite, dirigiu-se à casa de Padma com a intenção de reatar o relacionamento que Laxmi mantivera com ela há mais de 26 anos. Como Laxmi teria feito, chegou empunhando uma garrafa de vinho, embora fosse abstêmio. Padma não achou nenhuma graça naquilo. Quebrou a garrafa e o pôs no olho da rua, gritando: "Sou uma mulher velha, da idade de sua mãe!"

> "Devo enfatizar que esses casos se impõem de maneira inesperada e às vezes indesejável à vida das pessoas envolvidas. Os pedidos insistentes de um garoto de 4 anos para que o levem de imediato a uma aldeia remota, suas revelações de sórdidos assassinatos e crimes semelhantes, suas queixas de que na 'outra' casa tinha luz elétrica, comida boa, automóveis e talvez uma esposa de modo algum podem dar prazer a um pobre roceiro que tem de ouvir essa conversa de manhã, antes de ir arar o solo, e novamente à noite, quando volta cansado do trabalho."
> – Dr. Ian Stevenson

Em 1971, Bishen Chand contou ao psiquiatra, dr. Ian Stevenson, da Universidade da Virgínia, que nunca ingeriu álcool antes ou depois dessa ocasião. Contudo, a intensidade de seu renovado afeto por Padma bem que poderia tê-lo feito abandonar a abstinência.

"Ele me matou"

Há, porém, exceções ao apego que a maioria das pessoas nessas condições mostra por personagens de suas vidas passadas e nenhuma é mais surpreendente que a reação de Reena Gupta ao último homem de sua vida. Quando tinha menos de 2 anos de idade, contou à avó: "Tive um *gharwala* (marido). Era um homem muito mau. Ele me matou".

O comportamento de Reena não parecia menos bizarro que suas declarações. Postava-se na sacada de sua casa em Nova Délhi e observava a multidão – procurando, procurando sempre. Quando passeava de carro com a família, parecia estar sempre à espera de encontrar alguém. "Procuro meu *gharwala* e meus filhos", dizia a quem lhe perguntasse o que procurava. O comportamento estranho de Reena se tornou irritante quando ela começou a criticar o modo como a mãe cozinhava e cuidava da casa. Certa feita a menina, que alegava ter quatro filhos, desapareceu no mercado e reapareceu informando à mãe preocupada ter seguido uma mulher "que frequentava nossa casa". A ligação com a vida passada não se rompia e, para inquietação da mãe, a garota continuava a exprimir afeto por seus filhos e angústia pela separação forçada deles. Felizmente, a explicação para essa existência dupla não tardaria. Vijendra Kaur, uma professora colega de sua mãe, ouvira falar de uma família sikh, em outro bairro da cidade, que sofrera de um modo condizente com as histórias de Reena. Suas pesquisas, feitas cinco anos depois que a menina começara a falar de uma vida anterior, levaram-na à casa de Sardar Kishan Singh e esposa, pais da falecida Gurdeep Kaur, que fora assassinada pelo marido no dia 2 de junho de 1961. Intrigado pelo possível vínculo com sua filha falecida, o casal resolveu visitar a família Gupta. Reena estava dormindo mas, ao acordar, olhou para os Singhs e sua face foi toda sorrisos. Disse então: "São o meu pai e a minha mãe".

No dia seguinte, os Singhs trouxeram Swarna, a irmã mais nova de Gurdeep, para ver Reena – que imediatamente a chamou pelo apelido, Sarno. Na Índia, segundo o costume, presentes em dinheiro só podem ser aceitos por uma pessoa mais jovem que o doador. Assim, a reação de Reena foi particularmente reveladora quando Swarna lhe ofereceu duas rúpias. "Como posso receber dinheiro de Sarno?", perguntou. "Ela é mais nova que eu." Mais tarde, Reena visitou o lar dos Kishan Singh, onde se reconheceu numa fotografia da falecida Gurdeep Kaur.

> "Os arquivos criminais da Índia contêm vários casos de mulheres de certas tribos do país que, depois de sequestrar e assassinar crianças, besuntam-se com o sangue inocente das vítimas na esperança de que as almas libertadas renasçam em seus corpos."
> – P. Parameswara, *Soul, Karma and Rebirth*

Não demorou muito para que Surjeet Singh, marido e assassino de Gurdeep, ouvisse falar de Reena e decidisse visitá-la por conta própria. Reena, porém, não queria vê-lo. "Vai me matar de novo", dizia, nada contente pelo fato de Surjeet Singh, que fora condenado à prisão perpétua pela morte da esposa e do irmão dela, ter sido solto depois de dez anos por bom comportamento. Quando se encontraram em 1975, Reena estava com 10 anos e nem todo o bom comportamento do mundo bastaria para serenar seu medo. Só com muita relutância consentiu em posar – encostada, apreensiva, ao braço da cadeira de Surjeet Singh – ao lado do homem que, não tinha dúvidas, era seu assassino. De fato, quando Surjeet Singh tentou pousar a mão em seu ombro, ela o repeliu. Mas, quando encontrou os quatro filhos de Gurdeep Kaur – três meninas e um menino –, Reena saudou-os tão efusivamente quanto o fizera à mãe, pai e irmã de Gurdeep.

> O bispo russo do Alasca, I. E. P. Veniaminov, observou em meados do século passado que os indígenas tlingit sempre examinavam os corpos dos recém-nascidos à cata de marcas. Se estas lembrassem as de um parente morto, concluíam pela reencarnação e a criança recebia o nome do falecido.

Reconhecimento emocional espontâneo

Sem dúvida, as crianças pequenas são as melhores testemunhas da reencarnação. Ainda não foram bloqueadas pelo bombardeio de informações e lembranças mais recentes que logo irão se acumular. Sua falta de experiência do mundo torna-as, se não incorruptíveis, menos propensas à fraude que os adultos. E, embora não se possa descartar a manipulação dos pais, é praticamente impossível ignorar a profunda identificação tantas vezes sentida com a personalidade anterior ou o forte apego emocional a parentes e amigos da vida passada, ainda vivos. Como declarou Banerjee: "Ter presenciado um reconhecimento emocional espontâneo me convenceu, mais que qualquer outra coisa, da validade do caso". Para facilitar o reconhecimento, muitas vezes entra em cena outro fator, que Banerjee chama de "geografia da reencarnação". Estudos revelam que pessoas mortas prematuramente tendem a voltar na mesma área geográfica, atraídas, pode-se presumir, por um senso de tarefa inacabada e anseio emocional.

No entanto, os casos de lembranças espontâneas de vidas passadas, bem-documentados e laboriosamente pesquisados, não provam a reencarnação. E nunca provarão. Não é por acaso que o dr. Ian Stevenson sempre se refere até a seus melhores casos como "sugestivos" de reencarnação. Escreve ele: "Todos os episódios que investiguei até hoje têm falhas, algumas muito graves. Nenhum deles, nem todos juntos, fornecem provas autênticas de reencarnação. Fornecem, isso sim, elementos sugestivos de reencarnação, que parecem estar aumentando em quantidade e qualidade".

Mesmo quando um vínculo com uma vida passada é estabelecido para além de qualquer dúvida e nos mínimos detalhes, ninguém pode *provar* que a criança, apesar de toda a emoção e informação, foi mesmo a pessoa que alega ter sido. Além disso, sempre haverá a possibilidade de sua memória ser estimulada pela fraude, percepção extrassensorial, possessão espiritual ou criptomnésia, que é a liberação de lembranças originadas na vida presente. Essas interpretações alternativas, porém, são de acordo com Stevenson "tão intrigantes quanto a reencarnação em si, ao menos para a maioria dos ocidentais".

A possessão espiritual é talvez o rival mais forte da reencarnação, mas mesmo essa teoria parece decididamente fraca quando marcas de nascença são trazidas a exame. Stevenson estudou mais de duzentas dessas marcas em crianças que alegavam ter sido vítimas de balas ou lâminas, as quais teriam perfurado a parte correspondente de sua anatomia numa vida anterior. Em dezessete desses casos, documentos médicos como fichas de hospital ou relatórios de autópsia esclareceram que a pessoa, na vida passada, fora mesmo morta da maneira descrita.

Como bem atesta o caso de William George Jr., a violência não é um componente necessário da prova da marca de nascença. Embora esse caso lembre muito um conto folclórico tribal, Stevenson documentou-o meticulosamente entrevistando, em ocasiões diversas, membros da família, parentes e amigos. Tudo começou quando William George Jr., grande pescador da tribo tlingit do Alasca, fez um voto ao começar a duvidar da crença tradicional na reencarnação cultivada por seu povo. "Se houver mesmo alguma verdade nessa história de reencarnação", disse a seu filho predileto, Reginald George, "eu voltarei e serei seu filho." Poderiam reconhecê-lo, explicou, pelas marcas de nascença de meia polegada que tinha, uma no ombro esquerdo e outra no antebraço esquerdo. Além disso, deu ao filho seu relógio de ouro, com a promessa de tê-lo de volta se reencarnasse.

Logo depois, o velho se perdeu no mar e, mal decorridos nove meses – no dia 5 de maio de 1950 –, Susan George deu à luz seu nono filho. A criança nasceu com duas marcas nítidas nos mesmos lugares das de seu avô, embora com metade do tamanho. Não se discutiu o nome do bebê: chamaram-no William George Jr.

Amigos e parentes logo repararam que o menino se parecia muito com o avô. Era não apenas uma versão em miniatura do falecido como tinha o mesmo andar e mostrava um conhecimento precoce de pesca e barcos, embora sentisse mais medo da água que em geral as crianças de sua idade. Tratava a tia-avó de "irmã", considerava tios e tias como filhos e filhas, nunca objetando quando seus próprios irmãos e irmãs o chamavam de "avô". Aos 4 anos de idade, após dar uns passos pelo quarto dos pais onde Susan George vasculhava sua caixinha de joias, William deu com o relógio de ouro que pertencera ao avô William George. "É o meu relógio", declarou, apanhando-o. Só depois de muitos resmungos concordou em devolvê-lo. As lembranças da vida anterior se desvaneceram com o tempo, mas ele nunca deixou de reivindicar o "seu" relógio.

> *Taqamus*, transcrição da palavra árabe para "reencarnar", significa literalmente "mudar de camisa".

> Imad Elawar, um garoto libanês de 5 anos, fez 57 declarações verossímeis sobre sua vida anterior, onde dizia ter sido Ibrahim Bouhamzy, vítima de tuberculose. Cinquenta e uma delas eram "corretas", segundo o dr. Ian Stevenson.

Confusão sexual

A obsessão com uma vida passada pode levar a pessoa a se confundir quanto à sua identidade sexual. Duas meninas que alegavam ter sido homens em vidas anteriores – Dolan Mitra, de Bengala Ocidental, e Ma Tin Aung Myo, da Birmânia do Norte – insistiam, ano após ano, em vestir roupas masculinas e ter brinquedos de garotos. Dolan, nascida em 8 de agosto de 1967, começou a usar as roupas de seu irmão mais velho quando tinha 3 anos e, pouco depois, nada lhe agradava tanto quanto jogar futebol e críquete. Receando que ela estragasse as roupas do irmão, a mãe, Konika Mitra, passou a chamar-lhe a atenção e Dolan respondeu que fora um menino grande em Burdwan, uma comunidade a 120 km de sua casa, no Narendrapur. A declaração revelou-se verdadeira quando os pais concordaram em levá-la a Burdwan, para ao menos pôr um fim a seus prantos e tristeza. Embora, na primeira visita (outubro de 1971), não conseguissem localizar a antiga casa de Dolan, uma segunda tentativa em março de 1972 teve êxito. Partindo de um marco local, o templo de Annapurna, Dolan foi abrindo caminho por vielas tortuosas até a residência de Anath Saran Dey, onde a filha mais nova de Dey, Rita, convidou-a a entrar. Dolan passeou pela casa mostrando pleno conhecimento dos cômodos, reconhecendo os móveis e apontando os objetos pessoais do irmão falecido de Rita, Nishith, um estudante e ótimo esportista que falecera, supostamente de um tumor cerebral, em 25 de julho de 1964 num hospital de Calcutá. Dolan reconheceu também a mãe de Nishith num grupo de mulheres e, em testes posteriores de reconhecimento, identificou vários parentes e amigos.

A memória masculina de Ma Tin Aung Myo causou uma impressão ainda mais profunda. Nascida em 1953, experimentou pela primeira vez a sombra do passado aos 4 anos de idade: pôs-se a chorar quando, passeando na rua com o pai, um avião cruzou o céu. Depois disso, sempre se encolhia e chorava ao avistar um aeroplano. Censurada por seu comportamento, dizia: "Mas que querem vocês? Fui alvejada e morta". Contou então como, sendo um soldado japonês a serviço em sua aldeia natal, Na-Thul, durante a última guerra, fora metralhada por um avião aliado. Lembrava-se de estar usando calções curtos e um grande cinto. Tirara a camisa para cozinhar uma refeição quando o avião aparecera, cuspindo balas. Já crescida, Ma Tin Aung Myo falava sempre em voltar ao Japão para ver sua esposa e filhos, teimava em usar roupas de menino e brincava de soldado. Aos 12 anos de idade, saiu da escola porque os professores exigiram que se vestisse como menina. Aos 19, rejeitou completamente seu sexo. Sempre com roupas masculinas, não queria saber de marido – e sim de esposa!

Aos 10 anos de idade, lembranças de vidas passadas geralmente se evaporam ao calor da vida como uma estranha névoa mental. Mas então o comportamento extraordinário dos anos de formação já terá cobrado seu preço. A perplexidade e a angústia geradas pelo desejo infantil de um estilo de vida diferente em outro lugar decerto não contribuem para a harmonia entre pais e filhos. E, embora muitos pais resistam à pressão emocional dos filhos para visitar outra família, as crianças costumam retaliar fugindo para uma casa que parecem conhecer bem.

A dra. Helen Wambach, psicóloga de San Francisco, não recomenda incentivar crianças a evocar reminiscências de vidas passadas, pois, a seu ver, essa "imersão prematura" só dificulta o ajustamento à vida presente. Ela fala com ênfase de uma experiência em psicoterapia – bem antes de seu envolvimento com a pesquisa da reencarnação –, quando tratava de um garoto hiperativo, Peter, de 5 anos. Para espanto da psicóloga, o menino se entregou a um monólogo sobre sua vida como policial. A princípio, a dra. Wambach pensou que ele estava relatando algum episódio visto na televisão mas, quanto mais o garoto falava, mais a doutora percebia que ele aludia a experiências pessoais. A mãe de Peter esclareceu que ele começara a falar de sua vida como policial aos 3 anos de idade, mas fora aconselhado a "parar de inventar histórias". A dra. Wambach, por sua vez, gostava de ouvir Peter discorrer sobre a lei e a ordem – até a mãe contar que um policial o trouxera para casa porque ele se postara no meio da rua, tentando orientar o trânsito. "Senti-me um pouquinho culpada", confessou a dra. Wambach, "pois ele me contara a respeito de sua designação para guarda de trânsito em sua vida como policial e, aparentemente, começava a agir de acordo com essa recordação – comportamento inquietante para uma criança de 5 anos."

Inquietante também foi a maneira com que um garotinho de 2 anos de Waukomis, Oklahoma, insistia em dizer que seu nome era Jimmy. "Não, Jeremy", ensinavam-lhe. "Seu nome é Jeremy Anderson."

Folheando um livro de gravuras com sua avó, Nancy Anderson, Jeremy deparou com uma carroça e deu mais uma pista de seu problema, ainda ignorado na época. "Ele me contou que a carroça o machucara", lembra-se a avó. "Morreu no acidente e ficou com raiva do homem que conduzia o veículo. Não pensei mais no assunto." Em outra ocasião, quando o avô de Jeremy, Jack, gemia na cama com dor nas costas, ele perguntou: "Que há com suas costas, vovô? Estão matando você?" Jack respondeu que, apesar da dor, as costas "não o estavam matando". E Jeremy replicou: "Bem, uma vez as minhas doeram e me mataram".

> "Príncipe e camponês, homem livre e escravo, bárbaro e civilizado, todos partilham os bens e os males deste mundo porque, no futuro, todos trocarão de lugar uns com os outros."
> – Professor Francis Bowen, *Princeton Review*, maio de 1881

Por todo esse tempo se podia ver um túmulo com o nome de James L. Houser (22 de agosto de 1952 – 12 de agosto de 1967) a 140 km de distância, num cemitério de Tonkawa, Oklahoma. "Jimmy" Houser, como o chamavam, era filho de Nancy Anderson e do meio-irmão de Ron Anderson, pai de Jeremy. Fora criado pela avó paterna em Tonkawa. Jimmy foi visto vivo pela última vez num dia quente de agosto, apenas dez dias antes de completar 15 anos. O relatório policial do acidente declara que Jimmy Houser, 14 anos, e seu colega Kevin Lucas, 16, estavam num Buick sedã a 120 km por hora, com Lucas ao volante, quando bateram num caminhão num cruzamento rural. O carro deslizou por trinta metros antes de se chocar com um segundo caminhão e novamente derrapar por quase quarenta. Kevin Lucas, que parece não se lembrar nem do acontecido nem de sua vida anterior ao acidente, teve ferimentos graves. Jimmy morreu.

Em abril de 1980, quando estava com 5 anos de idade, Jeremy foi levado ao local do acidente. Ao que tudo indica, reconheceu o lugar, ficou muito emocionado e mostrou como saíra do carro. "Voei como uma bala", disse ele. "Foi como a explosão de uma bomba." Jeremy não se surpreendeu quando o agente funerário encarregado na ocasião de examinar o corpo de Jimmy revelou mais tarde que o cadáver apresentava o tipo de ferimentos normalmente sofridos pelo motorista e não pelo passageiro. Jeremy, está visto, sempre insistiu em que *ele* dirigira o carro.

> No interior do Líbano, onde as conversas infantis sobre vidas passadas não são desencorajadas, os casos de reencarnação apresentam uma incidência de um para cada 500 habitantes de acordo com o dr. Sami Makarem, membro do Departamento de Estudos Árabes da Universidade Americana de Beirute.

Uma trama de dois anos

Por que, então, só essas crianças especiais têm lembranças de uma vida anterior? O dr. Stevenson sugere que a baixa incidência de lembranças de outra vida não significa, necessariamente, que apenas crianças tagarelas renascem. A reencarnação pode ser um fenômeno bem mais comum, com muitas pessoas retendo apenas impressões difusas que precisam de estimulação – talvez em encontros com certas pessoas ou lugares – para aflorar à mente consciente. As experiências de *déjà vu*, habituais entre adultos e crianças, podem assim ser explicadas como a ativação das lembranças de outra vida impressas na memória. Diga-se o mesmo de certos tipos de sonhos.

Sonhos e *déjà vu* às vezes fornecem impressionantes indicadores pessoais de vidas passadas. Mas o testemunho infantil espontâneo, não bloqueado pela autoconsciência e pelo condicionamento social, vai mais longe porque retira a sugestão de reencarnação da mente individual e leva-a ao domínio público. Só uma pessoa muito cética deixaria de considerar seriamente a reencarnação quando um garoto chamado Ramu, de apenas 2 anos e 9 meses, mas já sabendo tudo de helicópteros, se mostrasse capaz de dar indicações precisas sobre rotas a um piloto da Indian Air Force na cabine de seu aparelho. Só uma pessoa insensível ignoraria o choro de outra criança de 2 anos, desta feita em Toronto, que entrasse em pânico ao ver as portas de um elevador se fechar. "Não seja bobinho", tranquilizara-a a mãe. "Isso não vai matar você." "É, mas já matou antes", foi a resposta.

Percorrer o vasto mundo para além do berço a fim de coletar, testar e cotejar as histórias de vidas passadas contadas por crianças praticamente convenceu o dr. Ian Stevenson e Hemendra Banerjee de que a reencarnação é um fato. Para Banerjee, a inevitável conclusão veio depois de 22 anos de pesquisas. "Estou sempre encontrando falhas e sempre indagando se existirá alguma outra maneira de explicar os fenômenos", diz ele. "No entanto, na soma dos casos, há certos padrões que me induziram a acreditar em reencarnação." Stevenson, por natureza, é mais isento e intelectualmente mais austero que Banerjee. Contudo, mesmo esse profissional contido e circunspecto chega a dizer que "um homem racional pode muito bem acreditar hoje na reencarnação com base em evidências e não, simplesmente, em doutrinas religiosas ou tradições culturais".

Acolher tais evidências é contemplar as crianças com uma nova atitude de interesse e respeito. Pois, se alguma moral brota dos lábios desses bebês e garotos notáveis é que eles devem ser vistos cada vez menos como criação ou construção dos pais e cada vez mais como seres para quem a família não passa de um cenário para sua atual etapa de desenvolvimento pessoal.

> Entre os indígenas bella coola da Colúmbia Britânica central, a criança que, por um fenômeno raro, nasce com dentes é considerada a reencarnação de um antepassado. O mesmo se aplica a qualquer bebê que nasce com covas nos lóbulos das orelhas. Essas covas são vistas como cicatrizes de furos feitos em outra vida para a colocação de brincos.

Os pesquisadores

Relatos infantis de lembranças de vidas passadas, do Alasca ao Zaire, fizeram com que o dr. Ian Stevenson e Hemendra Banerjee corressem mundo várias vezes. Embora praticamente sozinhos nessa missão, eles têm pouco em comum. De fato, os dois homens, que por mais de duas décadas foram pioneiros no estudo científico de lembranças infantis contrárias ao bom-senso, não poderiam ser mais diferentes.

Trabalhando principalmente em Los Angeles, Banerjee era baixo, roliço, moreno e extrovertido, para não dizer ávido de publicidade. Stevenson, de 78 anos, professor Carlson de psiquiatria na Universidade da Virgínia, é alto, magro, branco e reservado. Embora chegassem a trabalhar juntos, desentendimentos pessoais e profissionais separaram-nos desde 1964.

Auxiliado por uma equipe de pesquisadores, Stevenson tem mais de 2.500 casos envolvendo crianças arquivados no computador de seu Departamento de Parapsicologia. Banerjee, ajudado apenas pela esposa e o colega Margit, reunira mais de 1.100 casos desde 1955, quando um professor universitário em sua Índia natal advertiu-o: "Você vai arruinar sua carreira agindo dessa maneira".

"Há vinte anos", admitiu Banerjee em 1982, "as pessoas não me cutucariam nem com um bambu comprido." Embora a reencarnação se tornasse mais aceita na década passada, ele teve de amargar o ostracismo a que a ortodoxia científica o relegou. Os livros que escreveu sobre o assunto visavam ao mercado popular, enquanto a obra literária de Stevenson é mais ponderada e erudita tanto no estilo quanto no conteúdo. Fundador do Instituto Indiano de Parapsicologia, em 1957, Banerjee morou nos Estados Unidos de 1970 até sua morte, ocorrida há já algum tempo. Em pesquisa, afirmava trabalhar ao mesmo tempo como detetive, advogado e psicólogo, no intento de reunir "um corpo de dados com base nos quais as pessoas sérias possam tirar suas próprias conclusões a respeito da reencarnação – a partir de evidências".

Stevenson, nascido em Montreal e com trabalhos publicados no prestigioso *Journal of Nervous and Mental Disease*, afirma que "a insatisfação com as modernas teorias da personalidade" alimenta sua teimosia de pesquisador. A reencarnação, acredita ele, pode esclarecer certos comportamentos não explicados pela genética ou por antigas influências ambientais. O dr. Harold Lief, amigo e admirador de Stevenson, descreve-o como um investigador metódico, exato e mesmo cauteloso demais, com uma personalidade, nesse ponto, quase obsessiva. "Ou ele está cometendo um erro colossal", escreveu Lief, "ou será conhecido como o Galileu do século XX."

PONTO DE VISTA

"A reencarnação está implícita no universo manifesto, é um tema básico e capital subjacente à pulsação sistêmica."
– Alice A. Bailey

"As coisas que têm contrários não foram geradas por esses contrários?"
– Sócrates

Há inspiração e há expiração; há morte e há renascimento. Tal o drama da continuidade que sustenta o processo totalizante no qual estamos envolvidos. Como responsável pela transformação de que depende o progresso da matéria e do espírito, a reencarnação está sempre dentro de nós e à nossa volta. Do microcosmo ao macrocosmo, ciclos de renascimento e regeneração se desenvolvem em todos os níveis concebíveis da vida.

A ideia da palingenesia (termo de origem grega e latina que significa "novo nascimento") é tão antiga quanto a raça humana. Místicos orientais há muito que veem o universo como *samsara* ou continuidade da morte e do renascimento. Shiva, o deus hindu de quatro braços que preside à criação e à destruição, simboliza essa postura executando a dança do cosmos ao longo de ciclos infindáveis de ascensão e queda, crescimento e declínio. Na antiga China, via-se o *Tao* – que significa a própria natureza do processo vital – como um ciclo interminável de idas e vindas. O universo pende para a frente e para trás entre *yin* e *yang*. O Ocidente racional, preso há séculos numa camisa de força costurada por conceitos científicos que proíbem o encontro de matéria e espírito, olhava com condescendência essa interpretação exótica – até a ciência mudar radicalmente seus próprios conceitos. A mudança foi iniciada pelas teorias da relatividade de Einstein, segundo as quais há mais coisas envolvidas no tempo, espaço e movimento do que o supunha a física newtoniana clássica. Veio em seguida o desenvolvimento da mecânica quântica com seu rigoroso inquérito sobre a natureza dos fenômenos subatômicos. Imagine-se a perplexidade dos sabichões antiquados quando, qual alegre borboleta emergindo do casulo, essa chamada nova física do século XX fez a espantosa descoberta de que as partículas subatômicas, formadoras de todas as coisas, participam realmente da coreografia eterna da morte e do renascimento. Gary Zukav escreve em *The Dancing Wu Li Masters*:

> Toda interação subatômica consiste na aniquilação das partículas originais e na criação de outras novas. O mundo subatômico é uma dança contínua de criação e aniquilação, com a massa se transformando em energia e a energia se transformando em massa. Formas transitórias surgem e desaparecem, gerando uma realidade infinita e sempre nova.

Em outras palavras, a ciência aventa a hipótese de que uma forma microscópica de renascimento subjaz a tudo no mundo físico. Em *O Tao da Física**, Fritjof Capra afirma que as partículas subatômicas são "destrutíveis e indestrutíveis ao mesmo tempo". É exatamente o que a reencarnação implica: morremos, mas ainda assim somos capazes de ativar outro corpo. Destrutíveis e indestrutíveis. Mortos e bem vivos.

Processo idêntico ocorre com os cinquenta trilhões de células do corpo humano. Numa velocidade que desafia a imaginação, células velhas perecem e outras novas são criadas a partir da mistura do material morto com os nutrientes recém-absorvidos. A cada segundo, dois milhões de hemácias, transportadoras de oxigênio, morrem e são substituídas enquanto centenas de milhões de células dos intestinos humanos se renovam por completo a cada um ou dois dias. Estudos radioativos mostraram que, no curso de um ano, aproximadamente 98% dos átomos do corpo humano são substituídos por outros ingeri-

---

* Publicado pela Editora Cultrix, São Paulo, 1985.

dos com o ar, alimento e bebida. Embora as origens dessa mudança infinitesimal se tenham perdido nos mistérios pré-históricos da evolução, Colin Wilson sustenta, em sua obra *The Occult*, que a verdadeira evolução só começou quando a vida conseguiu superar seu principal problema, o esquecimento. O progresso se tornou possível apenas quando a força vital inventou o truque de codificar conhecimento nos processos reprodutivos. Escreve ele:

> As criaturas do pré-cambriano eliminavam células velhas e fabricavam outras novas da mesma maneira que meu corpo substitui suas células gastas a cada oito anos. Com a invenção da morte e da reprodução, *eles eliminavam corpos velhos e fabricavam outros novos [...]*. A vida não está à mercê da morte. A vida controla a morte. Há meio bilhão de anos, ela aprendeu o segredo da reencarnação.

Os ritmos cósmicos no espaço e no tempo se refletem nos seres humanos. Por exemplo, o número médio de respirações humanas por dia (18 por minuto x 60 x 24 = 25.920) equivale ao mesmo número de anos que o equinócio da primavera leva para fazer o circuito dos signos do zodíaco – o maior ritmo que podemos distinguir em nosso sistema solar. Esses 25.920 anos são conhecidos como "ano platônico".

Renascimento microscópico

Projetando-se do corpo para a vastidão do espaço, o mesmo princípio parece atuar no mais macroscópico dos mundos. Embora discordem quanto aos pontos menores da teoria, muitos cosmólogos e astrofísicos garantem que o universo oscila eternamente, morrendo para renascer. O *Big Bang* é seguido por uma expansão que é seguida por uma condensação em outra bola de fogo pronta para explodir. O famoso astrofísico John Gribbin acredita que o universo "gira num ciclo eterno no qual a morte é apenas o prelúdio necessário ao renascimento".

Progressos recentes na astrofísica de alta energia levaram a suspeitar que a massa do universo não se desvanece num enorme beco sem saída quando sugada por buracos negros, mas é expelida do outro lado para dentro de buracos brancos ou quasares. Desse modo, universos podem se alimentar indefinidamente uns dos outros usando os buracos negros como colossais tratos uterinos de transformação. Essa reciclagem do cosmos foi descrita em linguagem vívida pela Bíblia muito antes dos primórdios da idade científica. São Paulo, na Epístola aos Hebreus (1:10-12), afirma que os céus e a terra "perecerão; tu, porém, permaneces; sim, todos eles envelhecerão qual vestido; também, qual manto, os enrolarás, e como vestidos serão igualmente mudados". Em tempos ainda mais remotos o renascimento humano foi do mesmo modo comparado a uma troca de roupa na grande escritura hindu, o *Bhagavad-Gita* (2:17): "[...] Como um homem deita fora trajes velhos e toma outros novos, assim o morador do corpo, deitando fora corpos gastos, entra em outros que são novos. [...]"

No século XVI, o visionário filósofo italiano Giordano Bruno teve a audácia de defender tanto a teoria herética de Copérnico, segundo a qual os planetas giram em torno do sol, quanto a doutrina da reencarnação. Para Bruno, o renascimento explicava a emanação e o retorno onipresentes da "Vida do Universo", abarcando átomos, seres humanos e mundos. Afirmou que a circulação do sangue reflete o esquema cósmico e que o movimento circular é a única forma de deslocamento duradouro. Além disso, sustentava que a Terra tem uma alma e que toda parte do globo – mineral, vegetal, animal e humana – é nutrida pela mesma matéria anímica elementar, não havendo diferença entre coisas terrestres e celestes. Como católico, Bruno aceitava que as almas não transmigram de corpo para corpo, mas vão para o Paraíso, o Inferno ou o Purgatório. "Todavia, raciocinei com propriedade", escreveu, "e falei como filósofo: uma vez que a alma não existe sem corpo, mas não é corpo, pode estar num corpo ou em outro, passando de corpo para corpo." Essas ideias ultrajantes não podiam ser toleradas pela Inquisição. Por insistir em divulgá-las, Bruno foi aprisionado pelas autoridades venezianas durante sete anos e finalmente subiu à fogueira em Roma, em 1600.

A liberdade intelectual do século XX ajudou Rudolf Steiner, fundador da antroposofia, quando resolveu incrementar o ensino da escola cíclica. Comparando o ciclo da vida humana com o dos planetas, ele escreveu: "Assim como o ser humano transita de encarnação em encarnação, vivendo inúmeras vidas terrenas, nossa Terra passou por outros estados antes de ser como é hoje. Há encarnações anteriores de um planeta assim como há encarnações anteriores de um ser humano. Tudo no grande mundo e no pequeno mundo está sujeito à lei da reencarnação".

Testemunhos antigos e modernos proclamam a mesma mensagem. Morte e renovação são uma só coisa. Espírito e matéria são uma coisa só. Somos a mesma energia imperecível que assume uma multiplicidade de formas a fim de interagir consigo mesma para todo o sempre. Para materializar essa energia, padrões de repetição se manifestam no posicionamento planetário, estações, sistemas climáticos, marés, metamorfoses orgânicas e destino dos reinos humano, animal e vegetal. A noite cede ao dia; a calma abre caminho para a tormenta; a água da chuva se evapora para de novo cair. Das ruínas de um império nascem novas civilizações.

Algumas tribos indígenas, que ainda cultivam as crenças inatas de seus ancestrais, aliam-se ao procedimento cósmico vendo a "morte" e o "nascimento" mensais da Lua como uma garantia de que vão reencarnar. Assim agindo, expressam um sentimento de integração e de unidade com seu meio ambiente mais remoto. Por ironia, a atitude tecnológica que vinha alienando a sociedade moderna dos ritmos naturais conducentes a essa experiência está sendo usada pela "nova física" no esforço de redescobrir – pelo menos intelectualmente – essa Unidade, esse milagre corriqueiro do renascimento perpétuo!

"Assim como a vegetação do ano passado, nossa vida humana morre até as raízes, mas continua projetando suas folhas verdes na eternidade."
– Henry David Thoreau

PRODÍGIOS, PLATÃO E PRECOGNIÇÃO

"O legado imorredouro do passado ao presente é a
fonte secreta do gênio humano."
– Honoré de Balzac

"O esquecimento do passado talvez seja uma das condições
para a entrada numa etapa nova da existência. O corpo, órgão
da percepção sensorial, pode ser tanto um empecilho quanto
um estímulo para a lembrança. Nesse caso, lampejos
casuais de memória, fornecendo-nos revelações súbitas, abruptas
e momentâneas do passado, constituem precisamente
os fenômenos com que esperaríamos nos deparar."
– William Knight

Num dia quente de agosto de 1971, o escritor Frank De Felitta e a esposa Dorothy estavam descansando na piscina de sua mansão de 200 mil dólares em Los Angeles quando, de repente, ouviram uma execução brilhante de *ragtime* ao piano, vinda da casa. Precipitaram-se para dentro e, estupefatos, deram com seu filho de 6 anos de idade, Raymond, correndo destramente os dedos pelo teclado, o que nunca fizera antes. "Papai, meus dedos estão fazendo isto sozinhos!", exclamou Raymond. "Não é maravilhoso?"

A princípio, os pais não acharam a coisa tão maravilhosa assim. Enquanto Dorothy gritava: "Mas que diabo ele está fazendo?", Frank foi tomado por um súbito acesso de cólera. "O impacto não teria sido maior caso o víssemos flutuando pela sala", lembra-se. Raymond ficou famoso nos Estados Unidos por sua execução primorosa, sobretudo do *jazz* estridente ao estilo de Fats Waller, morto em 1945. Frank De Felitta tornou-se um "recalcitrante e cínico converso" à doutrina da reencarnação – a única explicação lógica para o que via e ouvia. O comportamento do filho, confessou ele, "não se enquadrava em nada do que pudéssemos entender. Ia além da minha compreensão. Sem nunca ter sequer brincado com o piano, como muitas crianças costumam fazer, lá estava meu filho tocando como um profissional, não raro durante cinco horas por dia". A experiência levou Frank a escrever o romance reencarnacionista *Audrey Rose*, que depois se transformou num filme de sucesso.*

Por espantoso que possa ter sido, o improviso de Raymond nada mais era que uma manifestação moderna de um fenômeno raro, mas antigo, cuja existência implica que talentos de vidas passadas são responsáveis por habilidades inatas. Já no primeiro século antes de Cristo, Cícero, o orador, estadista e filósofo romano, via na rapidez com que as crianças apreendem uma enorme quantidade de fatos "boa prova de que os homens sabem muita coisa antes de nascer". Mas as bases, ao menos para o mundo moderno, da doutrina segundo a qual todo conhecimento é lembrança foram lançadas por Sócrates e Platão 350 anos antes. "O conhecimento facilmente adquirido", reza a Teoria da Reminiscência de Platão, "é aquele que o eu imortal possuía em vida anterior e pode portanto ser rapidamente recuperado." Ou seja, o gênio é o florescimento de uma experiência pregressa. De tal maneira o mundo antigo estava imbuído dessa maneira de pensar que a palavra "educação" significava originalmente "extrair daquilo que já se sabe". Séculos depois, o filósofo francês René Descartes compôs uma rapsódia sobre esse tema venerável ao observar que os seres humanos parecem possuir uma memória prévia que se mostra em diferentes intuições, predisposições, talentos, percepções e inspirações, todos pressupondo antigos ensaios.

Quando William Wordsworth escreveu "nascer é apenas dormir e esquecer", provavelmente não tinha em mente as crianças prodígio com seu raro talento para despertar e recordar. Todavia, crianças como Raymond De Felitta, aparentemente alvos de vislumbres do passado, corroboram as palavras do poeta e fornecem fortes evidên-

---

* Filme exibido no Brasil com o título *As Duas Vidas de Audrey Rose*.

cias circunstanciais de que as coisas conscientemente esquecidas não são necessariamente perdidas. Nenhuma criança prodígio ocidental, ao que se sabe, recordava uma vida anterior, mas a reencarnação parece dar a melhor explicação para:

Christian Friedrich Heinecken. Conhecido como "O Menino de Lübeck", diz-se que começou a falar poucas horas depois de seu nascimento, em 1721. Com 1 ano, sabia os principais fatos relatados nos cinco primeiros livros do Velho Testamento; com 2, toda a história bíblica; e com 3, quase toda a história universal e a geografia, falando latim e francês tão bem quanto seu alemão nativo. Intrigado com a reputação de Christian, o rei da Dinamarca pediu que o levassem a Copenhague em 1724. Pouco depois, porém, o Menino de Lübeck caiu doente e previu sua própria morte dentro de um ano. Morreu na tenra idade de 4 anos.

Wolfgang Amadeus Mozart. Com 4 anos de idade, esse compositor mundialmente famoso do século XVIII escreveu minuetos, um concerto para piano e uma sonata. Suas obras, nessa altura, eram não apenas tecnicamente apuradas como extremamente difíceis de executar. Aos 7 anos, compôs uma ópera completa.

Jean-Louis Cardiac. Nascida em 1719, essa criança prodígio francesa conseguia repetir o alfabeto com apenas três meses de idade. Aos 3 anos, lia latim; e, aos 4, traduzia essa língua para o francês e o inglês. Morreu em Paris aos 7 anos de idade.

Miguel Mantilla. Um artigo numa edição de 1928 do *British Journal of Psychical Research* enumera os feitos verdadeiramente mágicos desse menino mexicano de 2 anos de idade. Em quinze segundos, Miguel respondia a perguntas como: "Em que anos o dia 4 de fevereiro cairá numa sexta-feira?" e "Que dia do mês foi o segundo domingo de 1840?"

"Blind Tom" Wiggins. Filho cego de um escravo negro da Geórgia, Tom tocava piano como um profissional consumado aos 4 anos de idade. Seu dono contratou um professor de música para estimular o impressionante talento do menino. Mas, depois de ouvir Tom tocar, o professor recusou o trabalho, declarando: "Este menino sabe mais música do que eu jamais saberei". Tom deu concertos nos Estados Unidos e no exterior. No entanto, longe do piano, era quase um deficiente mental, com um vocabulário que não ia além de umas poucas centenas de palavras. Morreu, famoso no mundo inteiro, em 1908.

John Stuart Mill. Esse filósofo e economista inglês que viveu de 1806 a 1873 sabia grego aos 3 anos de idade e, aos 6, lia Xenofonte, Heródoto, Esopo e Luciano.

José Capablanca. Prodígio cubano que, aos 4 anos de idade, já era um brilhante jogador de xadrez. Raramente perdia uma partida mesmo ao jogar com especialistas que haviam passado anos aperfeiçoando seus movimentos. Tornou-se campeão mundial e faleceu em 1942.

Giannella de Marco. No dia 12 de março de 1953, Giannella, uma garota italiana de 8 anos de idade, regeu a Orquestra Filarmônica de Londres no Royal Albert Hall, com peças de Weber, Haydn, Wagner e Beethoven. Um artigo em *The Times* comentou: "Sua marcação é clara, generosa, e ela obviamente tem a música na ponta dos dedos [...]. Nota-se uma serena maturidade em sua realização intelectual [...]". O concerto em Londres foi o 123º de sua carreira, que começou aos 4 anos de idade.

Carl Friedrich Gauss. Ainda antes dos 3 anos de idade, o menino que se tornaria o maior matemático do século XIX, acompanhou um cálculo do pai e descobriu nele um erro. O cálculo era sobre os salários dos empregados do pai.

Especialistas médicos tentaram explicar tais fenômenos sugerindo que anormalidades glandulares talvez façam certos segmentos do sistema nervoso alcançar sua atividade máxima antes de outras partes do corpo. O fato de quase todos os prodígios serem do sexo masculino e de distúrbios glandulares infantis se manifestarem principalmente em meninos parece amparar essa tese. No entanto, os fenômenos só em parte podem ser explicados por uma interpretação puramente física. Vale notar que, segundo Edgar Cayce e outros pesquisadores clarividentes, as glândulas são os veículos primários do karma, o movimento impessoal e eterno de causa e efeito, base da doutrina da reencarnação.

> "Gênio é experiência. Algumas pessoas parecem pensar que se trata de dom ou talento, mas na verdade é fruto de uma longa experiência em inúmeras vidas. Algumas almas são mais velhas que outras, por isso sabem mais."
> – Henry Ford

Chang e Eng

O argumento mais comum contra a reencarnação como fonte de talento precoce é a teoria de que a memória passa geneticamente de geração em geração num processo chamado de psicogênese. Alega-se que as crianças prodígio, de algum modo, recorrem a esse material genético, a essa rede anterior de moléculas de DNA, a fim de retomar a habilidade desenvolvida por um antepassado. Entretanto, se a hereditariedade pode explicar semelhanças entre membros da família – e nem se discute a transmissão da semelhança física –, ela de modo algum explica as diferenças. Seria o caso de pensar que os gêmeos xifópagos ou "siameses", com um material genético uniforme e um mesmo ambiente, devem partilhar o mesmo desenvolvimento como seres humanos. Mas não. Chang e Eng, os gêmeos xifópagos cuja nacionalidade inspirou o termo "siameses", desenvolveram personalidades marcadamente diversas. Chang, por exemplo, gostava de beber e tomar porres periódicos, enquanto Eng era abstêmio. E não foram os únicos a exibir diferenças acentuadas. "Os gêmeos siameses são, com raríssimas exceções, mais diferentes sob diversos aspectos do que quase todos os gêmeos monozigóticos separados", escreveu H. H. Newman em *Multiple Human Births*. "Um dos problemas mais difíceis dos especialistas na área é explicar essa surpreendente dissimilaridade entre gêmeos siameses." Tamanhas discrepâncias, que aparecem também em gêmeos idênticos, quádruplos e quíntuplos, continuam a intrigar os geneticistas, muitos dos quais não hesitam em considerar experiências distintas de vidas passadas como uma possível explicação.

Estudos mostrando a capacidade que alguns bebês têm de imitar os adultos poucas horas depois de nascer parecem confirmar a declaração de Platão segundo a qual aprender é relembrar. Uma pesquisa da Faculdade de Medicina da Universidade de Miami, publicada no *Brain Mind Bulletin* de 22 de novembro de 1982, detectou a "notável habilidade" de bebês com idade média de 36 horas de imitar expressões de alegria, tristeza e espanto simuladas por adultos. "Devido ao fato de aparecerem muito cedo e considerando-se sua aparente universalidade, essas expressões faciais básicas talvez reflitam processos inatos", conclui o estudo. O dr. Tom Verny, psiquiatra de Toronto pouco dado a especulações metafísicas, conta em *The Secret Life of the Unborn Child* que faces animadas de pesquisadores, em Seattle, Washington, foram reproduzidas por um berçário repleto de bebês – alguns nascidos apenas uma hora antes! "Quando um pesquisador estirava a língua, fazia caretas ou dobrava os dedos diante de um bebê, este quase sempre replicava da mesma maneira", escreve Verny. "Essa (e outras experiências semelhantes) mostram conclusivamente a presença de pensamento bem-desenvolvido (diríamos adulto) e até ideias abstratas no bebê."

Naturalmente, a pergunta que clama por resposta é: "De onde veio tal comportamento?" O dr. Verny não é um reencarnacionista, mas acha que a reencarnação talvez seja a resposta. Ele revela que alguns casos comentados em seu livro, mostrando que os pensamentos e sentimentos da mãe grávida afetam a criança que está para nascer, "não podem ser explicados em termos de comunicação fisiológica ou comportamental". Seus estudos e experiência clínica sugerem que além da memória do sistema nervoso central, já operativa entre o quinto e o sexto mês de gravidez, existe outro sistema de memória que ainda não se pode detectar. Mas, pragmaticamente científico em sua abordagem, Verny não gosta do renascimento como explicação, preferindo supor que a lembrança seja celular, codificada nas moléculas do DNA. Embora tenha deparado com algumas "pistas de algo místico e espiritual no trato com meus pacientes", Verny afirma ser "duplamente cuidadoso para não acabar aceitando um mundo de fantasia, de faz de conta ou racionalização do desejo". Mas mesmo essa precaução não invalida as experiências de vários pacientes do dr. Verny que deslizaram espontaneamente para "vidas passadas" quando acalentados com música e sugestão hipnótica durante sessões de investigação do estado pré-natal. Um deles, John Kerr, relatou estar consciente das emoções desencontradas de seus pais no momento em que foi concebido. A artista comercial Denise Maxwell relembrou três mortes em vidas passadas no curso de uma hora: a primeira, como uma jovem numa tribo da América Central, a segunda como um caçador primitivo na Escandinávia, sepultado de cócoras com sua faca e lança, e, finalmente, como um artista pobre na Europa setecentista.

Se as pesquisas do dr. Verny demonstram que as emoções maternas podem afetar profundamente o feto, o dr. Ian Stevenson demonstrou, como corolário de seus estudos infantis sugestivos de reencarnação, que o feto às vezes força a mãe a conformar-se a seus gostos em uma vida anterior. Entre os diversos casos examinados a fundo por Stevenson, uma mãe relatou que, durante a gravidez, fora tomada por uma vontade incomum de comer certo alimento muito ao gosto da personalidade prematura subsequentemente reivindicada pelo filho. Em outros casos, a mãe sentiu repulsa por um alimento de que também não gostava a personalidade reivindicada.

No Sri Lanka, a mãe de Gamini Jayasena teve uma aversão intensa por carne durante sua gravidez, em 1962 – o que não acontecera das outras três vezes em que engravidara. Gamini, mais tarde, alegou ter sido Palitha Senewiratne, que morrera aos 8 anos de idade em 28 de julho de 1960. Palitha deixara de comer carne aos 5 anos e, depois de tomar essa decisão, vomitara quando a família insistiu para que voltasse aos antigos hábitos alimentares.

Em outro caso do Sri Lanka, a mãe de Sujuth Lakmal Jayaratne desenvolveu de súbito, no curso de sua gravidez, um gosto intenso por *wade* – um prato à base de *dhal*, pimenta e óleo de coco – e mandioca. Ora, sucedeu que Sujuth, nascido em 7 de agosto de 1969, evocasse a vida de Sammy Fernando, atropelado e morto por um caminhão seis meses antes. Fernando apreciava muito a comida que a mãe de Sujuth agora queria degustar. Nas palavras de Walter Pater: "O paladar é a lembrança de uma cultura vivenciada no passado".

Só até aí pode a hereditariedade explicar a sucessão humana e o leque de predisposições que suprimimos ou desenvolvemos ao longo da vida. Thomas Henry Huxley, um dos mais destacados cientistas do século XIX, estava convencido de que "todos trazemos marcas de nosso parentesco, provavelmente de relacionamentos remotos". Não descarta, entretanto, a possibilidade de o renascimento colaborar com a influência hereditária. Em seu ensaio *Evolution and Ethics*, escrito em 1897, Huxley declarava que "apenas os filósofos muito precipitados" podem rejeitar a reencarnação achando-a inerentemente absurda.

O escritor e conferencista russo P. D. Ouspensky julgava aceitáveis todas as "teorias engenhosas" de hereditariedade, instintos ocultos e lembranças inconscientes, embora deixassem a desejar em vários pontos. "Até descobrirmos ser possível estabelecer que de fato vivemos antes", declarou ele, "muita coisa em nós permanecerá incompreendida."

De acordo com as visões de pessoas que ingeriram LSD em condições experimentais, as leis da reencarnação operam independentemente da linhagem biológica do sujeito e da transferência genética de idioplasma. "A associação de uma entidade espiritual com um corpo físico determinado e uma vida específica parece ignorar as linhas biológicas da hereditariedade e violar as leis genéticas", observou o psicoterapeuta checoslovaco dr. Stanislav Grof.

> "Agora estamos prontos para aceitar a surpreendente afirmação de que a chamada hereditariedade não existe [...]. Ninguém 'herda' nada de seus pais ou antepassados. A pessoa já apresentava certas tendências mentais antes de reencarnar, e essas tendências o encaminharam para uma família de perfil semelhante – e isso é tudo."
> – Emmet Fox

A decisão de nascer

Uma pesquisa de 1978 em que 750 sujeitos foram hipnotizados e redirecionados para uma etapa imediatamente anterior ao nascimento convenceu a psicóloga clínica dra. Helen Wambach de que hereditariedade e reencarnação operam em separado, mas se complementam. Ela descobriu que a entidade opta pela materialização num determinado corpo de uma linhagem hereditária particular. Dos sujeitos estudados pela dra. Wambach, 81% haviam decidido renascer com muita relutância, depois de conversar com seus conselheiros espirituais. Embora 90% do grupo falassem da morte como um episódio agradável, somente 26% haviam considerado a possibilidade de uma outra vida. Um dos participantes declarou: "Eis o que eu pensava sobre a perspectiva de viver a existência atual: 'Bem, acho que vou ter de me ferrar um pouco mais'" (Caso A-418). E outro: "Era algo que precisava ser feito, como lavar o chão sujo" (Caso A-285).

Oitenta e sete por cento declararam ter conhecido pais, namorados, parentes e amigos da vida atual em vidas anteriores ou em intervalos entre vidas. "O sangue pode ser mais grosso que a água", escreveu a dra. Wambach em seu livro *Life Before Life*, "mas, a julgar pelos resultados, os laços de vidas passadas são mais grossos que o sangue." Por inverossímil que a ideia da reencarnação em grupo possa parecer a algumas pessoas, o encontro de células em todos os lugares certos do corpo humano não é decerto uma hipótese mais absurda. Com grande frequência os sujeitos da dra. Wambach emergiam do transe contando a mesma história – que voltamos em companhia das mesmas almas a fim de partilhar uma série de relacionamentos não apenas com entes queridos mas também com pessoas temidas e odiadas. Essas declarações levam obrigatoriamente a uma nova conjectura: talvez o indivíduo conheça, *por experiência pessoal*, todas as vicissitudes da vida; talvez a evolução espiritual exija o rodízio de encarnações para podermos entender verdadeiramente o leque de perspectivas humanas conflitantes. É possível que só consigamos aprender e evoluir sendo ricos e pobres, bonitos e feios, saudáveis e doentios, senhores e escravos, assassinos e vítimas.

Uma pesquisa conduzida pela maior especialista mundial em tanatologia, a dra. Elisabeth Kübler-Ross, acata a hipótese de uma exigência evolucionária para que as almas mergulhem repetidamente nas águas turvas da vida terrena. A dra. Ross escreveu em sua fundação Shanti Nilaya em Escondido, Califórnia, que o propósito da vida no plano físico é "aprender, evoluir e participar do progresso espiritual do homem. A fim de cumprir nosso destino, temos de absorver certas lições e passar por algumas provas. A morte só será para nós uma formatura no plano físico quando tivermos aprendido todas as lições e passado por todas as provas. Em nossa sociedade atual, na qual a negatividade se impõe de maneira evidente em todas as áreas, da criação dos filhos à matança dos semelhantes na guerra, da violência ao crime, é praticamente impossível cumprir nosso destino numa única vida. Quando não aprendemos as lições ou infringimos alguma lei universal como 'Não matarás', temos uma chance de voltar ao corpo físico de outro ser humano [...]. Então escolhemos nossos pais, nosso local de nascimento e o ambiente mais propício ao aprendizado das lições que precisam ser absorvidas".

O dr. Richard Alpert, cientista social e mestre espiritual americano que às vezes usa o pseudônimo de Ram Dass, escreveu, a respeito do papel decisivo do subconsciente na seleção de vidas com experiência adequada, que antes do nascimento as pessoas "sabem muito bem onde estão se metendo. Dizem: 'Nascerei destes pais, passarei por aquela experiência. Viverei de maneira tal, terei um olho só, manquejarei, serei espancado até a morte numa ruela de Benares – e é justamente disso que preciso. Então, lá vou eu!' Você mergulha e o véu é erguido. Cá está você, cá estamos nós, vamos em frente e, quando tudo terminar, daremos o fora e acordaremos. Ótimo, você se safou desta; vamos ver a próxima. Preciso nascer como duque e talvez tenha de esperar milhares de anos para que isso aconteça".

Os reencarnacionistas comparam o plano terreno a uma escola à qual nós, os alunos, voltamos vida após vida, cada qual com a mochila espiritual cheia de suas próprias inclinações, sabedoria e experiência acumulada em vidas anteriores. Tantas são as glórias e realizações, provas e derrotas passadas que lembrá-las a todas em cada vida sucessiva seria extenuante a ponto de nos deixar paralisados – do mesmo modo que conhecer o futuro pode nos tirar toda a vontade de viver. "A natureza foi boa para conosco impedindo-nos de lembrar antigos nascimentos", observou Mohandas K. Gandhi, o grande filósofo e apóstolo da não violência indiano. "A vida seria um fardo insuportável caso carregássemos todo esse peso de recordações."

No entanto é possível, e até proveitoso terapeuticamente, remontar ao passado distante para resgatar algumas dessas lembranças obscuras. Conhecer e aceitar acontecimentos cruciais de outrora pode transformar a experiência presente, como o próximo capítulo mostrará.

> "Nosso ser interior vale mais que todos os títulos e honrarias. Estes não passam de trapos coloridos com os quais tentamos cobrir nossa nudez. O que há de valioso em nós, trouxemo-lo de vidas anteriores espiritualizadas."
> – Rainha Elisabeth da Áustria (1837-1898)

CURA DE CICATRIZES SECULARES

"Não se sabe de nenhuma doença do homem que seja
inteiramente determinada por sua vida atual."
– Dr. Arthur Guirdham

"A terapia de vidas passadas nos permite parar de fazer
coisas às pessoas porque precisamos começar a
fazer coisas com as pessoas porque queremos."
– Dr. Morris Netherton

A validade clínica da terapia de vidas passadas foi estabelecida para além de qualquer dúvida. Com crescente regularidade nos últimos quarenta anos, centenas de milhares de pessoas sofredoras foram postas em estados alterados de consciência e guiadas através do véu do tempo para reviver ou contemplar com isenção de ânimo episódios críticos de vidas anteriores. O que elas avistam é uma outra realidade sobreposta ao divã do terapeuta – uma fábrica na Inglaterra oitocentista, um casebre de barro na antiga Somália ou o pátio de um templo maia em plena selva da América Central.

Nessa rápida mudança de cena, os clientes da terapia de vidas passadas assumem identidades plausíveis que se haviam perdido na amnésia de centenas ou milhares de anos. Tudo pode acontecer – e acontece. Um encanador de voz trovejante pode tornar-se uma camponesinha que mal ceceia; uma secretária tranquila pode assumir a personalidade de um guerreiro feroz. Algumas pessoas assistem à sua transformação como se estivessem sentadas na primeira fila do teatro da mente; outras entram na pele da personagem. E outras ainda sentem ou captam os acontecimentos como se ocorressem muito longe. Não importa o modo como a vida anterior seja percebida, o objetivo da terapia é investigar a experiência da alma: a cura pela compreensão de si mesmo.

Depois de certificar-se de que a fonte dos problemas do paciente não pode ser detectada na vida atual, o terapeuta conclui que a úlcera se oculta em algum ponto do repertório de vidas passadas do indivíduo. Esse trauma sepultado afeta invariavelmente a vida de hoje sob a forma de dor fisiológica ou angústia mental, ou ambas. Com efeito, a terapia de vidas passadas confirma que mente e corpo mantêm estreita relação, havendo um componente psicológico em toda doença física e vice-versa. Embora sejam às vezes necessárias muitas horas para investigar vidas sucessivas e descobrir a fonte do problema, a cura é com frequência rápida e completa depois que se extrai a informação exata do subconsciente. Ninguém sabe ao certo como se obtém esse efeito terapêutico, mas parece que o próprio ato de confrontar e aceitar a negatividade há muito oculta na psique provoca uma espécie de diluição alquímica. A liberação de energia bloqueada talvez estimule a evaporação da causa da doença, que pode ser câncer, esclerose múltipla, úlcera, artrite, obesidade, gagueira, enxaqueca, depressão, incapacidade de aprender, epilepsia, as muitas formas de fobia, vícios, alergias, impotência sexual – tudo! O fim da regressão não significa necessariamente o fim da experiência. Lembranças confusas, emoções e percepção aguçada do trauma podem invadir os sonhos e a consciência desperta do paciente durante semanas ou mesmo meses a fio.

Portanto, a terapia de vidas passadas não raro funciona onde o tratamento convencional falha – mas significará isso que as "vidas passadas" são reencarnações? Não necessariamente. A telepatia, o nunca mapeado oceano do inconsciente coletivo, a possessão espiritual, a memória ancestral, as complexas subpersonalidades criadas pela mente infatigável e a mera fantasia são outras explicações possíveis. No entanto, a hipótese do renascimento, sendo a mais óbvia, continua flutuando como uma maçã na água. As fortes identificações que os pacientes em geral apresentam com as personalidades assumidas, sob hipnose, bem como o fato de muitas figuras de vidas passadas terem sido historicamente verificadas, robustecem a tese da reencarnação. Diga-se o mesmo da pesquisa da dra. Helen Wambach, cujos sujeitos de estudo, independentemente de seu sexo na vida atual, se dividiram rigorosamente de acordo com a realidade biológica evocando 50,6% de vidas como homens e 49,4% de vidas como mulheres, quando regrediram a períodos de tempo que chegaram a 2000 a.C. Os estudos da dra. Wambach – embora seus sujeitos fossem predominantemente americanos brancos e de classe média – também refletem, com muita precisão, raça, condição econômica e distribuição populacional no mundo histórico real, espelhando ainda as roupas e sapatos usados, os alimentos ingeridos e os utensílios empregados ao longo dos séculos.

Não obstante, a prova da reencarnação não está mais ao alcance dos terapeutas de vidas passadas do que dos pesquisadores de reminiscências infantis. "Ainda que os detalhes fornecidos por um paciente sob hipnose constituam um relato acurado sobre determinada pessoa que viveu antes", diz a hipnoterapeuta, dra. Edith Fiore, "isso não prova que o paciente de fato viveu aquela vida. Apenas mostra que alguém viveu e morreu. O paciente pode estar se sintonizando com formas-pensamento alheias." Não quer dizer, porém, que a dra. Edith, psicóloga clínica de Saratoga, Califórnia, descarte a reencarnação. Longe disso. Durante os oito primeiros anos em que usou a hipnose como base de sua prática, ela passou da descrença a 99% de convicção a tal respeito. "Se a fobia de alguém desaparece instantaneamente e para sempre diante da lembrança de um acontecimento passado, parece lógico concluir que houve de fato esse acontecimento", deduz ela.

Tal ponto de vista, obviamente, é contestado pelos hipnoterapeutas que não acreditam na reencarnação. Um deles, o dr. Gerald Edelstein, da equipe de psiquiatras do Herrick Memorial Hospital em Berkeley, Califórnia, descobriu que, a despeito de preconceitos ideológicos, vários de seus pacientes remontaram a vidas passadas – com resultados tremendos! Ele admite com franqueza: "Essas experiências, por motivos que não consigo explicar, quase sempre levam a uma rápida melhora na vida dos pacientes".

O dr. Morris Netherton, pioneiro nesse campo em Los Angeles, diz: "Muitas pessoas saem daqui acreditando na reencarnação como resultado de sua experiência; outros a veem como simbólica, metafórica. Mas qual será a resposta lógica? A coisa de fato aconteceu! A natureza precisou de dez milhões de anos para escavar o Grand Canyon, que não passa de um buraco grande no chão. Não acredito que bastem setenta ou oitenta anos para construir a alma de um homem".

Mas, para Netherton, "nem tudo na mente provém do que aconteceu antes". Ele define a imaginação como "a soma total das coisas que aconteceram à pessoa nas vidas que viveu". É uma visão bem ampla, criada e corroborada pelo testemunho de mais de 10 mil pacientes. Esse homem rechonchudo e enérgico, cuja xícara de café exibe a inscrição "O Maior Médico do Mundo", foi criado no Sul como metodista fundamentalista. Mal pensara na reencarnação até 31 anos atrás, quando, atormentado pelo desemprego, uma úlcera crônica que sangrava e um sentimento de inadequação emocional, voltou-se em desespero para a terapia convencional. "Na terceira consulta, falei sobre a dor que me pungia", contou ele, "e, de súbito, vi-me num lugar estranho." Repentina e espontaneamente, Netherton visualizou a si mesmo numa instituição mexicana para criminosos insanos. Era o ano de 1818. Um guarda o golpeara no estômago no mesmo lugar onde a úlcera aparecera. Suas terras haviam sido confiscadas pela esposa e pela família, que conspiraram para trancafiá-lo. Ao mesmo tempo, ele tinha certeza de que sua esposa naquela vida fora também Carol, com a qual está casado hoje. (Ao saber disso num restaurante local, Carol "se engasgou com o purê de batatas", para citar seu marido.)

Seja ou não verdadeiro esse confronto com o passado, o certo é que Netherton logo se sentiu "assombrosamente livre" da dor, e para sempre. Contratado para um período de experiência, acabou obtendo um título de mestre em terapia e um de doutor em psicologia. Contudo, não se converteu imediatamente à crença na reencarnação. Isso veio aos poucos, em consequência de seu autoaperfeiçoamento como terapeuta, durante o qual se submeteu pessoalmente a mais de 1200 horas de pesquisas de vidas passadas. O Método Netherton, exposto no *best-seller* que foi *Past Lives Therapy* e desde então praticado não apenas em Los Angeles mas também em centros de treinamento em Montreal, São Paulo e Stuttgart, é único porque se baseia logo de início no emprego, pelo paciente, de frases repetitivas ou fora de contexto. Orientado por expressões-chave como "É inútil" ou "Querem acabar comigo", Netherton procura abrir o inconsciente pedindo ao paciente que as repita. A repetição sugere ao paciente uma imagem, ponto de partida para a reconstituição detalhada da dor, da culpa ou do trauma. Netherton afirma que o paciente *precisa* reviver as experiências traumáticas do passado a fim de solucionar os problemas atuais. "Você tem de trazê-las para dentro do corpo", explica ele.

"Só assim saberá com certeza que obteve a informação certa." Desse modo – gritando, contorcendo-se, gemendo, chorando ou exprimindo-se em idiomas estranhos –, os sujeitos de Netherton confrontam seus dramas entranhados a fim de deixá-los para trás. Nascimentos e mortes anteriores – fontes comuns de distúrbios comportamentais – são quase sempre reencenados. E Netherton insiste: nenhum trauma de uma vida passada é completamente apagado sem que antes se detecte o incidente ou incidentes pré-natais não resolvidos, que recolocam a pessoa no encalço de vidas passadas problemáticas. Notando que o feto é muito sensível aos pensamentos e sensações da mãe (observação confirmada pelos achados do dr. Tom Verny), Netherton escreveu em *Past Lives Therapy*:

> A criança ainda no ventre, aguardando o início da vida consciente, é bastante afetada por sua percepção pré-natal. Na falta de uma mente consciente para discernir ou interpretar, o inconsciente retoma quaisquer acontecimentos de uma vida passada acionados por fatos da vida da mãe. Esses fatos moldam os padrões de comportamento da criança. Depois de nascer, ela procurará solucionar os acontecimentos da vida passada sem mesmo saber qual é a sua natureza.

Pouco importa se os pacientes de Netherton, entre os quais há padres e físicos, acreditam ou não na reencarnação: a reminiscência é a mesma, jamais restringida por credo ou cor. Brancos, por exemplo, recuam a vidas nas quais foram escravos negros; mexicanos se lembram de ter sido soldados ingleses na Segunda Guerra Mundial; e, como que para invalidar a interpretação da memória genética, muitos alegaram estar vivos durante a vida de seus pais! "Alguns pacientes, no começo, procuram 'inventar' parte do que me dizem", escreveu Netherton, "mas logo descobrem que não é possível mudar o conteúdo dos incidentes de suas vidas passadas, devendo portanto revelar os aspectos mais íntimos e dolorosos das histórias que supunham imaginárias. Isso é o que mais depressa convence os céticos. Eles, de início, soltam a primeira bobagem que lhes vem à cabeça simplesmente para me agradar. Mas, quando ficam cara a cara com sua dor, não mais podem negar a eficácia da terapia."

Uma das conclusões que Netherton extraiu do testemunho de seus pacientes é que cada indivíduo retorna à Terra no mesmo estado de evolução que tinha ao morrer. Ele aconselha a pessoa a, se possível, não pedir ajuda artificial no instante da morte para "não voltar dependente. Voltamos como partimos. É uma jornada contínua". O aborto, segundo os achados de Netherton, "mata algo que sente". Vezes sem conta ele perguntou a pacientes que regressaram em embriões abortados se tinham alguma mensagem para suas mães. E a mensagem frequentemente era um ameaçador: "Eu voltarei". O ato do aborto parece estabelecer, para os protagonistas, um padrão de incompletude que pode exercer um efeito dominó de vida para vida. Em verdade, a retomada de padrões e problemas similares numa série de vidas é fenômeno corriqueiro, visto por Netherton como o modo de a mente inconsciente solucionar questões específicas mediante tentativas sucessivas de reproduzir a mesma coisa.

> "Se você sonha com viagens, a regressão é uma alternativa maravilhosa. Poderá assim visitar Roma, Atenas, Paris, Pompeia ou Babilônia, fazer compras nos bazares da antiga Pérsia, ver a China quando ela era nova, ver o Egito quando ele não era velho ou talvez mesmo a Atlântida, sem mencionar as incontáveis aldeias tranquilas pelo mundo afora [...]. Imagine-se lutando na arena como gladiador, caçando tigres (com uma lança) ou escalando montanhas. E que tal fender os oceanos do mundo numa escuna de três mastros, construir pirâmides ou levar a vida sossegada de um filósofo grego? Se o seu negócio é comida, por que não o saboroso porco polinésio, o raríssimo bife de mamute ou este prato favorito de outros tempos: o mingau de aveia (eca!)? [...] No mínimo, a regressão é a cura certa para o tédio em nosso mundo automatizado."
> — Bryan Jameison, *Explore Your Past Lives*

Vítimas do eu

A dra. Edith Fiore assinala a culpa como o arquiteto dos efeitos mais negativos que descobre nas experiências de seus pacientes. "Quando vejo alguém com quatro ou cinco sintomas, quando vejo pessoas perdendo o jogo da vida, é como se me dissessem: 'Não mereço isto ou aquilo'", escreve a autora de *You Have Been Here Before*. Ela acredita também que "nenhum ser humano é vítima sem causa": todos os seus pacientes sofrem em consequência dos próprios atos.

Um dos casos mais intrigantes da dra. Edith ilustra esse sistema de causa e efeito que espelha a doutrina hindu e budista do karma. Uma mulher na casa dos 30 anos, que recorreu em desespero à terapia depois de se submeter a duas cirurgias para remover um câncer ósseo, viu-se, sob hipnose, como sacerdotisa de um culto antigo em que se praticavam sacrifícios humanos. Sua função era beber o sangue das vítimas, coisa que ela detestava. Mas, como a alternativa era beber ou ser ela própria sacrificada, procurou se habituar à tarefa. Após a regressão, a mulher fez um exame de sangue para a próxima cirurgia. O exame revelou que já não havia células cancerosas vivas em seu corpo e a cirurgia foi cancelada. Hoje, decorridos muitos anos e considerando-se que ela parece completamente curada, conviria lembrar que o sangue é fabricado na medula óssea – o próprio local de seu problema.

Falando durante a segunda conferência anual da Associação de Pesquisa e Terapia de Vidas Passadas, em Los Angeles, no mês de outubro de 1982, a dra. Edith declarou: "Outros tratamentos enfrentam os sintomas e ignoram as causas. A terapia de vidas passadas vai à raiz do problema. Não existe nenhuma doença física capaz de resistir a um bom tratamento desse tipo". Essa declaração era fruto de sua experiência clínica, segundo a qual todos os problemas de saúde podem ser localizados em vidas passadas. Ela descobriu que praticamente a totalidade de seus pacientes com 5 kg a mais de peso havia morrido de inanição ou passado fome durante longos períodos numa vida anterior. Medos irracionais de répteis, fogo, solidão, aviões, escuridão, multidões ou cataclismos naturais como terremotos e tempestades foram aliviados quando os pacientes se viram face a face com tragédias de vidas anteriores. Um adolescente, por exemplo, só conseguia adormecer quando sozinho e em silêncio total. Sua dificuldade foi atribuída ao fato de ter sido morto a golpes de baioneta por um soldado japonês enquanto dormia na praia de uma ilha do Pacífico durante a Segunda Guerra Mundial. As origens da enxaqueca têm sido associadas a episódios de espancamento, decapitação, fuzilamento, apedrejamento, enforcamento ou esfolamento em outra vida. Pessoas com dores abdominais crônicas reviveram cenas em que tiveram o ventre perfurado por espadas, baionetas ou facas. Mesmo problemas menstruais podem provir de traumas sexuais em outra vida, enquanto atração instantânea, antipatia, confiança ou desconfiança puderam ser perfeitamente compreendidas após um vislumbre dos acontecimentos em uma vida passada.

"Estarão eles representando?", pergunta a dra. Edith, retoricamente, a propósito de seus sujeitos de estudo em *You Have Been Here Before*. "Se estão, muitos deveriam inscrever-se para os prêmios da Academia. Tenho ouvido e observado pessoas em regressões a vidas passadas, sob hipnose, por milhares de horas. Estou certa de que não há a tentativa deliberada ou consciente de enganar. Lágrimas, tremores, hesitações, sorrisos, respirações entrecortadas, suores e outras manifestações físicas são muitíssimo reais."

Não é de estranhar que os californianos, com sua lendária tendência à autodescoberta, sejam os mais generosos patronos em todo o mundo da terapia de vidas passadas, que pode custar até trezentos dólares a hora em seu Estado. No entanto, as origens da regressão hipnótica – que dominou a Califórnia em meados da década de 70 e continua lá – remontam à França da virada do século e aos experimentos do enigmático coronel Albert de Rochas. Fazendo passes transversais e longitudinais com as mãos, ao estilo de Franz Anton Mesmer, o médico austríaco que deu nome à hipnose ou "mesmerismo", Rochas enviava seus sujeitos de volta a uma sucessão de vidas passadas.

Um desses sujeitos era *mademoiselle* Marie Mayo, de 18 anos, a filha de um engenheiro que de início foi reenviada à época em que tinha 8 anos de idade, quando, tendo frequentado a escola em Beirute, escreveu seu nome em árabe. Antes do último nascimento, chamava-se Lina, filha de um pescador da Bretanha. Contou que se casara aos 20 anos com um pescador chamado Yvon, que seu filho morrera aos 2 anos de idade e que, num acesso de desespero após o desaparecimento do marido num naufrágio, atirara-se ao mar do alto de um precipício. Marie Mayo reviveu as convulsões do afogamento antes de passar para outra encarnação, desta vez como homem – Charles Mauville, um escriturário assassino que viveu na época de Luís XVI. Remontando ainda mais ao passado, ela se tornou Madeleine de Saint-Marc, cujo marido era um nobre na corte francesa.

Embora fascinantes e plausíveis, os sujeitos de Rochas nunca deram informações precisas que pudessem ser confirmadas como fatos históricos, apesar de muitos lugares e famílias mencionados terem mesmo existido. Essa frustração levou Rochas – que tentava inutilmente desviar as lembranças dos sujeitos para suprimir qualquer possibilidade de estar ele próprio sugerindo telepaticamente a evidência experimental – a refletir sobre "as trevas com que todo observador tem de lutar no início de uma nova ciência".

> "O exame de testemunhos de vidas passadas fornecidos por sujeitos sob hipnose abalou inúmeros estereótipos históricos. 'Quando as imagens contrastam com aquilo que supomos verdadeiro, mas depois de cuidadoso estudo revelam ser exatas, então devemos repensar o conceito de reminiscências de vidas passadas como pura fantasia.'"
> – Dra. Helen Wambach

O poder interior

Durante anos, psiquiatras e psicólogos interpretaram as lembranças fortuitas e espontâneas de outras vidas, por parte de seus pacientes, como distúrbios mentais. Mas sempre houve pesquisadores batendo à porta do desconhecido. O sueco John Björkhem (1910-1963) deu grande impulso à nova ciência fazendo centenas de experimentos de regressão nos quais vidas anteriores, que os sujeitos descreviam sob hipnose, puderam ser frequentemente confirmadas. E em 1950 o dr. Alexander Cannon, um inglês com títulos concedidos por dez universidades europeias, teve de ceder à evidência do renascimento fornecida por 1.382 voluntários que, na regressão, alegaram ter vivido em várias épocas, algumas das quais remontando a milhares de anos antes de Cristo. Escreveu ele em *The Power Within*:

> Durante anos, a teoria da reencarnação foi um pesadelo para mim. Eu fazia o possível para desacreditá-la e até discutia com meus sujeitos, acusando-os de estar dizendo tolices. Mas, com o correr do tempo, um após outro me contava a mesma história, apesar de suas diversas crenças conscientes. Hoje, mais de mil casos foram estudados e tenho de admitir que a reencarnação existe mesmo.

Cannon se especializou na descoberta de complexos e medos ocultos, engendrados por incidentes traumáticos em vidas passadas. Sustentando que a obra do grande psicanalista Sigmund Freud fora "superada" pela reencarnação, declarou: "A maior parte das pessoas não se beneficia da psicanálise porque o trauma reside, não nesta, mas em outra vida".

A conclusões similares chegou, por conta própria, o psiquiatra inglês dr. Arthur Guirdham, recorrendo ao que chamava de "um processo puramente intelectual". Verificando e cruzando referências, durante anos, a uma série de sugestões obscuras, sintomas clínicos, revelações psíquicas, escrita automática e sonhos repetitivos, Guirdham concluiu que pertencia a um grupo de pessoas reencarnadas juntas em cinco épocas diferentes. Depois de 44 anos de prática médica e catorze livros escritos, Guirdham relatou que fora cético desde garoto, quando o apelidaram de "Thomas Descrente". Mas acrescentou com ênfase: "Se eu não acreditasse em reencarnação com base nas provas que recolhi, seria um idiota". As provas – múltiplas e complexas – não envolvem regressão hipnótica, mas situam a origem da doença em encarnações passadas. Guirdham citou inúmeros exemplos do "fenômeno aniversário", no qual enfermidades ou depressão se manifestam em dias coincidentes com acontecimentos trágicos em encarnações passadas. A seu ver, enquanto sintomas de curta duração muitas vezes correspondem a breves incidentes em vidas anteriores, distúrbios mais duradouros têm uma contrapartida mais longa nessas vidas.

O caso de Bonnie Brown, modelo de Toronto que regrediu a uma vida doentia num campo de concentração, sustenta esse ponto de vista. Com 29 anos de idade, Bonnie sofrera repetidas crises de bronquite a cada inverno desde a infância. Posta em estado alterado de consciência pela hipnoterapeuta Beverly Janus, ela identificou cinco vidas diferentes no prazo de uma hora. Viu-se como mulher jovem numa cidadezinha da Europa Oriental, trajando roupas escuras e um lenço de cabeça. Com seus vizinhos, foi arrastada da cabana de chão batido até um trem por soldados que trajavam uniformes da Segunda Guerra Mundial. Não havia água nem comida no trem; ela sentia frio e tossia sem parar. (Bonnie tossiu durante todo o processo de regressão e tremia tanto que foi necessário envolvê-la em cobertores.) Depois de vários dias de viagem, Bonnie e seus companheiros cativos foram arrebanhados num campo protegido por arame farpado. "Eu estava junto à cerca, com as mãos pousadas no arame", lembra-se Bonnie. "Tossia sangue. Lembro-me de ter pensado: 'Não quero mais viver'. Ninguém parecia se importar. Tossi até o fim." Foi então que Beverly Janus garantiu à sua paciente sob hipnose que ela não mais seria afetada pelos maus efeitos de outrora. Desde essa regressão em 1972, quando confrontava sua doença no que parecia ser sua encarnação anterior, Bonnie nunca mais teve o mais leve sinal de problemas pulmonares. Diz ela: "Acho que a reencarnação é a melhor explicação para o que aconteceu. Entretanto, se tudo não passou de um exame de minha psique para me mostrar que não devo mais ter bronquite, que importa? O importante é que funciona".

Shirley Kleppe-Moran, sujeito de pesquisa da dra. Helen Wambach, foi do mesmo modo aliviada de ataques periódicos para os quais não havia explicação ou tratamento médico. As crises, que duravam de quinze a sessenta minutos, faziam seu corpo sentir-se como se estivesse "a um milhão de quilômetros por hora" e afligiam-na desde os 7 anos de idade. Sob hipnose, ela encarnou uma jovem francesa que viveu na costa normanda durante o século XVI. Suspeita de feitiçaria porque fora surpreendida visitando um menino enfermo que depois morreu, homens da aldeia, empunhando tochas, perseguiram-na até a borda de um precipício, de onde ela se atirou ao mar. Shirley reviveu seu salto em pleno ar como o equivalente emocional das crises, que nunca mais voltaram desde esse dia em 1977.

De modo algum limitada aos pesquisadores e autoanalistas do Ocidente, a terapia de vidas passadas é estudada com afinco por trás da Cortina de Ferro. A especialista moscovita Varvara Ivanova, muito respeitada por cientistas e escritores soviéticos, descobriu que a regressão permite às pessoas não apenas perceber os motivos de seus sofrimentos e o objetivo educacional de sua "cadeia de vidas", mas também entender seus hábitos, idiossincrasias e gestos inconscientes. Numa declaração que poderia ter partido de Morris Netherton ou centenas de outros terapeutas ocidentais, ela assevera que dificuldades semelhantes vão aparecendo ao longo das vidas "até a pessoa aprender a lutar contra a adversidade. Temos de solucionar os problemas. Se não os solucionarmos nesta vida, eles reaparecerão sob diferentes formas e situações agora e em vidas futuras, até conseguirmos dominá-los da maneira certa".

> "Há cem anos, Bedlam seria o lugar para alguém prever que, no futuro, iríamos nos comunicar com países do outro lado do oceano pela visão e pela audição – ou com homens na Lua. Daqui a um século, talvez a ciência e a hipnose regressiva provem finalmente o fato de que vivemos muitas vidas."
> – Clarice Toyne

Crianças como sujeitos de regressão

Por estarem mais próximas que os adultos da fonte das lembranças de uma vida passada, as crianças são ótimos sujeitos de regressão. Em 1995, a hipnoterapeuta americana Carol Bowman contestou a crença geral de que a regressão a vidas passadas é uma estratégia imprópria para crianças devido às suas frágeis estruturas psicológicas. "Muito ao contrário", declarou ela num artigo do *The Journal of Regression Therapy*, "é altamente indicada em alguns casos. Certas crianças se beneficiam bastante, às vezes sem nenhum esforço, da terapia de vidas passadas." Bowman apareceu no programa líder de audiência nos Estados Unidos, o *The Oprah Winfrey Show*, para incentivar os pais a ouvir com seriedade as histórias de vidas passadas contadas pelos filhos. E em seu livro de 1997, *Children's Past Lives*, ela conta como seus próprios filhos, Chase e Sarah, colheram enormes benefícios da regressão. Eis a história de como a hipnose levou Chase Bowman a uma vida passada e livrou-o de uma fobia persistente.

Chase tinha 5 anos quando se tornou claro que sentia um medo aparentemente irracional de barulhos altos. O ano era 1988 e seus pais, Carol e Steve, davam uma grande festa por ocasião do Quatro de Julho na casa da família em Asheville, Carolina do Norte. A festa terminou com os convidados indo para um clube de tênis da prefeitura que proporcionava uma vista fantástica da queima de fogos anual em comemoração do Dia da Independência. Logo que o som dos foguetes começou a ressoar pelas colinas, porém, Chase – que aguardava ansioso as cores e a excitação do espetáculo – pôs-se a chorar. Tentaram consolá-lo e tranquilizá-lo, mas nada estancou suas lágrimas, de modo que Carol Bowman precisou levar o menino embora, deixando Steve e Sarah, de 9 anos, com os convidados. Mas mesmo em casa e longe do barulho, Chase continuou a soluçar descontroladamente. E sua histeria piorou quando a mãe quis saber por que as explosões o haviam amedrontado. Carol nada mais pôde fazer do que embalá-lo suavemente nos braços, até os soluços cessarem e o garoto adormecer.

O episódio foi esquecido até a família visitar a piscina coberta da cidade, um mês depois. Chase adorava a água, mas tão logo entraram no recinto barulhento, ele começou a chorar desesperadamente. Agarrou as mãos da mãe e puxou-a para a porta, sem querer ouvir coisa alguma. Mais tarde, Carol Bowman percebeu que o som do trampolim, repercutindo nas paredes nuas do prédio, devia ter lembrado a Chase as explosões dos fogos. Mas ignorava por que o filho reagia àquilo com tanto medo.

A origem da fobia foi descoberta algumas semanas depois, quando um hábil hipnoterapeuta, Norman Inge, hospedou-se com os Bowmans para dar palestras sobre regressão a vidas passadas em Asheville. Carol mencionou o medo irracional de Chase enquanto a família tomava o chá da tarde com o visitante. Inge sugeriu então um experimento do qual mãe e filho logo concordaram em participar. Aquele momento, escreve ela em *Children's Past Lives*, "foi uma virada em minha vida". Seguindo as instruções de Norman Inge, Chase subiu aos joelhos da mãe, fechou os olhos e começou a descrever o que vira quando escutara os barulhos amedrontadores. Nada, admite Bowman, poderia tê-la preparado para o que iria ouvir". O garoto Chase se viu imediatamente na pele de um soldado – um soldado adulto – empunhando 'uma espingarda comprida, com uma espécie de faca na ponta'. Meus ouvidos latejavam e os pelos de meus braços se eriçaram. Sarah e eu nos entreolhamos de olhos arregalados, perplexas."

"Que está vestindo?", perguntou Norman. Chase respondeu: "Roupas sujas, em farrapos, botas marrons e um cinto. Estou escondido atrás de uma pedra, ajoelhado e disparando contra o inimigo, na orla de um vale. A batalha ressoa à minha volta." Essas palavras foram ditas por um menino que jamais mostrara qualquer interesse por jogos de guerra e nem mesmo tivera uma arma de brinquedo. Prosseguiu descrevendo o que fazia atrás da pedra: "Não quero olhar, mas tenho de fazer isso quando atiro. Fumaça e lampejos por todo lado. E um barulho infernal – gritos, gemidos, explosões. Não sei ao certo em quem estou atirando – há muita fumaça, muita confusão. Tenho medo.

Faço pontaria em tudo o que se move. Não, não gosto de estar aqui alvejando pessoas".

Houve outras surpresas no relato de Chase, inclusive a afirmativa de que fora negro naquela vida. A despeito do ceticismo da mãe, pesquisas históricas revelaram que houve mesmo soldados negros na Guerra Civil Americana. Chase disse que fora ferido no pulso, conduzido a um hospital de campanha onde lhe aplicaram bandagens e depois mandado de volta para operar um canhão. Sua descrição do hospital coincidia com os relatos da época, mas foi a irmã quem observou que o pulso em questão apresentava eczema desde que Chase era bebê. Sempre que se sentia cansado ou inquieto, ele coçava o local até sangrar, obrigando a mãe a enfaixá-lo para evitar danos mais sérios.

Escreve Bowman: "Para nosso espanto e alívio, poucos dias depois da regressão à vida de um soldado, o eczema no pulso de Chase desapareceu completamente e não voltou mais. Também desapareceu por completo seu medo de barulhos altos. Fogos de artifício, explosões e sons de bombas já não o assustam. Na verdade, logo depois da regressão, Chase começou a mostrar interesse por tocar tambor [...]. Hoje ele toca muito bem, enchendo a casa de barulho todos os dias".

> "O trauma não resolvido da morte é uma das causas primárias de distúrbio comportamental", escreve o terapeuta de vidas passadas dr. Morris Netherton. "A maioria dos problemas que encontro tem sua origem em mortes anteriores; quando o impacto da morte é anulado, muitos distúrbios simplesmente desaparecem." No mesmo tom, a dra. Helen Wambach sustenta: "É bastante comum para meus sujeitos de estudo garantir que, depois de reencenarem uma morte em vida passada, uma fobia ou sintoma que apresentavam desapareceu".

A histeria de Bridey

Nem toda regressão tem propósito terapêutico. E isso se explica porque os terapeutas de vidas passadas, cuja meta é a cura, não se incomodam muito em dissecar o mistério por trás do milagre diário. Geralmente, os regressionistas interessados no fenômeno em si são os únicos que examinam seus casos em busca de evidências detalhadas do renascimento. Sem dúvida, o único objetivo do hipnotizador nas horas vagas Morey Bernstein, em 1952, era testar sua capacidade de suscitar lembranças anteriores ao nascimento – um fenômeno sobre o qual apenas lera até então. Imagine o que ele sentiu quando seu sujeito, a dona de casa do Colorado Virginia Tighe (nome a ser logo substituído pelo pseudônimo de Ruth Simmons), assumiu o que se tornaria sua famosa personalidade da Irlanda do século XIX, Bridey Murphy. Bridey abalou o mundo quando a história das regressões de Bernstein apareceu em jornais e revistas. Festas à fantasia "Venha do Modo como Você Era" começaram a ser dadas, Coquetéis de Reencarnação não faltavam nos bares, canções sobre renascimento congestionaram as ondas de rádio e a Paramount Pictures produziu um filme sobre Bridey Murphy. *The Search for Bridey Murphy*, o relato de Bernstein sobre suas aventuras com o hipnotismo provocado pela chama de uma vela, vendeu um milhão de exemplares. Em pelo menos uma ocasião, a febre das vidas passadas escapou ao controle. Um adolescente de Shawnee, Oklahoma, foi arrastado para tão longe pelo entusiasmo geral que atirou em si mesmo, deixando um bilhete onde informava pretender conduzir sua própria pesquisa sobre a reencarnação.

Embora os marcos da vida de Bridey (nascida no condado de Cork em 1798, filha de Duncan e Kathleen Murphy, ela se casou com Brian MacCarthy e morreu sem filhos em Belfast aos 66 anos de idade, depois de cair de uma escada) fossem claramente fornecidos em dialeto irlandês, as datas de nascimento, casamento e morte não puderam ser confirmadas devido à inexistência de arquivos na Irlanda antes de 1864. No entanto, as lojas mencionadas por Bridey – Caden House, Farr's e John Carrigan's – existiram mesmo. Algumas palavras irlandesas arcaicas, entre elas *flats* para "pratos" e *slip* para uma espécie de avental ou vestido de criança, foram usadas corretamente. Acontecimentos locais e detalhes de mobiliário, utensílios domésticos, comidas e artigos de cozinha, moedas, livros, canções e danças populares, práticas agrícolas e a iluminação pública de Belfast – "mastros com lâmpadas" – foram todos comunicados em minúcia. Ela chegou a descrever a maneira correta de beijar a pedra Blarney e, como gostasse muito de dança, executou durante uma sessão de hipnose *The Morning Jig* completa, com o *finale* e um bocejo estilizado. Em seu funeral, Bridey ouviu o toque da gaita de foles irlandesa – um instrumento popular na época devido a seu tom suave.

Mais que qualquer outra coisa, o acúmulo de pequenos fatos verificados dá ao caso sua base de credibilidade. Por algum tempo, os céticos ironizaram a referência de Bridey a uma cama de metal durante sua infância, pois se supunha que tais camas fossem desconhecidas na Irlanda antes de 1850. Pesquisa posterior, no entanto, demonstrou que tais móveis já apareciam em anúncios publicitários de 1802. "A pesquisa", escreveu o jornalista William J. Barker, que viajou à Irlanda para preparar um relatório de 19 mil palavras intitulado *The Truth About Bridey Murphy*, "é o melhor aliado de Bridey." No verão de 1995, a mulher cujas regressões haviam sido manchete em todo o mundo faleceu. Virginia Tighe, que após o segundo casamento passou a se chamar Virginia Mae Morrow, morreu em Denver aos 70 anos de idade.

Desde a sensação que foi Bridey Murphy, regressionistas de todo o mundo vêm procurando emular o feito apresentando seus próprios casos curiosos. Da residência em Cheshire de Joe Keeton, o mais atarefado dos regressionistas britânicos, ao escritório comercial em Malibu, Califórnia, de Dick Sutphen, que comercializa reencarnação como sabão em pó, filmes e relatórios sobre renascimento espalham evidências para quem quiser ser persuadido.

Poucos são os casos mais convincentes que o de Margaret Baker. Ela evoca a vida e a morte de um vendedor de cavalos cigano chamado Tyzo Boswell. Em 1978, durante uma regressão gravada em fita na qual ela duvidou de seu entrevistador *gorgio* (não cigano), Margaret falou numa linguagem rude da vida e do trabalho de Boswell, de 1775 até sua morte em 1831, quando foi atingido por um raio na feira de Horncastle, Lincolnshire. Quando a fita foi passada ao fim da sessão, Margaret "não tinha consciência alguma do que havia dito e ficou surpresa ao ouvir que mudara de sexo", conta o hipnoterapeuta Maurice Blake, de Norwich, Inglaterra. O próximo passo de Margaret foi uma peregrinação ao condado vizinho de Lincolnshire, para ver se haveria alguma verdade em suas divagações. Logo teve a estranha sensação de estar perto do túmulo de Tyzo Boswell no cemitério de St. Mary's Church, em Tedford. A lápide confirma que Boswell foi "morto por um raio" em 5 de agosto de 1831 e o sepultamento, dois dias depois, está devidamente registrado nos livros da paróquia. Uma vez na terra natal de Boswell, Margaret se sentiu em casa. "Nunca tinha ido àquele lugar", garantiu ela, "mas sabia exatamente onde estava o túmulo." Nem Margaret nem Maurice Blake conheciam coisa alguma da vida cigana e ainda assim ela, durante a regressão, proferiu inúmeras palavras em romani como *motto* ("bêbado"), *mello* ("morto") e *chopping greis* ("vender cavalos"), todas posteriormente verificadas.

The Reincarnation Experiments, um impressionante documentário televisivo em que quatro donas de casa de Sydney, Austrália, deram detalhes de vidas passadas sob hipnose e depois confirmaram as evidências – diante das câmeras e de testemunhas idôneas – percorrendo milhares de quilômetros até o cenário dessas vidas anteriores, foi exibido para o público australiano em março de 1983. Até críticos ateus foram obrigados a admitir que a reencarnação parecia ser a única explicação lógica para essas notáveis jornadas no tempo, feitas sob hipnose a cargo do hipnoterapeuta Peter Ramster.

Cynthia Henderson, por exemplo, que contara suas lembranças de vidas passadas em francês coloquial, conduziu uma equipe cinematográfica a um velho castelo de trezentos anos, destruído por bombas, perto da aldeia de Fleur, na Normandia – seu lar como a aristocrata francesa Amélie de Cheville. A experiência foi tão intensa que ela rompeu em lágrimas. Helen Pickering, outro membro do quarteto experimental, viajou para Aberdeen, onde vivera como James Archibald Burns, nascido em 1807 em Dunbar, Escócia. Ainda em Sydney, Helen fizera um esboço detalhado da Escola Marshall de Medicina em Aberdeen, que o historiador local David Gordon, colecionador de todas as plantas e desenhos da escola desde seu início, confirmou (ele era o único homem vivo que sabia exatamente como o edifício fora antigamente). Que uma mulher sem acesso a seu trabalho e sem saber até que as plantas existiam possuísse tamanho conhecimento histórico era "inexplicável", afirmou Gordon. Isto é, inexplicável a menos que Helen Pickering houvesse percorrido os esquecidos corredores e escadarias da escola como o estudante de medicina James Burns, um século e meio atrás. Afora essas revelações estruturais, as lembranças que Helen tinha da vida de Burns foram confirmadas por registros da biblioteca do condado em Blairgowrie, a cidade onde Burns montara um consultório médico muito bem-sucedido.

A verificação nem sempre se faz com tanta facilidade. Faltam às vezes, no material de regressão, os detalhes ansiosamente esperados pelos pesquisadores, porquanto datas e nomes de cidades ou ruas quase nunca apresentam a carga emocional que inspira a lembrança.

Além disso, a maioria das vidas passadas, vividas muito tempo antes do estabelecimento da aldeia global de Marshall McLuhan, estavam tão afastadas do curso principal da história que informações básicas como época e país de origem importariam muito pouco em se tratando de pessoas comuns. A preocupação com a época é coisa do nosso tempo. Além disso, inúmeros Estados nacionais passaram por frequentes alterações de fronteiras. Tais dificuldades se agravam ainda mais pelo fato de nomes e datas estarem armazenados nos centros da fala do cérebro, geralmente o hemisfério esquerdo do lobo temporal, ao passo que a lembrança sensorial parece ser função do hemisfério direito.

Felizmente, há meios de determinar se os sujeitos estão mesmo imersos em estados de consciência alterados ou apenas dando vazão a fantasias desenfreadas que penetram em suas mentes conscientes. Estudos com o EEG (eletroencefalograma) mostram que vidas passadas são acessadas quando os níveis cerebrais chegam a 8,3 ciclos por segundo. O movimento rápido das pálpebras acompanha esse estado. Alguns regressionistas usam um aparelho galvânico de resposta epidérmica que registra a atividade dos poros quando ligado por fios a dois dedos do sujeito. Logo que a memória subconsciente é alcançada, a agulha do mostrador se afasta da posição horizontal. "É como um detector de mentiras pouco sofisticado", diz o hipnotizador John Hainlen, que constatou a grande eficácia do biossonômetro em sua clínica de Sacramento. "Se a mente consciente interfere, percebemos de imediato."

> O ator Glenn Ford reviveu cinco vidas passadas sob hipnose. A princípio, ficou atemorizado pela experiência da regressão. "Entra em choque com todas as minhas crenças religiosas", disse ele. "Sou um homem temente a Deus e orgulho-me disso. Mas a experiência me abalou."

A pesquisa prossegue

Enquanto as jornadas a vidas passadas se repetem, a pesquisa sai à cata de mais e mais indícios que possam fornecer uma interpretação consistente dos fenômenos. Seja como for, porém, muitos pesquisadores desse campo já se convenceram de que a reencarnação explica e torna possível a imensa quantidade de testemunhos existente sobre outras vidas. A dra. Helen Wambach, que em 1975 resolveu provar de vez se as lembranças de vidas passadas são fantasia ou realidade, declarou depois de fazer a regressão de milhares de voluntários: "Não acredito em reencarnação – conheço-a". Instada a explicar melhor a frase, acrescentou: "Se você está acampado à beira da rodovia e mil pessoas, passando por ali, dizem ter cruzado uma ponte na Pensilvânia, você não duvida de que exista a tal ponte na Pensilvânia". Por outro lado, Joe Keeton, que conduziu mais de 20 mil regressões e alega ter curado várias condições cancerosas por meio da sugestão hipnótica, não sabe explicar o fenômeno. "Estou tão perplexo hoje quanto no começo", afirma ele. "Continuarei investigando até morrer, mas não creio que vá achar a resposta." E completa: "Maçãs caíram das árvores durante milhões de anos antes de Isaac Newton fazer a pergunta certa. O que precisamos são perguntas, não respostas".

Já estamos nos anos 2000 e a terapia de vidas passadas continua um enigma, mesmo com os curiosos e aflitos empenhados cada vez mais em submeter-se à experiência e colher os benefícios de uma viagem a outra época e lugar. Em 1995, uma nova Escola de Estudos de Regressão a Vidas Passadas foi fundada em Londres sob a direção do psicólogo dr. Keith Hearne. Além de treinar estudantes no uso das técnicas terapêuticas de regressão e alívio espiritual, a escola organiza seminários e palestras para ajudar pessoas a redescobrir objetivos de vida planejados antes de nascer. Em 1992, o Departamento de Medicina Alternativa foi inaugurado como órgão do America's National Institute of Health (NIH) perto de Washington, D.C. O departamento oferece terapia de vidas passadas entre seus tratamentos oficialmente reconhecidos.

A despeito dos consabidos benefícios da regressão a vidas passadas, porém, prossegue o debate sobre o valor desse tipo de hipnose para a população em geral. Roy Stemman, editor da *Reincarnation International*, um homem que dedicou a vida a reunir indícios comprobatórios do renascimento, conta-se entre os mais cautelosos. "Preocupa-me", escreveu ele num artigo de 1994, "que, se não podemos recordar normalmente de vidas passadas, talvez estejamos errados em forçar a porta de nossas lembranças recorrendo à hipnose. Já não temos fobias e medos demais nesta vida para lhes acrescentar a culpa de ações antigas?" A terapeuta de vidas passadas americana Janet Cunningham, porém, defende firmemente a validade de explorar vidas anteriores: "A meu ver, de nada nos serve descobrir que fomos, por exemplo, uma freira na França ou um monge no Tibete. Por outro lado, se compreendo o efeito de uma vida passada sobre mim, hoje, isso talvez possa me beneficiar [..]. Caso consigamos nos sintonizar com as energias de quem fomos, saberemos quem somos. Trarei então do passado um talento que posso aprimorar nesta vida ou um problema de relacionamento que preciso resolver – um medo ou um bloqueio de habilidades e energias que tenho de superar. Eis, penso eu, o valor da cura obtida pela terapia de vidas passadas: posso reconhecer os diferentes aspectos da energia que tenho hoje e remover os bloqueios que porventura se encontrem em seu caminho".

Na conferência anual, em maio de 1997, da Association of Past-Life Research and Therapy (APRT), a dra. Winafred Lucas – autora de *Regression Therapy: A Handbook for Therapists* – mencionou o valor especial da terapia de vidas passadas para sanar relacionamentos problemáticos. "À medida que expandimos nossa consciência", disse ela, "tornamo-nos capazes de perceber os outros de um modo que estimula a compreensão e a aceitação."

A taxa geral de êxito da terapia de vidas passadas é difícil de avaliar, embora um estudo da dra. Hazel Denning, da APRT, entre 1985 e 1992, sirva de parâmetro. De 450 pacientes de oito terapeutas que puderam ser acompanhados depois de cinco anos, 24% relataram ter ficado livres de todos os sintomas; 23% tiveram melhora considerável e evidente; 17% melhoraram de maneira perceptível; e 36% não mencionaram nenhum benefício apreciável. Em 1994, Ronald Vander-Maessen, da NVRT, a associação holandesa de terapia de vidas passadas, liderou um programa de pesquisa que investigou os resultados do tratamento de regressão em 401 pacientes de 32 terapeutas. Seis meses depois do tratamento, 50% relataram que seus problemas haviam desaparecido em grande parte ou totalmente, cerca de 30% melhoraram e uns 20% não lograram benefícios.

Não recomendadas para pessoas muito sensíveis, as viagens a vidas passadas podem ajudar em casos de inquietação e ansiedade, ao mesmo tempo que aprofundam o entendimento. E, embora alguns digam que ser turista da memória remota é apenas outra maneira de descrever o autoexame da psique, esta não é justamente a soma total das experiências em curso do indivíduo? Como diz Hazel Denning, diretora-executiva emérita da Association for Past-Life Research and Therapy, "Você é tudo o que já foi – agora".

"Acredito que o Ocidente haja abastardado a reencarnação. No Oriente, as encarnações existem para que Deus se conheça a si mesmo e a reencarnação é o veículo da evolução espiritual. Aqui, porém, a ênfase maior é no ego. Seria como concentrar-se nas roupas e ignorar a pessoa que as veste. As pessoas se interessam mais pelo conteúdo das imagens que pelo progresso do espírito."
– Dr. Ronald Wong Jue, psicólogo clínico

MUITO TEMPO ATRÁS: AS RAÍZES DA CRENÇA

> "O renascimento é uma afirmação que deve ser contada entre os conceitos primordiais da humanidade."
> – Carl Jung

> "A origem da filosofia da reencarnação é pré-histórica. Antecede a mais remota antiguidade no mundo inteiro."
> – E. D. Walker

Tempo houve em que todos os seres humanos, graças à clarividência, encaravam o processo do renascimento com a mesma lucidez com que percebiam a realidade física. Contando com uma linha direta para os mundos suprassensíveis, as pessoas tinham plena consciência das circunstâncias cósmicas, inclusive a necessidade de vidas terrenas repetidas. Mas, em algum ponto perdido da antiguidade pré-histórica, depois de chegar à encruzilhada das escolhas, os seres humanos decidiram percorrer a senda da degeneração espiritual – fossilizada na lenda como a Queda do Homem – e aos poucos perderam o dom sobrenatural da clarividência. Daí por diante, o conhecimento da reencarnação cedeu lugar à fé e à crença. Estas, como corolário direto da condição degenerada, passaram a ser conhecidas como religião: o anseio e a luta pela sublimidade deixada para trás.

A fábula e o mito antigos, a memória tribal, a continuidade da crença entre os adeptos das grandes religiões e algumas curiosas descobertas arqueológicas apontam para épocas há muito esquecidas em que a reencarnação era, não a simples conjectura intrigante de hoje, mas uma lei da vida aceita por todos. Resquícios da sociedade Neanderthal, remontando a uma data entre 200.000 a.C. e 75.000 a.C., atestam a primeira crença conhecida no renascimento. Foram descobertos esqueletos comprimidos em posição fetal, como à espera da próxima encarnação, havendo indícios de que os mortos eram sepultados ao lado de suprimentos e animais sacrificados como bisões e cabras selvagens. Colocavam-se os corpos alinhados com o eixo leste-oeste do Sol, na pressuposição de que o próprio astro saía diariamente do ventre da Terra.

> A cor verde, representando a volta da vegetação na primavera, simbolizava o renascimento para os antigos bretões. Depois das cerimônias de iniciação nos Mistérios, os neófitos se envolviam num manto verde sagrado – o traje do renascimento espiritual.

Segundo a crença xamânica, cultivada no Paleolítico Superior, há 15 mil ou 25 mil anos atrás, a força vital essencial que anima humanos e animais reside no esqueleto: de seus ossos é que as criaturas renascem. Um mito asteca fala de uma nova raça humana modelada a partir dos ossos moídos dos mortos, impregnados com o sangue extraído do pênis do deus Quetzalcoatl. E ainda no nosso século o etnólogo alemão Leonhard Schultze-Jena, estudando os maias quichés da Guatemala no período entre as duas guerras mundiais, ouviu deles que os ossos contêm a essência energizadora da vida humana. A carne, explicaram-lhe, é como a polpa do fruto, que logo murcha e apodrece, enquanto o esqueleto lembra a semente de cuja casca grossa a vida renasce.

No mundo inteiro, lendas sobre homens-deuses que conseguiram ascender, em estado de perfeição, a outras esferas da vida remontam a uma era em que os seres humanos ainda não se haviam afastado da fonte divina. W. Y. Evans-Wentz, em *The Fairy Faith in Celtic Countries*, sustenta ser bastante lógico presumir que houve outras raças humanas em éons passados: elas teriam evoluído e migrado do mundo físico para o plano divino da vida. "Os deuses são, pois, entidades que outrora foram homens, e os homens de hoje, no futuro, serão deuses", declara ele. "Hoje, as criaturas humanas estão para o mundo divino e invisível assim como os animais estão para os homens."

Um padrão curiosamente similar de mito e lenda, em que grandes reis e heróis foram considerados reencarnações de deuses ou seres divinos de outros mundos, pode ser encontrado nos registros de civilizações antigas tão diversas quanto Egito, Grã-Bretanha, Índia, Grécia e América Latina. Para os celtas e bretões, o rei Arthur era um deus-sol reencarnado que voltara para educar e inspirar a raça humana. No Egito, os faraós passavam por emissários divinos de Osíris, governante do mundo subterrâneo e juiz dos mortos. Entre os incas e astecas do Novo Mundo, persistia a crença de que seus grandes heróis haviam mudado para residências celestiais no Sol, de onde às vezes desciam para reivindicar corpos e renovar a instrução do povo. Na Grécia antiga, Zeus, o mitológico rei dos homens e dos deuses, renascia nos heróis nacionais que se sucediam de era em era – um deles Alexandre, o Grande. A mais nobre inspiração na venerável literatura da Índia é atribuída a figuras como Rama e Krishna, que são ao mesmo tempo deuses e homens. "Produzo a mim mesmo entre as criaturas", diz Krishna, mestre sapientíssimo dos hindus, no *Bhagavad-Gita*, "sempre que a virtude declina enquanto o vício e a injustiça prosperam no mundo. Assim, reencarno de idade em idade para a preservação do justo, a ruína do perverso e o primado da equidade."

Ecos incontáveis da grande tradição da crença reencarnacionista se mesclam para formar um coro global a clamar pelo que foi e pode ser de novo. As vozes mais ricas nesse coro anelante são as dos grandes iniciados da Índia que, ainda na posse da clarividência em extinção, lançaram suas revelações por escrito. Embora o hinduísmo, a mais antiga religião do mundo, date do quarto milênio antes de Cristo, a reencarnação só foi enunciada claramente em seus ensinamentos no século VI a.C. Ninguém conhece a fonte da doutrina, mas ela deve ter sido transmitida, não pelos brâmanes, mas por uma raça de pele escura mais antiga, aparentada aos primeiros habitantes do Egito e da Caldeia. Já se aventou que seus mestres foram uma estirpe de semideuses ou seres divinos em forma humana, os quais podem muito bem ter vindo da Atlântida, onde a reencarnação, segundo se conta, era conhecida, se não aceita.

> Um provérbio muito conhecido entre as famílias hindus é *"Anta mata so mata"*, ou "O próximo nascimento de um homem depende das ideias que ele nutre por ocasião da morte".

A roda da vida

Segundo a arraigada crença hindu na reencarnação, todos os seres humanos, animais, plantas e minerais estão atados à roda da vida, que gira perpetuamente em ciclos de nascimento e morte. O destino dos seres humanos, que são os únicos responsáveis por sua ascensão e queda nessa viagem cíclica, é ditado pelo karma de cada um. Isso significa que as ações humanas influenciam, positiva ou negativamente, não apenas o destino pessoal mas também o equilíbrio do universo. O karma engendrou o presente a partir dos atos de vidas passadas e prepara a eternidade por meio dos atos do presente. A esperança dos hindus é trabalhar seu karma para, enfim, conseguir a libertação, ou *moksha*, da terrível sujeição à roda da vida. No entanto, as chances dessa libertação são reduzidas, pois, de fato, ela só se consegue com imensa dificuldade. Repetidas vezes o desejo de prazeres sensuais da vida terrena arrasta as almas de volta a este mundo. E, pecadores que são, aos humanos nem sequer é dado ter certeza de reencarnar da próxima vez em forma humana: transgressões graves podem levá-los ao renascimento como animais, assim como os animais podem conquistar uma vida futura como humanos. A dura série de consequências é claramente delineada no *Svetasvatara Upanishad*, 5.11:

> Assim como o corpo cresce graças ao alimento e à água, assim o eu individual, aumentado por aspirações, contatos dos sentidos, impressões visuais e ilusões, assume formas sucessivas de acordo com seu comportamento.

O Senhor da Morte, no *Katha Upanishad*, adverte sardonicamente aqueles que a si próprios se iludem com seu egoísmo e julgam poder evitar as repercussões por vir:

Os ignorantes, apegados ao gozo e à fortuna, ficam cegos e se põem a pensar que só existe este planeta e nenhuma outra *loka* [dimensão]; que não é necessário praticar boas ações nem se preparar para a vida após a morte, pois esta Terra é tudo e não há mais universo. Esses insensatos caem sob o meu cetro vezes sem conta, no ciclo de nascimentos e mortes.

Tão profunda é, hoje, a crença na reencarnação entre os milhões de fiéis hindus que, segundo Nancy Ross em *Three Ways of Asian Wisdom*, "a ideia da sucessão de vidas para cada criatura humana é tão inquestionável para o hindu comum quanto, para o ocidental, a certeza de que existe continuidade da infância à idade adulta numa única vida, muito embora o passado possa ser quase todo esquecido". Essa convicção é partilhada, além disso, por aqueles que escolheram a outra grande religião do Oriente, o budismo (ou foram escolhidos por ela).

Os profundos ensinamentos budistas sobre reencarnação e karma seguiram-se à sabedoria dos *Upanishads* após um século. Para Gautama Buda, que segundo se acredita viveu de 563 a 483 a.C., a reencarnação e o karma explicavam a aparente falta de sentido da vida e o absurdo da desigualdade no mundo. Mas o budismo diferia do hinduísmo por negar que a alma passava de uma encarnação a outra. O humano recém-nascido é resultado de uma entidade precedente apenas à medida que ondas misturadas e chamas de vela se relacionam umas com as outras. Por esse motivo, os budistas preferem o termo "renascimento" a "reencarnação": a palavra páli para "renascimento" é *punabbhava*, que literalmente significa "uma existência de novo". Os budistas sustentam, porém, que o pensamento decisivo da pessoa na hora da morte forma o núcleo da nova vida.

Em *The Tibetan Book of Living and Dying*, Sogyal Rinpoche explica que, segundo os ensinamentos budistas, se as pessoas não assumirem a máxima responsabilidade possível por si mesmas agora, o sofrimento se prolongará não por umas poucas vidas apenas, mas por milhares. "A seriedade desse conhecimento", diz ele, "leva os budistas a considerar as próximas vidas ainda mais importantes que a atual, pois muito mais coisas nos aguardam no futuro. Essa visão a longo prazo governa seu comportamento. Eles sabem que sacrificar a eternidade pela vida presente seria como gastar toda a nossa poupança numa bebedeira, ignorando loucamente as consequências."

E essas consequências estão à vista de todos. "Por que achamos tão difícil perceber o karma em ação?", pergunta retoricamente Sogyal Rinpoche. "Não bastará fazermos um retrospecto de nossas próprias vidas para constatar os resultados de alguns de nossos atos? Quando perdemos a cabeça e machucamos alguém, isso não recai sobre nós? Não ficamos com a amargura do remorso, com as sombras do desgosto? Pois essa amargura e essas sombras são o karma. Nossos hábitos e medos também se devem ao karma, que é o fruto das ações, palavras ou pensamentos do passado. Se examinarmos nossos atos e tomarmos realmente consciência deles, notaremos que obedecem a um padrão. *O ato negativo leva à dor e ao sofrimento; o ato positivo resulta em felicidade.*" Gautama Buda teria dito: "Se queres conhecer o passado, observa tua vida presente. Se queres saber o que virá, observa o que fazes agora".

Idiossincrasias doutrinárias à parte, hindus e budistas cultivam ideias similares a respeito da penosa e lenta jornada de purificação de corpo em corpo. O desejo e a ignorância constituem os grandes obstáculos à iluminação; e os seres humanos, avessos a corrigir-se, giram sem cessar na roda dos renascimentos, presos firmemente pelas cadeias do karma. Nas palavras de um texto budista:

> Nascer aqui e morrer aqui,
> morrer aqui e nascer em outra parte,
> nascer ali e morrer ali,
> morrer ali e nascer em outra parte:
> eis o ciclo das existências.
> (*Questões de Milinda*, 77)

Gautama Buda, que segundo se diz viveu 550 vidas ao longo de mais de 25 mil anos, enfatizava que o apego à vida terrena confina os seres humanos à roda do renascimento. Ensinando que romper os laços do desejo é banir a necessidade de regressar, disse a seus discípulos:

> Pois aquilo que adere a outra coisa despega-se e cai; mas para aquilo que a nada adere não há queda. Não havendo queda, há repouso e, havendo repouso, não há desejo veemente. Quando não há desejo veemente, nada vem nem vai; e quando nada vem nem vai, não há

morte nem nascimento. Se não há morte nem nascimento, não há este mundo nem outro, nem nada de permeio: é o fim da dor.

> Há várias referências à reencarnação no *Sutra do Diamante* – o mais antigo livro impresso de que se tem notícia. Publicado por Wang Chieh em 868 d.C., o *Sutra do Diamante* foi descoberto em 1907 por *sir* Auriel Stein na Caverna dos Mil Budas em Tunhuang, China, estando agora preservado no Museu Britânico. O livro tem a forma de um diálogo entre Buda e seu discípulo Subhuti. "Lembro-me", começa o Buda, "de que durante minhas quinhentas vidas anteriores...."

Ensinamentos esotéricos

Muito antes do nascimento de Buda, e antes mesmo de sua adoção pelos hindus, a reencarnação era um conceito fundamental dos Mistérios Eleusinos. Estes, tomando o nome da cidadezinha de Elêusis, a pouco mais de vinte quilômetros de Atenas, teriam se originado segundo a tradição no século XV a.C., quando os gregos ainda não haviam invadido o país. O culto era absolutamente secreto; mas, participando do ritual de renascimento (que lembra um precursor artificialmente induzido das hoje tão faladas experiências fora do corpo), diz-se que os neófitos tinham vislumbres da vida após a morte e do progresso do espírito. Em seu tear, a deusa Perséfone tecia corpos novos para almas velhas. Na Terra, alguns cadáveres eram sepultados com instruções especiais, para as almas que conduziam, de implorar a água da recordação que fluía de uma fonte no Hades. Isso lhes possibilitaria lembrar, na próxima encarnação, detalhes da vida deixada para trás.

A reencarnação, conhecida pelos gregos como metempsicose, aparece de novo nos Mistérios Órficos do século VII a.C. Um texto órfico, à maneira clássica da Índia, fala da "roda dolorosa e cansativa". A doutrina já era antiga no tempo de Pitágoras e Platão, embora ninguém soubesse dizer quando surgira. O historiador grego Heródoto, que viveu no século V a.C., indicava os egípcios como os primeiros reencarnacionistas, enquanto os próprios egípcios reconheciam que tal ensinamento lhes viera do Oriente num passado insondável. Segundo suas escrituras, o deus Osíris, personificação do conhecimento esotérico, foi conduzido da Índia para o Egito sob a forma de um touro malhado.

Se da mesma forma a doutrina chegou à Europa Ocidental, onde druidas, celtas e gauleses teceram histórias coloridas de renascimento em sua teia mitológica, não é possível confirmar por falta de documentação. Mas basta dizer que há uma indisfarçável afinidade entre o ciclo de vidas oriental e os círculos de devir descritos nos *Barddas* dos druidas de Gales. Segundo os *Barddas*, existem três círculos dos quais o intermediário, *Cylch Abred*, é o do renascimento. A alma reside sucessivamente em cada um deles, materializando-se de todas as formas imagináveis de substância e espírito antes de penetrar num estado de perfeição e bem-aventurança comparáveis ao *nirvana* indiano, que aguarda quem finalmente conseguiu livrar-se da roda da vida. Os europeus antigos, diz-se, acreditavam tanto no renascimento que choravam penalizados quando um bebê nascia e saudavam a morte com júbilo. Os druidas, numa mostra ainda mais forte de convicção, aceitavam que, se um empréstimo não fosse saldado nesta vida, poderia sê-lo na outra!

As crenças muçulmanas ortodoxas, judaicas e cristãs negam todas a reencarnação – mas cada uma dessas grandes escolas de pensamento religioso acolheu algumas lições reencarnacionistas. A transmigração ou *tanasukh* é considerada inconsistente com os ensinamentos do profeta Maomé, mas o Alcorão diz de maneira explícita:

> E Alá fez com que nascesses
> da terra como uma planta.
> Ele te levará de volta para a terra
> e de novo te fará nascer.
> (Sura 71:17-18)

O manancial do misticismo esotérico judaico é a Cabala, na qual se pode encontrar a reencarnação ou *gilgul*, palavra hebraica para "circuito" ou "giro". Tudo decorre da criação de um número limitado de almas que, aos poucos, se purificam e vão juntar-se a outras almas igualmente purificadas. O *Zohar*, clássico cabalístico que segundo se acredita remonta ao primeiro século depois de Cristo, declara:

> As almas precisam volver ao absoluto de onde vieram. Mas, para tanto, devem alcançar todas as perfeições, cujo germe está implan-

tado nelas. Se não preenchem essa condição durante uma vida, têm de iniciar outra, e outra, e assim por diante, até estarem prontas para se reunir a Deus.

A lição reencarnacionista, na Bíblia, é amplamente "considerada óbvia, apontando aqui e ali como pedras de alicerce", para citar o clássico novecentista *Reincarnation*, de E. D. Walker. Várias passagens bíblicas só fazem sentido quando são interpretadas no contexto de vidas terrenas repetidas. O trecho seguinte do Novo Testamento é uma das muitas alusões ao mesmo tipo de luta desesperada pela condição divina que travam os hindus e budistas:

> Ao vencedor, fá-lo-ei coluna no santuário do meu Deus,
> e daí jamais sairá.
> (Apocalipse 3:12)

No entanto, a reencarnação só foi percalço para a Igreja antiga. Facções se formaram contra e a favor da doutrina – e, tragicamente, a Cristandade se tornou campo de batalha para uma disputa viciosa, interminável. O próximo capítulo examinará as circunstâncias que presidiram ao fim da crença cristã na reencarnação, crença cultivada extremosamente por vários Pais da Igreja antiga e pelos gnósticos (do grego *gnôsis*, "conhecimento"), que se gabavam de buscar o sentido íntimo, místico da mensagem de Cristo.

A ideia de renascimento inspirou rituais de caça primitivos. Os indígenas das Planícies colocavam simbolicamente cabeças de bisões abatidos na direção do sol nascente, enquanto na antiga Finlândia o xamã local carregava os despojos de um urso morto até o alto de uma colina, onde os dependurava de um velho pinheiro, voltados para o oeste.

Memória tribal

Enquanto a crença no renascimento era transmitida de geração em geração por todo o antigo mundo civilizado, a obsessão tribal com essa ideia proliferava em vastas porções de territórios ainda quase desabitados. Praticamente todos os grupos tribais nas Américas do Norte e do Sul, Indonésia, Austrália, Ásia e África viviam na certeza da imortalidade, que para a maioria deles significava a reencarnação. "Não importa como se tenha chegado a ela", escreveu *sir* James George Frazer em *The Belief in Immortality* (1913), "a doutrina da transmigração ou reencarnação da alma é encontrada em muitas tribos de selvagens e, pelo que sabemos do assunto, parece justificar-se a conjectura de que, em certas fases da evolução mental e social, a crença na metempsicose foi bem mais comum e exerceu influência bem mais profunda na vida e nas instituições do homem primitivo do que as evidências ao nosso alcance, no momento, nos permitem afirmar com segurança." No século passado, os costumes e tradições tribais se tornaram motivo de zombaria em razão das incursões do materialismo moderno e, o mais das vezes, só o que resta são histórias e superstições – o evanescente resíduo de um credo devoto e pujante.

Uma das crenças mais comumente partilhadas era a de que os ancestrais voltam para suas famílias em encarnações sucessivas. Na tribo ioruba da África ocidental, uma criança nascida pouco depois da morte de um avô ainda costuma receber o nome de *Babatunde*, "O Pai Regressou", ou *Yetunde*, "A Mãe Regressou". A tribo llo do sudeste da África procura saber exatamente quem reencarnou repetindo nomes de ancestrais assim que o recém-nascido é posto no seio da mãe. O nome pronunciado no instante em que o bebê começa a sugar é tido como o do parente que voltou. Numa variação desse tema, ossos seguros por membros da tribo yukagir, da Sibéria, diminuiriam prontamente de peso quando o nome do ancestral certo fosse mencionado, embora hoje o fator decisivo seja o primeiro sorriso da criança.

Um costume amplamente disseminado entre as tribos norte-americanas era dar à mulher grávida amuletos feitos com o cabelo do parente morto cujo renascimento se esperava. Nas Ilhas Marquesas, um arquipélago do Pacífico Sul onde os nativos pensavam que a alma de um avô se transferia para o corpo dos netos, a esposa com dificuldade de engravidar teria mais chances de ser mãe caso se estirasse debaixo do cadáver do avô. Entre os tlingits do Alasca, havia uma comunhão ainda mais estreita com os mortos. Nos funerais de um ente querido, a mulher grávida segurava uma das mãos do cadáver contra o seio e fazia votos ardentes para que o filho em seu ventre herdasse o espírito do falecido. Depois de dar oito voltas em torno do túmulo, ela traçava, a partir dele, uma linha de mais ou menos dois metros. Em seguida, agachava-se para urinar no final da linha e implorava ao espírito que renascesse por intermédio dela.

Às vezes, os vivos faziam cuidadosos preparativos para seu próprio renascimento. Era comum um velho inuit (esquimó), quando sentia a aproximação da morte, procurar um casal jovem nas vizinhanças e pedir para renascer em sua família. Se você fosse um cavalheiro gentil e respeitável, o marido e a mulher provavelmente lhe diriam que seria uma honra para eles tê-lo por primeiro filho. O velhinho, uma vez assegurado seu destino, esperava então a morte com paciência e alegria.

Na Austrália do norte e central, a alma dos mortos que esperavam para renascer frequentavam certos pontos da paisagem crestada – uma velha árvore retorcida ou uma poça de água no fundo de uma ravina, por exemplo. Os aborígines, acreditando que todas as pessoas reencarnam, supunham que essas almas apenas aguardavam a passagem de uma mulher para entrar-lhes no ventre. Certas de que os espíritos preferiam donzelas núbeis, as jovens que tinham forçosamente de passar por ali, mas não queriam engravidar, disfarçavam-se de bruxas velhas e corriam o mais depressa possível, murmurando num tom monótono e gaguejante: "Não venham até mim, sou uma anciã".

A mítica Serpente do Arco-Íris era o vínculo entre os aborígines e a esfera celeste, o caminho simbólico pelo qual espíritos preexistentes desciam até o ventre das mulheres que os iriam pôr de novo no mundo. Muitas vezes, o formidável corpo da Serpente é pintado como um grande transportador de almas prontas para renascer. Alguns nativos australianos sonham reencarnar na raça branca privilegiada. Um prisioneiro negro, prestes a ser executado em Melbourne na segunda metade do século XIX, aproximou-se do cadafalso cheio dessa esperança: "Bom, muito bom!", exclamou. "Vou voltar como um camarada branco!"

Antes que a imigração tornasse os homens brancos um espetáculo comum na Austrália, os aborígines julgavam que visitantes de pele clara eram reencarnações de sua gente. Sem que jamais lhes houvesse passado pela cabeça deixar as terras onde moravam, não podiam imaginar que outros o fizessem e, consequentemente, achavam que os brancos, escolhendo determinados lugares, tinham sido ligados a eles numa vida anterior, como indígenas de pele escura. O explorador *sir* George

Grey, em seus *Journals of Two Expeditions of Discovery in North-West and Western Australia* (1841), relatou que estava "absolutamente despreparado" para a cena que se seguiu a uma cerimônia aborígine conduzida por duas mulheres com as faces banhadas em lágrimas:

> A mais velha se aproximou e, olhando-me por um momento, disse: "*Gwa, gwa, bundo bal*" – "Sim, sim, é ele mesmo"; e, abraçando-me, chorou amargamente, a cabeça pousada em meu peito. Embora eu ignorasse de todo o que significava aquilo, por mera questão de piedade não tentei repelir-lhe as carícias, por desagradáveis que fossem, pois a mulher era velha, feia e muito suja. A outra, mais jovem, ajoelhou-se a meus pés, chorando também. Por fim a velha senhora, animada com minha submissão, beijou-me efusivamente em ambas as faces, como o faria uma dama francesa; chorou um pouco mais e por fim me largou, assegurando que eu era o fantasma de seu filho, morto há algum tempo com um golpe de lança no peito. A mulher mais nova era minha irmã; mas esta, por motivo de delicadeza ou suspeitando alguma relutância de minha parte, não achou apropriado beijar-me. Minha nova mãe estava tão feliz com o meu retorno "ao seio da família" como minha mãe verdadeira o ficaria, fosse-lhe eu inesperadamente devolvido.

> Quando os tibetanos viram a efígie da rainha Vitória nas moedas inglesas, convenceram-se logo de que ela era a reencarnação da "Dölma Verde", uma deusa local. Além disso, acreditavam que Dölma Verde – encarnada como a esposa nepalesa do primeiro rei budista do Tibete, segundo se conta – havia voltado para governar o mundo na pessoa da imponente monarca. "Por causa dessa crença", escreveu W. Y. Evans-Wentz, "os representantes britânicos da Rainha tiveram uma recepção surpreendentemente amistosa em suas negociações com Lhasa, embora talvez ignorassem o motivo de tanta amizade."

Ritos e iniciações

O escalpamento e o canibalismo, duas das expressões mais brutais da vida tribal, podem muito bem ter sido tentativas de evitar a reencarnação do inimigo. O cabelo tinha grande significado para os indígenas norte-americanos, e um homem morto sem ele ficaria em séria desvantagem no mundo espiritual. A ideia original por trás do canibalismo talvez tenha sido a absorção da matéria anímica da vítima, com o agressor sequestrando forças novas de outra alma ainda que assim bloqueasse as chances de renascimento do adversário. Os motivos pelos quais o Homem de Pequim, que viveu há cerca de meio milhão de anos, perfurava a base de crânios presumivelmente para devorar o cérebro ainda são debatidos. Desde que as descobertas foram feitas em Choukoutien, uma caverna nos subúrbios de Pequim, os arqueólogos não se puseram de acordo quanto à natureza de semelhante costume. Estaria esse povo primitivo tentando assimilar as almas de seus ancestrais? Ou apenas executavam um rito benevolente para evitar o renascimento?

A morte de crianças pequenas – muito comum no Terceiro Mundo – assumia geralmente um importante significado. Os natimortos, por exemplo, eram, segundo a tribo ibo africana, pessoas que decidiram, ao entrar numa nova vida, não se submeter às tribulações do mesmo plano infeliz do passado. Em muitas sociedades primitivas, particularmente do norte da Índia e do centro da África, os pais enterravam os filhos mortos sob a soleira da porta da casa na esperança de que suas almas renascessem na família. Pela mesma razão, os hopis do Arizona abriam uma vereda do túmulo da criança até sua antiga morada; e os hurões canadenses sepultavam os bebês ao lado de um caminho a fim de que reencarnassem no ventre das mulheres que por lá passassem.

Havia, porém, interpretações mais profundas, mais sombrias da mortalidade infantil – especialmente se a família era afligida pela morte de um filho após outro. Ou para induzir a alma a permanecer mais tempo na próxima encarnação ou para impedi-la de fazer outra tentativa de renascimento, os corpos das crianças que morriam muito cedo eram mutilados em certas regiões da África, América e Índia. Quebravam-lhes dedos e pernas; cortavam-lhes as faces, narizes e orelhas; amputavam-lhes as orelhas e os dedos. Às vezes, a mãe engolia um fragmento amputado de orelha para convencer o espírito do bebê a voltar a seu corpo. E em nações tão diferentes quanto a Estônia e a Nigéria, famílias com uma sequência de natimortos enterravam-nos com o rosto para baixo a fim de que a alma errante não encontrasse o caminho para nascer de novo.

O reverendo John Martin, missionário wesleyano na África Ocidental de 1843 a 1848, viu certa vez uma multidão barulhenta carregando pelas ruas de Acra uma criança muito suja num cesto. Escreveu em seu diário num dia qualquer de 1845:

> Indagando, soube que a mãe já perdera dois ou três filhos, mortos mais ou menos com a idade daquele. Em casos assim, as pessoas acreditam que a alma da primeira criança volta na próxima, a qual, por vontade própria e simples maldade, morre. Tomam-se, pois, as seguintes providências. A criança viva é esfregada com carvão, posta num cesto e conduzida pela cidade, onde os espectadores a censuram pela fraqueza e ameaçam-na caso se disponha a morrer. Tudo é permitido, menos o assassinato. E se a criança vem a falecer, costumam esmagar-lhe a cabeça a pedradas e atirar-lhe o corpo insepulto no mar ou no mato. Tais coisas são feitas para impedir que renasça.

Morte e renascimento permeiam antiquíssimos ritos de iniciação de muitas partes do mundo. A morte iniciática era uma preliminar indispensável ao despertar da vida espiritual. Na floresta, edificavam-se cabanas rituais para celebrar o renascimento pessoal e cosmológico; a cabana significava "o ventre do monstro devorador onde o neófito é digerido... [e] também um útero nutriz no qual ele é de novo engendrado", escreve Mircea Eliade em *Rites and Symbols of Initiation*. A cabana de iniciação, preservada em contos da Europa à Nova Guiné (na qual um simulacro de palha do estômago do monstro chamado *Kaiemunu* ainda é construído), traz a necessidade periódica e primitiva de unificar, ainda que brevemente, a experiência humana e a grandeza cósmica.

Mas quanto primitivismo haverá no primitivo? Talvez o velho legado da memória tribal encerre em seus ritos e rituais a semente de um conhecimento superior, então conhecido e hoje olvidado. E talvez nós, seres humanos, presos ao pêndulo da evolução tão seguramente quanto à roda da vida, estejamos agora no caminho de volta ao Paraíso. Chegar ou não chegar lá é problema nosso, como Pico della Mirandola observou no fim do século XV em seu *Oration on the Dignity of Man*. Pôs as seguintes palavras nos lábios do Criador:

Fizemos-te criatura nem do céu nem da terra, nem mortal nem imortal a fim de que pudesses, modelador livre e altivo de teu próprio ser, assumir a forma que preferisses. Está em teu poder rebaixar-te às formas brutas da vida; serás capaz, por decisão própria, de ascender de novo às ordens superiores da existência divina.

O mais célebre dos chamados oito santos chineses da religião taoista popular é "O Senhor Li das Muletas de Ferro". Segundo a lenda, ele era um grande representante das artes mágicas e com frequência mandava seu eu anímico conversar com espíritos em lugares distantes. Certa feita, enviou-o para longe durante uma semana e pediu a um discípulo que tomasse conta de seu corpo inerte até ele voltar. O discípulo, porém, logo se cansou da tarefa e o corpo acabou sepultado por parentes confusos. A alma do Senhor Li, de volta, não conseguindo achar o próprio corpo, pôs-se a procurar uma alternativa adequada. Mas o único corpo disponível naquela emergência era o de um mendigo manco. E foi assim que o Senhor Li reencarnou – como um pedinte obrigado a se apoiar em muletas de ferro.

A NOTA ESQUECIDA DO CRISTIANISMO

> "A reencarnação é aceita pelo ensinamento bíblico..."
> – *Dictionary of All Scriptures and Myths*

> "Não proteles dia após dia e ciclo após ciclo na crença
> de que conseguirás alcançar os mistérios quando
> regressares ao mundo em outro ciclo."
> – Jesus Cristo, na escritura gnóstica *Pistis Sophia*

Todos sabem que os anais da história religiosa estão maculados de sangue e corrupção. Mas poucos percebem que o implacável banimento da reencarnação da teologia e filosofia cristãs deixou algumas das manchas mais indeléveis e vergonhosas de todas. O tempo se encarregou de trazer o esquecimento e hoje a maioria dos cristãos não se dá conta de que a reencarnação foi outrora considerada seriamente pela Igreja. Com efeito, antes de o cristianismo se tornar um veículo para as ambições imperiais dos governantes romanos, o renascimento era amplamente aceito entre os fiéis perseguidos.

Ensinada por muitos Pais da Igreja primitiva e acolhida pelo gnosticismo, um movimento da tradição apostólica dedicado a preservar e divulgar as lições esotéricas de Jesus, a reencarnação era tida por consistente com o Velho e o Novo Testamentos, complementando a ideia da salvação pessoal por meio de Cristo. Desde os primeiros dias do cristianismo, existências terrenas repetidas eram um fato da vida para aqueles que se empenhavam na busca da iluminação. Mas eles acreditavam também que o monótono ciclo de nascimentos e mortes podia ser transcendido graças à inspiração de Jesus Cristo, que, instando ao aperfeiçoamento espiritual, preceituava a reconciliação com Deus e o alívio do fardo do corpo.

O principal arquiteto desse edifício teológico foi Orígenes, considerado "o príncipe do saber cristão no século III" por São Gregório de Nissa e inscrito na *Encyclopaedia Britannica* como "o mais proeminente dos Pais da Igreja, à exceção talvez de Agostinho". Embora submisso à autoridade das Escrituras, Orígenes cultivava também a fundo a filosofia platônica, que prevaleceu em Alexandria, a cidade onde ele nasceu, por mais de quatro séculos. Concordava inteiramente com Platão em que a alma divina e eterna entra num corpo corruptível a fim de se provar superior às inclinações da carne. Por isso, escreveu numa carta publicada em *A Select Library of the Nicene and Post-Nicene Fathers of the Christian Church*:

> Se se puder provar que um ser incorpóreo e racional tem vida própria, independentemente do corpo, e é mais feliz nele que fora dele, então, sem sombra de dúvida, os corpos têm importância secundária e surgem de tempos em tempos para enfrentar as condições variáveis das criaturas racionais. Aqueles que exigem corpos recebem corpos; e em contrapartida, quando almas pecadoras se alçam a um plano melhor, os delas são de novo aniquilados. Assim, estão sempre se desvanecendo e ressurgindo.

Em *De Principiis*, sua obra-prima e primeiro tratado sistemático de teologia do cristianismo, Orígenes declara:

> Toda alma [...] chega a este mundo robustecida pelas vitórias ou debilitada pelas derrotas de sua vida anterior. Seu lugar, aqui, como vaso destinado a honrar ou desonrar, é determinado por antigos méritos ou deméritos. A obra neste mundo determina o lugar que a alma ocupará no próximo.

Para Orígenes, cuja fé lhe valeu a prisão e a tortura às mãos dos romanos nos derradeiros anos de sua vida, bem como para outros Pais da Igreja como Justino Mártir, fundador da primeira escola cristã em Roma, as escrituras deviam ser interpretadas de maneira livre, alegórica. A amplitude visionária da teologia cósmica de Orígenes nem sempre foi apreciada pelos fundamentalistas, que exigem uma leitura estreita e literal das Escrituras. Entretanto, a oposição mais veemente à doutrina da reencarnação na teologia cristã só tomou corpo quando a Igreja evoluiu, no século IV, de um grupo acanhado de adoradores secretos para uma instituição que podia ser explorada visando ao progresso e controle políticos.

> Glanvil, capelão do rei Carlos II da Inglaterra, recomendou que o cristianismo adotasse a reencarnação ao escrever que a preexistência fora "opinião firme dos judeus e, portanto, aceita por Cristo e seus discípulos" (*Lux Orientalis*, 1662). Declarou ainda: "A alma já chega a este corpo com algumas noções aprendidas em outro".

O abuso do cristianismo

As sementes do banimento da reencarnação foram lançadas quando Constantino, o Grande, primeiro imperador romano a se converter ao cristianismo, concluiu que sua supremacia militar repousava na fé. Antes de vencer as forças mais poderosas de Maxêncio na batalha da ponte Mílvio, em 312, ele avistou uma cruz luminosa superposta ao sol e essa visão o levou a acreditar que era o defensor escolhido da cristandade. Como mostra de gratidão por seu êxito, concedeu liberdade religiosa a todos, pela primeira vez. E justamente quando os cristãos, em pleno deslumbramento, começavam a se acostumar à ideia de ser tolerados pelas autoridades, o cristianismo foi estabelecido como religião oficial! Em vinte anos, evoluiu de um culto ilícito, cujos membros eram perseguidos, humilhados e exterminados, para a religião do Império. Mas havia um alto preço a pagar pelos dons e favores de que Constantino cumulava a Igreja: o mármore eclesiástico teria de ser esculpido estritamente de acordo com os desígnios políticos do imperador. Ética, fé e devoção ficaram subordinadas ao interesse pessoal e ao poder político. Os bispos eram nomeados não por sua liderança espiritual, mas por sua capacidade de ajudar Constantino a unir o Império. Pela primeira vez na história, a Igreja começou a atrair cristãos só de nome, que se convertiam por motivos sociais, econômicos ou políticos e não por amor à virtude.

Decidido a salvaguardar aquilo que, a seu ver, era a autêntica mensagem cristã, Constantino aumentou a pressão política convocando o Concílio de Niceia em 325 a fim de estabelecer e definir de vez a ortodoxia da doutrina. Daí por diante, a sólida união entre Igreja e Estado – sempre dependente da vontade do imperador – passou a decretar o que era canônico e o que era herético. Duas vidas eram só o que a ortodoxia aceitava: uma vida no corpo natural e outra no além, após a ressurreição. Os bispos que discordavam dos ditames do concílio – e houve renegados verdadeiramente notáveis – eram logo depostos. Enquanto isso, os cristãos devotos que se sentiam desiludidos com a secularização da Igreja iniciaram seu próprio movimento monástico. Preferiam viver no deserto não propriamente para se isolar do mundo, mas para fugir à Igreja mundana, e impuseram-se a tarefa de manter o protótipo cristão no quadro de uma religião pura e simples como a vida do Salvador.

Essa tendência da Igreja se acentuou em 380, quando a ortodoxia pôs fora da lei e castigou os livres-pensadores cristãos. O Edito de Tessalônica, que o imperador Teodósio assinou sem sequer consultar as autoridades eclesiásticas, rezava que "todas as pessoas que se colocarem sob nossa imperial clemência devem professar a fé, cremo-lo firmemente, comunicada pelo Apóstolo Pedro aos romanos e mantida em sua forma tradicional até o dia de hoje". O edito acrescentava:

> E prescrevemos que os seguidores dessa norma de fé adotem o nome de cristãos católicos, devendo os outros ser tidos por insensatos e receber a designação de hereges. Serão condenados em primeira instância a sofrer o castigo divino e, portanto, a vingança do poder que nós, por celestial mercê, assumimos.

Ou seja, a heresia já não era apenas um pecado: era também um crime, passível de morte. (Ironicamente, a palavra "herege" não significa coisa pior que "pessoa capaz de escolher".) Em 385, o primeiro de uma longa série de mártires reencarnacionistas sucumbiu à barbárie da aliança entre a Igreja e o Estado quando sete adeptos espanhóis da seita prisciliana foram considerados cultores de crença errônea por um juiz cristão. No entanto, pelos 150 anos seguintes, aproximadamente, nenhum edito oficial condenou a doutrina da reencarnação no Império. Os cristãos do deserto, muitos deles gnósticos ou ao menos simpatizantes da interpretação feita por Orígenes das Escrituras, levavam suas vidas com interferência mínima dos responsáveis pela política eclesiástica. No século VI, porém, a crescente hostilidade aos ensinamentos de Orígenes culminou com o convite feito ao imperador Justiniano para arbitrar uma disputa entre as facções pró e contra Orígenes na Palestina. A resposta de Justiniano foi convocar um sínodo em Constantinopla para o ano 543, que condenou a doutrina de Orígenes. (Não pode ter havido muita dúvida a respeito desse desfecho porque o imperador interditara em 529 a Universidade de Atenas, o último reduto do neoplatonismo e, como tal, um centro de estudos reencarnacionistas.) Justiniano publicou mais tarde quinze "anátemas" – condenações eclesiásticas formais que envolviam a excomunhão – contra Orígenes, quatro das quais visando diretamente à preexistência e, portanto, à reencarnação. A primeira rezava:

> Se alguém defender a fantasiosa preexistência das almas e a monstruosa restauração que se lhe segue: seja anátema.

Parece que Justiniano submeteu essas maldições oficiais a uma sessão preliminar do inconstitucional Segundo Concílio de Constantinopla, em 553. O papa Vigílio, que fora prisioneiro do imperador por oito anos, recusou-se a participar dos debates e coube aos bispos presentes (representando pela maior parte a Igreja Oriental) sancionar as vontades autocráticas de Justiniano. Embora não haja nenhuma prova de que as maldições contra a reencarnação nem sequer hajam sido discutidas no plenário ecumênico, os historiadores, durante séculos, presumiram erroneamente que o Segundo Concílio as adotou. Em certo sentido, porém, a questão da ratificação oficial é irrelevante, pois desde o concílio ecumênico de 553 a Igreja baniu de fato a doutrina do renascimento.

Não se sabe bem por que a crença na reencarnação despertou a ira da autoridade institucional. Parece provável, entretanto, que os reencarnacionistas ofendiam-na com sua autossuficiência e, assim, minimizavam o poder de seus senhores totalitários. Os crentes na reencarnação não cediam às promessas de bem-aventurança celestial nem às ameaças do fogo do inferno; não precisavam de padres nem de rituais como a confissão para guiá-los no caminho reto e estreito que conduz a Deus. Lutando por sua própria salvação, achavam desnecessária a dependência da Igreja, cultivada pelas massas. Ora, isso tornava a Igreja ferozmente intolerante para com os cristãos professos cuja subserviência, entretanto, não podia ser assegurada. Hans Holzer, em *Patterns of Destiny*, escreve: "A Igreja precisava do látego do Juízo Final para manter os fiéis na linha. Para ela, era questão de sobrevivência não permitir que a crença na reencarnação se alastrasse entre seus seguidores".

Assim, qualquer desvio da ortodoxia era brutalmente punido por seus guardiães. Todavia, apesar da ameaça das piores represálias, inclusive torturas e execuções coletivas, as seitas cristãs apegadas às suas crenças "heréticas" mostraram-se imbatíveis. Elas se agrupavam sob o nome comum de catarismo (a religião da catarse ou purificação), termo originalmente aplicado por Santo Agostinho aos maniqueus reencarnacionistas da Mesopotâmia. Os cátaros, que sempre se supuseram os verdadeiros cristãos, contavam em seu número os paulicianos da Trácia, os bogomilos da Bulgária, os patarenos dos Bálcãs e os albigenses do sul da França, afora outros grupos que floresciam no norte da Itália e na Alemanha. A despeito da temível vingança da Inquisição, que não poupava esforços para exterminar os rebeldes, o catarismo "espalhou-se tão rapidamente e resistiu tão tenazmente aos maiores esforços de supressão que, a certa altura, bem se pode dizer que ameaçou a própria existência do cristianismo", diz Henry Lea em sua *History of the Inquisition of the Middle Ages*. Ligados aos cátaros eram os Cavaleiros Templários, uma ordem militar cristã fundada para proteger os peregrinos que visitavam a Terra Santa, e os trovadores, menestréis ambulantes que percorriam a Europa entre os séculos XI e XIII popularizando a doutrina da reencarnação em suas baladas. Canções de amor singelas eram meros disfarces líricos para histórias de como vidas virtuosas seriam recompensadas pelo renascimento em corpos aptos a um maior desenvolvimento espiritual.

À medida que a cruzada eclesiástica de terror e assassinato caminhava para seu desfecho sangrento, tudo o que restava para cantar era, cada vez mais, a vida futura. Em 1244, os albigenses foram massacrados até o último homem, mulher e criança em sua fortaleza de Montségur, nos Pireneus. Os concílios de Lyon em 1274 e Florença em 1439 trouxeram de volta os anátemas de Justiniano ao confirmar que as almas vão diretamente para o céu, o inferno e o purgatório. Tão cabal foi a destruição das obras heréticas que, dos controvertidos discursos de Orígenes, só nos restam os fragmentos citados nas argumentações de seus adversários! E, vale acrescentar, boa parte deles foi "amenizada" por seu tradutor latino, Rufino, que admitiu não querer ofender as autoridades eclesiásticas. No século XVI, o pensamento reencarnacionista fora varrido da consciência pública, cabendo a responsabilidade de contrabandear essa crença para a idade moderna a grupos místicos como os alquimistas e os rosa-cruzes.

Em seu livro *Reincarnation: The Missing Link in Christianity* (1997), Elizabeth Clare Prophet remove camadas de dogmas absurdos, camuflagens estilísticas e erros propositados a fim de expor a barreira que separa o ensinamento reencarnacionista do cristianismo ortodoxo. "Durante os primeiros séculos do pensamento cristão, os Pais da Igreja cavaram um abismo profundo entre a alma e Deus", escreve ela. "Conforme explicado pelo teólogo católico Claude Tresmontant, a Igreja concluiu que 'a alma humana não é [...] por natureza da substância divina [...]. É chamada a partilhar da vida de Deus, mas por intermédio da graça'. No entender dos católicos, essa graça só pode ser alcançada no seio da Igreja. Segundo a visão católica, a alma não retorna a Deus, pois nunca fez parte dele. 'Não somos componentes da substância divina, mas criaturas de Deus', afirma Tresmontant."

Elizabeth Clare Prophet explica que, quando os Pais da Igreja definiram a alma como separada de Deus, tornou-se-lhes impossível aceitar a ideia reencarnacionista segundo a qual a alma pode se unir a Ele. Sua definição também entravou os místicos, uma vez que o misticismo é a busca, ou do contato direto com Deus, ou da união com Deus. Esses místicos, tanto quanto os reencarnacionistas de outras tradições, partilhavam a crença de que oportunidade infinita é igual a possibilidade infinita. "Se tivermos tempo e espaço para nos tornarmos Deus", escreve Elizabeth Clare Prophet, "teremos também a capacidade de fazê-lo. A reencarnação nos dá esse tempo e esse espaço."

> "Dizei-me, Senhor, dizei-me [...] terá minha infância sucedido a outra idade que a antecedeu? Será aquela que passei no ventre de minha mãe? [...]. Mas antes, ó Senhor, alegria minha, estive em outra parte ou em outro corpo? Isso ninguém me pode dizer, nem pai nem mãe, nem experiência alheia, nem minha própria lembrança."
> – Santo Agostinho

Testemunho bíblico

A confirmação de que a reencarnação é de fato "a nota esquecida do cristianismo" (frase atribuída a William Q. Judge, fundador do Movimento Teosófico que tem suas raízes na filosofia gnóstica) pode ser encontrada nas páginas da Bíblia. Nem o Novo nem o Velho Testamento apregoam essa crença aos quatro ventos, mas há numerosas referências a ela em ambos os livros. Segundo James M. Pryse em *Reincarnation in the New Testament* (1900), negar o ensino claro da doutrina no Novo Testamento é "negar que os autores dessa coletânea disseram o que queriam dizer em linguagem inequívoca".

Algumas das declarações mais explícitas são feitas por Jesus Cristo, que afirmou sua própria preexistência com as palavras "Antes que Abraão existisse, Eu sou" (João 8:58). Caminhando Jesus, viu um homem cego de nascença, e os seus discípulos perguntaram: "Mestre, quem pecou, este ou seus pais, para que nascesse cego?" Respondeu Jesus: "Nem ele pecou, nem seus pais; mas foi para que se manifestassem nele as obras de Deus." (João 9:1-3). Embora os discípulos estejam claramente atribuindo existência pré-natal ao cego, Cristo nada faz para corrigir ou negar essa pressuposição enquanto se prepara para devolver-lhe, com sua saliva, a visão. Recusando-se a desafiar o pensamento dos discípulos, Jesus reconhece o fato da preexistência, o que implica necessariamente a reencarnação.

No Evangelho de Mateus, capítulo 11, versículos 10, 13-15, Jesus identifica João Batista como Elias renascido. Referindo-se à profecia do Velho Testamento sobre a volta de Elias antes do advento do Messias, Jesus diz: "Este é de quem está escrito [...]. Porque todos os profetas e a lei profetizaram até João. E, se o quereis reconhecer, ele mesmo é Elias, que estava para vir. Quem tem ouvidos [para ouvir], ouça". Mais adiante, no relato evangélico, Jesus enfatiza sua asserção declarando que "Elias já veio". Os discípulos, conta Mateus, "entenderam que ele falava de João Batista". Ambos os homens – grandes, impetuosos e freneticamente inspirados – não apenas ostentavam aparência e roupas semelhantes como possuíam os mesmos traços de caráter. Certamente, a fusão total das identidades de Elias e João Batista reforça a pretensão de Jesus de ser o Messias. O poeta Robert Graves comentou num artigo da *Playboy* em dezembro de 1967: "Nenhum teólogo honesto pode, pois, negar que a aceitação de Jesus como o Cristo logicamente liga todo cristão à crença reencarnacionista – pelo menos no caso de Elias".

As palavras de São Paulo na Epístola aos Gálatas – "... aquilo que o homem semear, isso também ceifará" (Gálatas 6:7) – são uma vigorosa alusão ao renascimento, pois uma só vida obviamente não basta para se obter um equilíbrio perfeito de contas. Do mesmo modo, o versículo 10 do capítulo 13 do Apocalipse fala da justiça kármica com toda a ênfase das escrituras hinduístas e budistas: "Se alguém leva para cativeiro, para cativeiro vai. Se alguém matar à espada, necessário é que seja morto à espada". Como muitos soldados morrem serenamente na cama, essas palavras sugerem que a justiça se fará numa vida futura.

O renascimento de Jacó e Esaú é mencionado diversas vezes tanto no Velho quanto no Novo Testamento. Antes de as crianças nascerem, "sem ter feito nem bem nem mal", Deus declara em Romanos 9:13: "Conforme está escrito, amei Jacó e aborreci a Esaú".

Para completar essa seleção bíblica há a prece de Moisés, evocativa da eternidade cósmica, mas também dos ciclos recorrentes dos seres humanos e natureza:

> Tu reduzes o homem ao pó e dizes: Tornai, filhos dos homens. Pois mil anos, aos teus olhos, são como o dia de ontem que se foi e como a vigília da noite. Tu os arrastas na torrente, são como um sono, como a relva que floresce de madrugada.
> (Salmos 90:3-5)

Se a Bíblia pouco mais faz que assumir a reencarnação, isso ocorre porque seus autores "poderiam, do mesmo modo, dar informações referentes ao processo digestivo, sono ou qualquer outra função vital natural", segundo G. A. Gaskell no *Dictionary of All Scriptures and Myths*. Mais direto na abordagem é o evangelho gnóstico *Pistis Sophia* (que significa "conhecimento-sabedoria" e pretende ser os ensinamentos secretos de Jesus a Maria Madalena) quando cita as seguintes palavras de Jesus: "As almas passam de corpo a corpo, havendo diferentes tipos de corpos no mundo".

O *Evangelho Aquariano de Jesus, o Cristo*, tendo sido transcrito dos Registros Akáshicos no século passado por Lévi, pastor e médico de Belleville, Ohio, não tem a mesma autoridade escritural dos evangelhos historicamente atestados. Ainda assim, a autenticidade que se nota nas páginas dessa obra psiquicamente transmitida permeia uma passagem reencarnacionista em que Jesus, depois de ouvir um grupo de jovens cantores e músicos do Lahore, faz o seguinte comentário:

> Essas pessoas não são jovens. Mil anos não bastariam para lhes dar tamanha expressividade divina, tamanha pureza de voz e toque.
> Há dez mil anos, elas dominaram a harmonia.
> Em tempos remotos, percorreram os agitados caminhos da vida, aprenderam a melodia dos pássaros e tocaram harpas de maneira perfeita. Agora estão de volta para aprender ainda mais lições.
> (Capítulo 37:13-15)

As lideranças atuais das Igrejas Protestante e Católica Romana, embora de modo algum prontas para considerar a adoção da crença reencarnacionista, devem estar conscientes da simpatia crescente de que ela goza nos círculos eclesiásticos. Essa firme tendência remonta, talvez, à conversão do reverendo William Alger na segunda metade do século XIX. Ministro unitarista dos mais enérgicos, que devotou metade da vida a uma obra sobre a imortalidade intitulada *A Critical History of the Doctrine of a Future Life*, Alger negava a ideia reencarnacionista, para ele simples ilusão plausível, na primeira edição do livro, publicada em 1860. Mas, depois de estudar o assunto em maior profundidade, sentiu-se tão imbuído da "sublimidade inigualável" da doutrina que passou a endossar vigorosamente o renascimento na edição definitiva, de 1878. Há pouco, vários clérigos de destaque falaram em favor da reencarnação. Numa palestra de 1957 intitulada *The Case of Reincarnation*, o dr. Leslie Weatherhead, ex-presidente da Conferência Metodista da Grã-Bretanha, declarou:

> O cristão inteligente quer não apenas que a vida seja justa, mas também que faça sentido. A ideia da reencarnação poderá nos ajudar aqui? [...] Se eu não conseguir, na vida, passar pela prova só possível enquanto estiver num corpo físico, não terei de voltar e me submeter de novo a ela?

Uma pesquisa de 1979 feita pelo departamento de sociologia da Universidade de Surrey, sobre posturas dos católicos romanos britânicos, revelou que o número impressionante de 27% deles acreditavam no renascimento. Uma indicação da seriedade com que a ortodoxia encarou o reaparecimento dessa antiga heresia foi a posterior publicação, pela Catholic Truth Society, de Londres, de um panfleto intitulado simplesmente *Reincarnation*, no qual o padre Joseph Crehan declara sem rodeios: "Em nossa fé não há lugar para as teorias da reencarnação". Também não há, deve-se dizer, na fé dos fundamentalistas cristãos, que, de acordo com um editorial de setembro de 1982 na revista americana *Reincarnation Report,* "estão usando a mesma fórmula supersticiosa antiga, baseada no medo, para manipular as massas e perpetuar seu próprio poder". Entretanto, nem todos os cristãos se deixam levar por essa tática de intimidação. Segundo uma pesquisa Gallup de 1990, a porcentagem de cristãos americanos que acreditam na reencarnação é mais ou menos a mesma dos crentes na população geral. Em 1980, 21% dos protestantes e 25% dos católicos alimentavam essa crença – cerca de 28 milhões de reencarnacionistas cristãos!

Os baluartes da velha guarda serão sempre vigorosamente defendidos. Mas não se pode negar a corrente subterrânea que se volta para a reencarnação e que irá, caso não a tratem com simpatia, provocar um rompimento nas fileiras do conformismo. O professor californiano de teologia, dr. Pascal Kaplan – que em 1972 não teve permissão de escrever sua tese de doutorado em Harvard sobre o renascimento porque, nas palavras do orientador, "nenhuma pessoa ligada à teologia no Ocidente levou a reencarnação a sério desde o século III" –, acha fascinante a retomada do interesse pelo assunto. Ele afirma haver uma rede cada vez maior de padres, freiras e ministros que, aceitando a reencarnação, veem na compreensão da reencarnação "um passo para o entendimento mais profundo de sua religião e da essência da espiritualidade cristã". Segundo Kaplan, muitos defensores desempenham papéis "dos mais significativos" dentro da hierarquia da Igreja.

É só uma questão de tempo para que tais pessoas alardeiem sua postura em altos brados, impedindo a ortodoxia eclesiástica de ignorá-los e precipitando assim a divulgação que esse problema há tanto proibido está exigindo. Enquanto isso, a nota esquecida aguarda reabilitação na sinfonia das idades.

"Por temer estar desavergonhadamente nus, buscamos outro envoltório de carne. Mas no fim amaremos e seremos suficientemente amados para aceitar o que fomos, o que somos e o que seremos: pois folhas de parreira só são usadas por exilados do Éden."
– Joan Grant

O ESTADO DE *BARDO*: DO TÚMULO AO BERÇO

"A situação anterior ocorreu e a situação futura ainda não se manifestou, de sorte que há um intervalo entre as duas. É essa, basicamente, a experiência do *bardo*."
– Chögyam Trungpa, *Rinpoche*

"O ego anímico voa para a Terra dos Sonhos."
– Madame H. P. Blavatsky

Para além do limiar da morte jaz uma esfera fora da nossa compreensão consciente, uma comunidade quadridimensional de espíritos na qual a entidade humana, livre dos laços corpóreos, está mergulhada na quintessência do ser. Os antigos tibetanos se referiam a essa condição profundamente misteriosa como *bardo*, o plano da consciência entre duas vidas. No século VIII, os escribas do Tibete compilaram e condensaram as jornadas fora do corpo de várias gerações num guia que mapeava o território psíquico a ser negociado após o perecimento do corpo. Durante séculos, o *Bardo Thödol*, mais conhecido entre os ocidentais como *O Livro Tibetano dos Mortos**, foi recitado ao ouvido dos moribundos e recém-falecidos, na esperança de prevenir as almas libertas contra a "perigosa armadilha" do *bardo* (literalmente, "bar", entre; *do*, "ilha") e a necessidade de renascer.

Segundo *O Livro Tibetano dos Mortos*, a experiência que nos aguarda após a morte dura simbolicamente 49 dias, indo de um doce

---
* Publicado pela Editora Pensamento, São Paulo, 1985.

envolvimento na "Luz Clara" até as mais aterradoras e sangrentas alucinações. Se o viandante do *bardo* puder aceitar a beleza absoluta e a verdade da Luz Clara ou, à falta disso, se se recusar a ser intimidado pelas terríveis visões que, afinal, nascem apenas de formas-pensamento *kármicas* da própria pessoa, então lhe será possível mesclar-se à Divindade e escapar ao "pântano do *samsara*". Muitas almas humanas, porém, não estão à altura dessa tarefa e aos poucos se afastam do brilho gloriosamente intenso que as saúda após a morte para enfrentar seus demônios pessoais e, talvez, um novo corpo terreno. As três fases do *bardo* em que o eu encontra outro eu em contatos cada vez mais degenerados são:

Chikhai Bardo. A suprema serenidade do estado entrevidas é alcançada logo no início. A morte leva à Luz Clara, que é simplesmente, embora pujantemente, "a radiância de tua própria natureza verdadeira". O livro descreve a Luz como "uma miragem movendo-se pelos campos num dia de primavera, em fluxo contínuo de vibrações". Tudo, ao que parece, é luminoso, feliz e ilimitado. Para citar o livro outra vez, "as coisas são como o céu vazio, sem nuvens, e o intelecto nu, sem mácula, é como um vácuo transparente, sem circunferência nem centro". Por mais acolhedor que esse estado transcendente possa ser, a Luz quase sempre ofusca o ego humano cheio de dúvidas e culpas. E o princípio da consciência desloca-se para o...

Chönyid Bardo. Aqui, a consciência viva do morto contempla seu corpo abandonado e, ouvindo os lamentos de parentes e amigos, tenta em vão fazer contato com eles. A entidade desencarnada percebe sons, luzes e raios que espantam, assustam e cansam a alma abatida, surpresa com sua transformação corpórea. Logo depois ocorrem as visitas de divindades pacíficas e ameaçadoras – sonhos *post-mortem* criados pelos reflexos kármicos das ações praticadas no mundo físico. Em certo sentido, nada mudou. O livro entoa: "O homem pensa e assim também ocorre no além; os pensamentos são coisas, são os pais de todas as ações boas ou más. E, tal como foi a semeadura, tal será a colheita". Em suma, se a vida anterior foi bondosa e honesta, as alucinações serão, correspondentemente, celestiais; se foi vil e desonrosa, visões horrendas aparecerão. As vidas da maioria das pessoas constituem um amálgama do bem e do mal – daí o livro descrever dois tipos de projeção. As divindades assustadoras são realmente perversas; mostram cabeças decepadas, bebem sangue, fazem toda espécie de ameaças. Em seguida, vai-se para o...

Sidpa Bardo. Para sua grande surpresa, a entidade descobre poder "ir instantaneamente a qualquer lugar" atravessando rochas, montes ou casas. Mas fica advertida para não desejar esses "poderes vários da ilusão" nem lamentar a perda do corpo, o qual, seja como for, vai ficando cada vez mais vago à medida que a última vida é deixada para trás e a próxima se avizinha. Depois dos sons e das alucinações vem o encontro com o Senhor da Morte, também outra projeção psicológica, que consulta seu "Espelho do Karma", no qual "toda ação boa ou má se reflete nitidamente". Numa terminologia mais atual, é aí que o indivíduo passa em revista e julga pensamentos e atos da vida anterior. Por fim, aproximando-se o momento de renascer, surge a visão de um homem e uma mulher em pleno ato sexual – os pais da entidade na vida seguinte. Se vai nascer como homem, a alma sente um ciúme intenso do pai e um desejo agudo pela mãe, ocorrendo o inverso caso o futuro sexo seja feminino. Isso, por sua vez, arrasta a entidade para o caminho do útero, no qual experimentará "uma sensação abençoada de autoexistência no encontro do espermatozoide e do óvulo". A consciência se eclipsa enquanto o embrião cresce até sair do ventre materno como um ser humano renascido.

"Tudo o que o éter permeia, a consciência permeia também."
– *O Livro Tibetano dos Mortos*

A escolha da próxima vida

Até 1975, *O Livro Tibetano dos Mortos* era em geral considerado uma alegoria instrutiva, mas essencialmente simbólica, tão fantástica, moralista e antiga como um conto de fadas dos irmãos Grimm. Entretanto, a enorme quantidade de pesquisas médicas sobre experiências de quase morte e fora do corpo justifica uma interpretação mais literal de boa parte do *Bardo Thödol*, tanto mais que os testemunhos de modernas vítimas de acidentes e de pessoas hospitalizadas que voltaram do mundo dos mortos são praticamente unânimes quanto a certas etapas do venerável estado de *bardo*. Estudos da dra. Elisabeth Kübler-Ross, do dr. Raymond Moody, do dr. Kenneth Ring e outros demonstram que o estado pós-morte encerra vários fenômenos comumente relatados – Luz poderosa e acolhedora, sensação de paz e atemporalidade, liberdade de movimentos e poder de atravessar objetos, nitidez crescente da percepção, surpresa por se achar fora do corpo associada à capacidade de ver e ouvir pessoas próximas, sons estranhos, oportunidade de passar rapidamente em revista a vida anterior, perda do medo da morte combinada com um senso apurado de finalidade e inadequação das palavras para descrever a experiência como um todo. Quão humilhante será, para alguns médicos cientistas, aceitar que esses achados surpreendentes foram escritos em pergaminho no remoto Tibete há mais de onze séculos!

O dr. Raymond Moody se declara perplexo, em *Life After Life*, o *best-seller* no qual divulga sua pesquisa de quase morte, ante a correspondência entre as primeiras etapas da morte explicadas em *O Livro Tibetano dos Mortos* e os relatos de seus sujeitos – "nada menos que fantástica". A conclusão óbvia a tirar desse rol de testemunhos é que os sobreviventes das experiências fora do corpo percorreram parte do caminho para o estado entrevidas e que seus relatos refletem os aspectos iniciais, predominantemente positivos, do *bardo*. "O que acontece *depois* das fases iniciais da morte [...] ainda é uma questão em aberto", comenta o dr. Ring. No entanto, muitas das testemunhas parecem ter ido suficientemente longe para se conscientizar do processo da reencarnação. Um dos pacientes de Ring, um homem que sobreviveu a um sério acidente de carro, disse:

> Vi um filme que narrava basicamente minha vida, o que *acontecera* e o que *estava* acontecendo. Era como se eu tivesse uma *missão* a cumprir aqui, digamos assim, e pudesse escolher entre continuar com o mesmo corpo ou renascer em outro.

A mulher que, segundo o critério estatístico de Ring, teve a mais profunda experiência de quase morte entre todos os seus sujeitos de estudo, escreveu:

Acredito realmente que a morte seja apenas um segmento de um ciclo contínuo [...]. *De modo algum* um fim. Sempre que tenho mais um neto, olho para ele e penso: "Será você o papai? Será você a mamãe? *Quem* poderá ser você?" E isso é muito excitante.

Depois que um ataque cardíaco deixou o cineasta de Nova York Victor Solow clinicamente morto por 23 minutos, ele foi revivido por um último e desesperado esforço da equipe médica. Outrora cético quanto à possibilidade de vida após a morte, Solow relatou sua aventura pelo estado de *bardo* na *Reader's Digest* de outubro de 1974:

Não havia tempo para o medo, a dor ou o pensamento [...]. Eu me movia em alta velocidade rumo a uma teia de intensa luminosidade [...]. No momento em que fiz contato com ela, a luz vibrante aumentou ainda mais a ponto de se tornar ofuscante, o que me sugou, me absorveu e me transformou ao mesmo tempo. Não havia dor. A sensação não era nem agradável nem desagradável, apenas envolvente [...]. A teia era como um transformador, um conversor de energia que me transportava através da forma para o informe, para além do tempo e do espaço [...]. Esse novo "eu" não era o eu que eu conhecia, mas antes uma essência destilada dele, ainda assim vagamente familiar, algo que eu sempre soubera estar sepultado sob a superestrutura dos medos, esperanças e necessidades pessoais. Era um "eu" sem ligação com o ego – definitivo, imutável, indivisível, indestrutível, puro espírito. Embora absolutamente único e individualizado como uma impressão digital, "eu" fazia parte, ao mesmo tempo, de um todo infinito, harmonioso e organizado. *Já estivera ali antes.*

As experiências de quase morte, os primeiros vislumbres do *bardo*, tornaram-se lugar-comum nos anos 80. Mas em 1986, *Life Between Life* – livro que pretende ser uma exploração científica do vazio entre uma encarnação e outra – surgiu como o primeiro estudo moderno do mundo não material que separa vidas terrenas. O pesquisador revolucionário foi o dr. Joel Whitton, neuropsiquiatra de Toronto que apresentou testemunhos convincentes de mais de trinta sujeitos hipnotizados ao longo de doze anos.

Quer acreditassem na reencarnação, fossem descrentes ou agnósticos, os pacientes do dr. Whitton relataram ter penetrado, por ocasião da morte, numa esfera atemporal, ilimitada e repleta de luz na qual se despojaram do corpo, mas continuaram se sentindo intensamente vivos. Um dos sujeitos de estudo comentou:

> Tudo ali é claro, belo, sereno. Parece que viajamos para o sol e somos por ele absorvidos sem nenhuma sensação de calor. Voltamos para a plenitude das coisas.

Penetrar na metaconsciência, que é como o dr. Whitton chama a percepção entrevidas, é tornar-se um com a superalma atemporal, a pedra angular invisível dos poderes do indivíduo. Como essa superalma encerra inúmeras personalidades que se materializaram em vidas anteriores, os sujeitos conseguem determinar o nível de seu progresso espiritual no contexto de outras vidas.

Guias, instrutores, entes queridos que faleceram e um conselho de avaliação são comumente encontrados no período entrevidas. O conselho – um grupo de anciãos desencarnados que sabe tudo o que é necessário saber sobre a pessoa chegada à sua presença – oferece orientações durante o exame da vida mais recente e recomenda projetos para a próxima aventura terrena.

Talvez o achado mais significativo da pesquisa do dr. Whitton seja a descoberta de que muitas pessoas preparam um "roteiro kármico" no *bardo* para a próxima vida, às vezes especificando, por exemplo, os pais, os cônjuges e as profissões. É como se fôssemos pintores rabiscando o esboço de um afresco no estado entrevidas. Uma vez encarnados, retomamos a obra-prima planejada, trabalhando com afinco dia após dia para executar, nos mínimos detalhes, uma ideia geral. Na morte, diante da obra terminada, podemos descobrir quão fiéis fomos aos nossos objetivos.

Quando as pessoas recuperam a consciência normal após o transe profundo na vida intermediária, sentem-se com frequência chocadas, desorientadas, atemorizadas. Quais criancinhas arrancadas à confeitaria de seus sonhos, os sujeitos do dr. Whitton só o que querem é voltar à terra da compreensão perfeita onde tudo se explica por si, onde a alma e seu propósito imortal são diáfanos como vidro. "O senhor me acordou num mundo irreal", queixou-se um dos pacientes. "Agora sei onde jaz a verdadeira realidade." Um simples vislumbre da "verdadeira realidade" convence a pessoa de que o *bardo* é uma experiência a ser repetida, porquanto essa pessoa está encerrada num veículo corpóreo destinado a perecer. Isso, por sua vez, anula todo o medo da morte.

Quem regressa do *bardo* tem sempre uma história diferente para contar. Embora parecidos no tema, os relatos variam com respeito ao grau de luminosidade ou iluminação no limiar, ao número e aparência dos membros do conselho de avaliação, o grau em que o roteiro kármico pode ser examinado enquanto se está no corpo físico e a muitos outros detalhes. Mas, num aspecto fundamental, os poucos privilegiados que visitaram a vida intermediária recebem a mesma mensagem inalterável: *cabe a nós total responsabilidade pelo que somos e as circunstâncias em que nos encontramos. Somos nós que a escolhemos.*

Gladys Archer escreveu na edição de março de 1996 da *Reincarnation International*: "Acredito que um 'rascunho' da vida por vir seja impresso no subconsciente. Nós decidimos, antes de cruzar os portões do nascimento, que pais, que país e que cor nos darão a oportunidade de galgar o próximo degrau da escada da evolução".

O escritor e terapeuta holandês Hans TenDam sustenta que muitas pessoas escolhem uma personalidade "inspiradora" de vidas passadas quando preparam a encarnação atual. Em seu livro *Deep Healing* (1997), TenDam escreve: "Mulheres desejosas de fazer carreira social às vezes têm, como personalidade inspiradora, um homem que foi socialmente destacado, pois essa experiência elas podem usar bem. Se você quiser ser músico e foi flautista na Grécia antiga, assumirá essa vida anterior. Quando as pessoas planejam a próxima vida, a personalidade inspiradora que mais tem a oferecer para o futuro geralmente assume o papel principal e torna-se a personalidade básica".

"Nós escolhemos nossos pais", acrescenta TenDam, "sobretudo porque nos restam negócios kármicos a concluir juntos ou porque os identificamos como velhos amigos."

Em 1995, o hipnoterapeuta americano dr. Michael Newton enriqueceu a literatura contemporânea sobre o *bardo* com *Journey of Souls*, um livro de estudos de caso de sujeitos hipnotizados que foram induzidos a viajar para o estado entrevidas. Os casos espelharam e ampliaram o testemunho dos pacientes do dr. Whitton, reforçando a noção de que grupos de almas tendem a se reunir para partilhar experiências dentro e fora da encarnação.

> "É irônico que a maioria das pessoas, na Terra, se apeguem ao corpo atual com todas as forças, enquanto as do outro lado da vida olham para sua próxima existência corpórea com medo idêntico."
> – Thorwald Dethlefsen

LSD e visões xamânicas

Provas documentais de tratamentos médicos de recuperação não são as únicas que sustentam a veracidade do estado de *bardo*. Num estudo com 127 casos de lembrança espontânea de vidas passadas, relatados no livro *Lifetimes*, o professor Frederic Lenz, de Nova York, observou que as recordações ocasionais do estado entrevidas de seus sujeitos não apenas continham fenômenos comuns, exatamente na mesma sequência, como eram "espantosamente similares" ao processo de morte e renascimento descrito em *O Livro Tibetano dos Mortos*. As experiências com LSD do dr. Stanislav Grof mostram que muitos de seus sujeitos têm visões nítidas e profundas de renascimento, bem semelhantes às descritas no *Bardo Thödol*. "O inconsciente humano, ativado quimicamente, na verdade tende a encenar de maneira espontânea um vigoroso confronto com a morte, que pode resultar em transcendência", escreveu Grof. Com uma pequena ajuda da dietilamida do ácido lisérgico, voluntários experimentaram alucinações impressionantes: viram-se nadando em excrementos, afogando-se em montes de lixo, rastejando por entre nacos podres de carne ou bebendo sangue. Cenas de assassinatos, torturas, mutilações, orgias sadomasoquistas e crueldades de todos os tipos são corriqueiras. Mas há também projeções psicodélicas de luz branca ou dourada, durante as quais os sujeitos se sentem inteiramente purificados enquanto deslizam por um universo atemporal, de uma beleza indescritível.

Variedades de experiência transpessoal, que Grof define como uma expansão ou extensão da consciência para além das restrições usuais do ego e das limitações de tempo e espaço, são provocadas também pela mescalina alucinógena (o ingrediente ativo do cacto *peyote*) e pela psilocibina, derivada de um cogumelo sagrado para os indígenas mexicanos, o *teonanacatl* ou "carne de Deus". O hidrocloreto de cetamina, um anestésico, tem o poder de transportar seus usuários para um mundo de luz, totalmente dissociado do corpo. "É impossível descrever o fato", disse um médico que experimentou a cetamina. "O 'eu' que conhecemos não está lá. Esquecemos nosso nome e identidade. Só existe a experiência – aterradora, quando não se está preparado." Segundo o anestesista dr. Howard Alltounian, que conduziu experimentos com cetamina auxiliado por sua falecida esposa, Marcia Moore, a droga abre a mente para os desígnios mais vastos do universo. "Descobrimos os motivos pelos quais nascemos, por que precisamos morrer e qual a razão de termos optado por um novo nascimento – e constatamos que todas essas razões são boas", garantiu ele.

O trabalho clínico com esquizofrênicos levou vários psiquiatras a concluir que as visões de seus pacientes representam, muitas vezes, não a negação da morte ou uma fantasia racionalizada, mas a realidade nua da experiência. Os atos dos profetas do Velho Testamento e dos yogues do Oriente também revelam uma comunhão com esse estado de ser. Enquanto Ezequiel não raro permanecia em transe por dias a fio e Daniel afirmava que suas visões o lançavam por terra, deixando-o fisicamente doente, os yogues avançados provaram sua capacidade de deixar o corpo à vontade, de sobreviver durante semanas sem alimento e, mesmo, de se misturar com o fogo e a água. Prisioneiros e monges confinados em celas solitárias, exploradores aptos a enfrentar condições de isolamento absoluto e pessoas afetadas pela epilepsia, que os gregos chamavam de "mal sagrado" por sua capacidade de inspirar uma sensação de atemporalidade longe do corpo, todos costumam atingir estados parecidos de percepção superior. E todos mergulham em diferentes níveis do *bardo*, onde os rejuvenesce a certeza de que o nascimento provém das próprias mandíbulas da aniquilação.

Assim como os modernos achados científicos podem ser equiparados a *O Livro Tibetano dos Mortos*, assim o *Bardo Thödol* ecoa as mais antigas experiências de percepção não física – experiências que despertaram nos seres humanos a noção primitiva de céu e inferno. O xamanismo, antiquíssima prática religiosa dos povos uralo-altaicos do norte da Ásia, há muito incorporou um rito complexo de morte e renascimento ao cerne de suas cerimônias iniciáticas. Os xamãs noviços, entrando voluntariamente em transe, permanecem sozinhos e à beira da morte de três a sete dias. Nesse estado, têm as visões mais espantosas, inclusive o desmembramento do corpo e a esfoladura dos músculos, antes de receber nova carne e novo sangue, chegar à iluminação espiritual e ser arrebatados para as esferas celestiais. A visão do xamã, nas palavras de Joseph Campbell em *The Masks of God*, revela "o senso de um morador imortal dentro do indivíduo, proclamado por todas as tradições místicas". Esse obscuro inquilino do corpo "não morre nem nasce, apenas transita como que através de um véu, aparecendo no invólucro físico e dele partindo". Temos indícios consistentes de que as drogas alucinógenas vêm sendo usadas há milênios para aguçar a percepção xamânica. O *Rig-Veda*, que é o documento religioso mais antigo da Índia, glorifica o cogumelo psicodélico *soma*; e, durante escavações do túmulo de um xamã no sítio neolítico de Çatal Hüyük, Turquia, análises de pólen revelaram que plantas alucinógenas haviam sido depositadas ao lado do cadáver.

Nos Mistérios do antigo mundo civilizado não faltavam rituais de morte e renascimento; e mito e fábula, no mundo inteiro, estão repletos de contos sobre esse estado pós-morte em que as almas flutuam livremente, ainda com os pensamentos e apetites do mundo terreno, mas sem a satisfação proporcionada pelo corpo físico. Na mitologia escandinava, por exemplo, a *Canção de Olaf Osteson* conjura imagens gráficas para retratar a melancolia dos desencarnados:

Estive em outros mundos
Noites a fio.
E só Deus pode saber
Quão grande é a tristeza das almas que vi
Em Brooksvalin, onde elas
Enfrentam o julgamento cósmico.

Várias figuras históricas de renome, como Cícero e Virgílio, escreveram páginas candentes sobre experiências fora do corpo. Cícero, retornando ao seu com redobrado vigor, disse: "Ao menos temos razões para viver; e não só queremos a vida como esperamos coisa melhor na morte". Platão, no livro X da *República*, conta a lenda de Er, o qual, doze dias depois de perecer no campo de batalha, voltou à vida enquanto jazia na pira funerária a fim de narrar suas aventuras no outro mundo. Er observou que, após o julgamento, dava-se à alma a oportunidade de escolher a forma de sua próxima encarnação, num processo seletivo determinado pela sabedoria ou ignorância do indivíduo. Platão escreve: "Mais curioso [...] era o espetáculo – deplorável, risível e bizarro – da escolha das almas, que se baseava na maioria dos casos em sua própria experiência da vida anterior". Feita a escolha, as almas bebiam a água do rio Letes (em grego, "esquecimento"), que apagava toda a sua memória consciente antes da próxima encarnação. Esse esquecimento forçado reaparece frequentemente nos relatos sobre o período entrevidas.

Jesus Cristo, no *Pistis Sophia*, fala da alma bebendo por uma taça "cheia da água do olvido"; e, no budismo chinês, Meng P'o, a deusa governante do mundo subterrâneo, obriga as almas a beber uma sopa agridoce para que as lembranças de sua vida anterior se desvaneçam antes de voltarem à Terra. "O corpo", escreveu o filósofo grego Plotino, "é o verdadeiro rio Letes: as almas que nele mergulham se esquecem de tudo."

A medicina moderna talvez haja encontrado uma explicação para essa amnésia no hormônio chamado oxitocina, que controla a taxa de contrações da mulher durante o parto. Pesquisas estabeleceram que grandes quantidades de oxitocina provocam lapsos de memória em animais de laboratório e fazem com que até os bem-treinados percam a habilidade de desempenhar tarefas corriqueiras. Uma vez que a oxitocina da mulher penetra no sistema da criança, não é inviável supor que essa droga natural elimine as lembranças de encarnações anteriores juntamente com a recordação consciente do nascimento. Mas o apagamento da lousa da memória ocorre também fora do ventre materno. A incapacidade dos adultos lúcidos de lembrar seus primeiros anos e os frequentes esquecimentos dos idosos talvez sejam um modo que a natureza encontrou de enfatizar a relativa insignificância da memória consciente.

O esquecimento da vida anterior, segundo os cabalistas, ocorre no estado entrevidas, quando o anjo noturno Layela dá à alma flutuante um leve beliscão no nariz ao mesmo tempo que pressiona suavemente seu lábio superior. Por isso se diz que todos trazemos a marca do dedo do anjo em nossos lábios. Sholem Asch, em *O Nazareno*, diz que nossos sentidos são afetados por reminiscências fragmentárias de outra vida quando o Anjo do Esquecimento descura de seus

> deveres. Essas reminiscências "deslizam como farrapos de nuvens sobre os montes e vales da mente, imiscuindo-se nos fatos de nossa vida atual. Aparecem vestidas de realidade sob a forma de pesadelos que visitam nossos leitos. O efeito é exatamente o mesmo de quando, ouvindo pelo rádio um concerto, percebemos de súbito a irrupção de uma voz estranha, vinda de longe numa outra onda sonora e carregada de outra melodia".

De Amenthe a Gusho

Toda espécie de nomes e condições foi atribuída ao estado entrevidas, cuja concepção popular depende amplamente da cultura e do costume. Os antigos egípcios falavam de almas sensíveis atravessando os portões dos deuses e penetrando na *amenthe*, onde passavam a residir em perpétua ventura até descer para animar um novo corpo. Do mesmo modo, os hebreus aludiam a uma temporada no *pardish* ou paraíso – lugar onde se colhem frutos maduros ou, esotericamente, onde o espírito amadurece a partir da semente plantada em encarnações terrenas. As almas cuja estada no paraíso está prestes a expirar recebem instruções para a próxima vida, explica o *Zohar*, antes de serem enviadas "ao triste exílio, ao lugar onde não existe felicidade verdadeira porque só na presença de Deus pode esse estado ser atingido". Os aborígines australianos do rio Pennefather, em Queensland, acreditam que, entre as encarnações, o espírito permanece no antro de Anjea, um ser mítico que faz as mulheres conceber colocando bebês de barro em seu corpo. Para os habitantes de Okinawa, no Pacífico Sul, o reino interino é chamado *gusho*; nele penetram, no quadragésimo nono dia após a morte, os espíritos que, embora desligados do corpo, continuam em suas casas até esse momento. Há um paralelo intrigante, aqui, com as 49 estações de existência planetária no *bardo*. Seja como for, os habitantes de Okinawa acreditam que a entidade volta à Terra depois de sete gerações, na forma de um indivíduo muito parecido com o da encarnação anterior. Não a mente, mas o espírito é que reencarna, pois a mente se herda dos ancestrais. Alguns espíritos, porém, permanecem no *gusho* indefinidamente, trabalhando como anfitriões e guias turísticos dos recém-chegados.

Há mais de cem anos, a aristocrata russa Madame Helena Petrovna Blavatsky e seu movimento teosófico tomaram de empréstimo ao misticismo oriental dois termos para descrever o estado pós-morte: *kama loka*, que significa "plano do desejo", e *devachan*, palavra tibetana para "bem-aventurado". Segundo a teosofia, *kama loka* é a região astral que envolve e penetra a Terra, onde a alma se purga de suas máculas antes de fruir as puras alegrias espirituais do *devachan*. Permanece ali – por cerca de quinze séculos, no dizer de Madame Blavatsky – até ser trazida de volta às tribulações da vida terrena exigidas pela lei universal e incessante do *karma*. O processo entrevidas, explicam os teosofistas, é curativo, repousante e benéfico, tão imprescindível para o espírito quanto o sono para os mortais. Caso a adoção de outro corpo se seguisse imediatamente à morte, a alma, assim privada da necessária oportunidade de reflexão e consequente desenvolvimento de sua natureza superior, logo ficaria exausta.

Rudolf Steiner, que presidiu a seção alemã da Sociedade Teosófica antes de fundar a Sociedade Antroposófica com base em suas próprias pesquisas metafísicas, também afirmou que *kamaloka* (pronunciava assim a palavra) e *devachan* são duas coisas necessárias e complementares à existência física. Para que haja evolução, o corpo precisa ser repetidamente eliminado. Nas palavras de Steiner: "A fim de manter a consciência ativa, estamos sempre destruindo nosso invólucro corporal". Em *kamaloka* (reconhecível, embora equivocadamente apresentado, como o purgatório da Igreja Católica, diz Steiner), a alma se livra de todos os desejos, apetites e paixões. Ali, todo ato da vida passada cometido contra um semelhante é revivido como se o autor fosse a vítima. Ao mesmo tempo, a alma é lavada pela "chuva espiritual" das simpatias e antipatias dos seres superiores que julgam esses atos. O tempo todo a entidade atravessa as esferas planetárias, onde passa em revista, num quadro, a série de suas encarnações terrenas. Inicia-se então o trabalho de criar o próximo corpo físico exatamente de acordo com a experiência, as lições e as tendências kármicas assimiladas da vida anterior. "Nada do que vocês puderem realizar na Terra", disse Steiner numa palestra em novembro de 1922, "é tão grande e complexo quanto o que terão de fazer nos mundos estrelados: construir este templo dos deuses, o corpo humano." Antes que a semente espiritual do corpo físico desça aos pais escolhidos para recebê-la, a alma tem uma visão da vida prestes a se iniciar. Às vezes, diz Steiner, essa prévia é tão chocante que o eu recua, horrorizado. Quando isso acontece, a alma pode não reencarnar verdadeiramente no corpo por ela mesma preparado, eventualidade que talvez leve ou às chamadas deficiências pré-natais, ou à epilepsia, doença indicativa de falta de controle sobre o organismo.

> "Num mito das Novas Hébridas, a alma corre ao longo da linha de colinas até chegar à extremidade da ilha, onde se posta no sítio da memória, cujo nome maewo é *vat dodona*, a 'pedra do pensamento'. Se, ali, relembrar seu filho ou sua esposa, ou qualquer coisa que lhe pertença, voltará à vida. No mesmo local erguem-se duas rochas com uma ravina profunda entre elas: caso o fantasma consiga saltá-la, permanecerá morto; caso falhe, reencarnará."
> – R. H. Codrington, *In the Melanesians*

A duração de bardo

O tempo gasto no intervalo entre as vidas parece variar tanto quanto a duração das próprias vidas. Os relatos mencionam paradas de umas poucas horas e permanências de centenas de anos. As pessoas vitimadas por morte violenta ou prematura, ao que tudo indica, retornam mais depressa que as falecidas em idade avançada, e a escolha do indivíduo é o fator decisivo para determinar a extensão da residência no mundo imaterial. Seth, o famoso guia espiritual que se comunicava através da médium e escritora Jane Roberts, respondeu a um ministro interessado em saber o que determina o tempo entre as encarnações:

> Você mesmo. Se estiver muito cansado, repousará. Se for sábio, pedirá tempo para digerir seu conhecimento e planejar a próxima vida, como um escritor planeja o livro seguinte. Se tiver muitos laços com esta realidade, for impaciente demais ou não aprendeu o bastante, voltará bem depressa. Tudo depende da pessoa. Não existe predestinação. As respostas estarão dentro de você lá, como estão aqui.

Apesar de sua óbvia capacidade para aterrorizar, o estado de *bardo* é uma condição bastante sedutora. O dr. Raymond Moody afirma que muitas pessoas, uma vez livres do corpo, não mais desejam voltar à vida física. Realmente, não deve ser nada agradável abandonar um estado de relaxamento descrito entusiasticamente por um piloto de corridas de automóvel como mil vezes mais intenso que o induzido por uma sessão de sauna e massagem! Virginia Tighe, como Bridey Murphy, fala em se deixar estar "com muita satisfação" num "local de espera" entrevidas, no qual todos têm pleno conhecimento do futuro. O especialista em vidas passadas Bryan Jameison, de Chicago, relata que várias pessoas por ele enviadas ao estado intermediário ficam dominadas por uma sensação eufórica, de leveza, como se estivessem flutuando no meio das nuvens. "Algumas encontram apenas luz e energia pura", comenta a hipnoterapeuta dra. Edith Fiore. "Muitas, porém, afirmam ter visto belos lagos, belos panoramas, cidades cintilantes..." Depois de tanta doçura e luminosidade, o vórtice sexual que arrasta a alma de volta ao plano físico – descrito por um paciente do hipnoterapeuta alemão Thorwald Dethlefsen como "o grande aspirador de pó" – parece absolutamente chocante. Não surpreende, pois, que os sujeitos de pesquisa da dra. Helen Wambach, cujos relatos falam de um tempo médio de 52 anos passados no *bardo*, envolvam o nascimento numa sensação infindável de tristeza e despropósito. Não importa quanto desejem ficar, os pacientes do dr. Morris Netherton raramente têm permissão de demorar-se no estado entrevidas: apesar de todo o seu mistério e promessa de revelações súbitas, ele acha que nada do que ali acontece pode melhorar a situação da vida presente. Num comentário pessimista sobre a perversidade da espécie, Netherton escreve:

> Não somos diferentes dentro e fora do corpo; sem querer aprender nada com nossa experiência da condição de encarnados, uma vez desencarnados comportamo-nos da mesma maneira até encontrar um corpo no qual possamos entrar e repetir os padrões de sempre.

Mas, se as características e limitações da pessoa são preservadas fora do corpo pelo eu, então o estado entrevidas afeta continuamente a existência física. Sempre foi intenção dos sábios tibetanos que o *Bardo Thödol* servisse tanto de aconselhamento para os vivos quanto de guia para os moribundos. Chögyam Trungpa, num comentário moderno a *O Livro Tibetano dos Mortos*, insiste nesse tema observando que a experiência do *bardo* é parte de nossa constituição psicológica básica. A todo instante, nascimento e morte ocorrem. Na verdade, o estado de *bardo* poderia ser descrito como as experiências de paranoia e incerteza no cotidiano – sentimentos de insegurança quanto ao terreno em que pisamos, de não saber nem o que devemos fazer nem onde estamos entrando. Mais enfaticamente, diz Trungpa, as experiências do *bardo* podem ser vistas "puramente em termos da condição atual".

Joia esquecida de um livro publicado inicialmente em 1891, *In the Forest of Arden*, é uma pujante metáfora para a consciência entrevidas. Amor perfeito, natureza incólume e existência não material são uma coisa só nesse conto sobre a exploração do além, onde "sentimos o deleite de uma súbita passagem da pobreza para a riqueza, uma suave transição da escravidão para a liberdade".

> "[...] Por acreditar na teoria da reencarnação, alimento a esperança de, se não nesta vida, ao menos em outra, conseguir envolver toda a humanidade num abraço amistoso."
> – Mohandas K. Gandhi

O escritor Hamilton Wright Mabie sentiu...

[...] o amplo e irresistível movimento da vida a rolar, onda após onda, do oceano invisível que jaz além, anulando as vagas divisões pelas quais, neste mundo atribulado, contamos os dias de nossa labuta e transformando todas as eras em um progresso contínuo. Percebi a calma infinita, o repouso sublime dessa expansão ininterrupta de forma e beleza, da flor à estrela e do pássaro à nuvem; percebi o poderoso impulso da força que ilumina o sol em seu trajeto e põe os astros a marcar os limites de seu caminho. Serenidade perene, progresso infinito, vida inesgotável, força sem barreiras, beleza indescritível – quem, sentindo tais coisas, teria palavras para elas? Entretanto, em Arden, elas fazem parte da vida de todos os homens!

Segundo Mabie, quem amava o lugar nasceu nele, explicando-se assim a "sensação de estar em casa" que dominava a alma ao entrar na Floresta. "É, de fato, o único local de meu conhecimento que parecia pertencer-me e a todos os demais ao mesmo tempo – no qual não sentia nenhuma influência estranha."

Se a pessoa continua a habitar um corpo, porém, não pode perambular indefinidamente pela Floresta de Arden. Ainda assim, os visitantes que voltam são abençoados com um "grande consolo", segundo Mabie. "Os que moraram em Arden e regressaram ao mundo são amparados em sua solidão pela certeza de pertencer a uma comunidade nobre. Estrangeiros que são, existe porém um país ao qual se mostram leais, não por interesse, mas por aspiração, imaginação, fé e amor."

O êxtase incorpóreo do estado entrevidas, convém enfatizar, não passa da manifestação de um nível superior de consciência. William James, o psicólogo americano que usava óxido nitroso e éter para "estimular a consciência mística num grau extraordinário", escreveu que nossa consciência normal, em vigília, "é apenas um tipo especial de consciência, tendo à sua volta, separadas por uma finíssima película, formas potenciais de consciência inteiramente diversas". Nunca frequentadas, exceto em sonhos, pela maioria da raça humana, essas outras realidades estão lá *o tempo todo*, podendo ser fruídas voluntariamente pelos raros seres autorrealizados em espírito. Alguns as visitam com a ajuda de drogas; outros o fazem recorrendo à hipnose ou à meditação profunda; e outros ainda, sem querer, chegam lá por meio da esquizofrenia, doenças graves ou isolamento total. Há também as vítimas de acidentes que penetram por acaso no *bardo* graças ao flerte traumático com a morte. O resto de nós, esperando pacientemente o prazo expirar, tem pelo menos alguma coisa pela frente – uma longa aventura cósmica que, eliminando as limitações frustrantes da mortalidade, exalta a grandeza do ser interior.

"A meu ver, após a morte, entramos num processo de retenção de algumas identificações estreitas com a personalidade que fomos pela última vez na Terra. A personalidade maior absorve a personalidade mais recente, mas joga fora coisas pouco importantes como raça, matrícula na previdência social e sistemas de crença. Depois, acredito, a alma ou o eu profundo pode planejar uma nova expedição à realidade física a fim de sentir emoções, aprimorar o conhecimento e, mais importante ainda, conviver com outras almas e serenar antigas desavenças."
– Dra. Helen Wambach

O FANTASMA DO PASSADO DO FUTURO

"A Superalma existe antes do Tempo; e o Tempo,
Pai de tudo o mais, é um de Seus filhos."
— Ralph Waldo Emerson

"Um nível além, você descobre que não está se
movendo no tempo. O tempo apenas define as
encarnações e acondiciona as mudanças."
— Ram Dass

Às vezes, o pensamento obstrui a compreensão: ocorre isso com o conceito humano de tempo. O pensamento, sendo sequencial por natureza, apresenta o mundo tridimensional em termos de passado, presente e futuro – uma interpretação conveniente, essencial mesmo, para dar conta da realidade física. Mas o tempo, produto de nossa consciência mundana, nada mais é que uma ilusão oportuna. Os visitantes do estado de *bardo*, como vimos, sabem bem que o tempo não existe realmente. Momentaneamente livres do plano terreno, eles percebem que os acontecimentos são todos simultâneos. Embora isso possa parecer confuso a uma pessoa que observa o ponteiro dos segundos avançar no relógio de um monumento histórico local, tudo *acontece* no eterno *agora*. As vidas passadas, portanto, decorrem ao mesmo tempo; somente a maneira com que nosso pensamento vê o mundo nos informa outra coisa.

Sábios como Huang Po e Santo Agostinho constataram a irrealidade do tempo, mas a razão sempre se recusou a desmentir a visão linear. Ken Wilber escreve em *The Spectrum of Consciousness*:*

> O pensamento é sequencial, sucessivo, unidimensional, ao passo que o mundo verdadeiro se apresenta como um padrão multidimensional, não sucessivo e simultâneo de infinita riqueza e variedade. Tentar fazer com que um apreenda o outro é como apreciar uma bela paisagem por um buraco na cerca ou um quadro de Renoir ao microscópio.

Só quando a memória for considerada, não o conhecimento real do passado, mas a experiência do instante, a ilusão do tempo se desvanecerá. Como o momento presente contém todo o tempo, ele é atemporal – e atemporalidade é eternidade. Sem dúvida, é muito menos complicado pensar em termos de passado, presente e futuro; porém, uma compreensão menos superficial da reencarnação exige horizontes mais largos. Como declarou René Guénon: "Aquele que não consegue fugir ao ponto de vista da sucessão temporal para ver todas as coisas em sua simultaneidade é incapaz de conceber, no mínimo que seja, a ordem metafísica". Joan Grant, uma inglesa cuja memória de longo alcance recordou sua longa série de vidas passadas, faz o melhor que pode para tornar a ideia da simultaneidade mais fácil de apreender sugerindo considerar-se o tempo como o miolo de uma laranja, equidistante dos gomos, que representam as diversas vidas da alma. Assim, para a senhorita Grant, "[...] não é mais difícil lembrar um episódio ocorrido vários milênios atrás do que um ocorrido no século atual ou passado". Pessoas que retornaram a vidas anteriores afirmam que as vidas recentes não são mais nítidas e emocionalmente intensas do que as antigas. Seth, o guia espiritual já mencionado anteriormente, enfatiza a importância do presente eterno para a reencarnação no seguinte comunicado:

> Uma vez que estão obcecados com a ideia de passado, presente e futuro, vocês são induzidos a pensar que as reencarnações se sucedem umas às outras. Na verdade, falamos em "vidas passadas"

---

* *O Espectro da Consciência*, publicado pela Editora Cultrix, São Paulo, 1990.

porque vocês estão habituados ao conceito de sequência temporal [...]. Todos temos egos dominantes, parte de uma identidade interior que prevalece nas várias vidas. Mas vidas separadas existem simultaneamente. O ego envolvido é que faz a distinção de tempo. Os anos 145 a.C. e 145 d.C., milênios no passado e outros tantos no futuro: tudo existe agora.

A natureza ilusória do tempo talvez seja mais bem percebida quando pensamos nos sonhos capazes de concentrar a experiência de anos em segundos. O tempo não passa para quem sonha. Nem, com efeito, para quem está desperto ou sob hipnose. Por quê? Porque o eu interior existe fora do estado temporal. Do mesmo modo, um piloto de helicóptero vive fora dos veículos que está observando lá embaixo, numa rodovia de trânsito congestionado. Suponhamos que o piloto seja a superalma e o motorista de cada veículo seja um ego separado, com uma vida diferente. A superalma, no estado atemporal, pode contemplar todas as vidas como se estivessem decorrendo simultaneamente; mas as almas separadas, com pouca visibilidade e percepção, só veem seu problema particular de trânsito.

Os próximos anos, com todas as suas peripécias, talvez estejam fora de vista, mas apenas do modo como as altas vibrações da visão, audição, olfato, paladar e sentimento se acham muito além das limitações da consciência física. O futuro está aqui e sempre existiu. Por isso, clarividentes talentosos podem prever o que sucederá; sintonizando-se psiquicamente com uma elevada frequência, eles conseguem perceber o agora eterno. Alan Vaughan, editor da *Reincarnation Report*, sugeriu, num artigo de fevereiro de 1983, que, quanto mais sabemos sobre esse "futuro", maiores são as nossas chances de fazer as melhores escolhas no momento atual:

> Aprendendo mais a respeito do nosso projeto inconsciente de vida, trazemos à superfície mais razões pelas quais resolvemos nascer. Não podemos nunca, creio eu, conhecer *todo* o projeto porque então desanimaríamos de viver. De fato, a justificativa da barreira entre nossas mentes inconsciente e consciente talvez seja evitar que o conhecimento prévio nos roube por completo a excitação das descobertas cotidianas.

> "A mente do homem é capaz de tudo – porque tudo está contido nela, tanto o passado quanto o futuro."
> – Joseph Conrad

Vidas futuras

Mas a hipnose consegue romper a barreira que separa o consciente do inconsciente. Em teoria, isso significa que, para o hipnotizador habilidoso, as vidas futuras não são mais inacessíveis que as passadas. Na prática, porém, as progressões não acontecem com tanta frequência quanto as regressões. Vidas futuras são impossíveis de documentar; a informação não flui tão prontamente e os sujeitos, uma vez vagando no futuro, tendem a passar por conta própria de um cenário a outro. Talvez a mente, condicionada a ver o futuro como território proibido, procure bloquear ou confundir o acervo de imagens.

A dra. Helen Wambach empreendeu um estudo-piloto chamado "Sonhos Coletivos do Futuro", no qual sujeitos hipnotizados foram conduzidos aos anos 2100 e 2300. Oitenta e nove dos 1.100 participantes viram-se encarnados em um ou em ambos os anos designados e descreveram experiências "notavelmente comuns". "Muitos mais *quiseram* ir para o futuro", disse a dra. Wambach, "mas não se sentiram humanamente vivos nesses períodos de tempo."

Talvez não estivessem vivos por falta de corpos que os acomodassem. O estudo revelou uma redução de 96% na população da Terra em 2100, quando os sujeitos relataram estar vivendo as consequências de uma vasta catástrofe. O planeta se tornou sujo e envenenado, com metade da população viva em 2100 revelando morar em cidades fechadas por cúpulas, de onde só podiam sair com máscaras contra gases. Uma dessas cidades estava localizada no Arizona, outra na Tunísia. A outra metade da população vivia à maneira de colonos do espaço, comendo alimentos artificiais e insossos com a ajuda de um estranho utensílio que parecia uma colher e um garfo combinados. Todos os vegetais haviam desaparecido, mas desapareceram também a dor, a violência e a doença. No ano 2300, segundo os sujeitos, os vegetais reapareceram, pessoas moravam por todo o sistema solar e a população da Terra dobrara.

Progressões conduzidas pelo dr. Bruce Goldberg, hipnoterapeuta de Baltimore, não revelaram nenhum desses aspectos apocalípticos – pelo menos não até o século XXV, quando uma gigantesca guerra nuclear aparentemente provocará um "tremendo decréscimo" na população mundial. As "várias observações consistentes" transcritas por Goldberg em seu livro *Past Lives, Future Lives* vão de acentuadas mudanças geográficas durante o próximo século a cidades submarinas e pílulas de informação no século XXVI. Em 2 de fevereiro de 1981, Goldberg hipnotizou um repórter de televisão de Baltimore, Harry Martin, e pediu-lhe que "lesse" as notícias da semana seguinte.

> "Se você não acredita em karma ou reencarnação, não se preocupe. Provavelmente vai acreditar em sua próxima vida."
> – Bruce Goldberg

O jornal da WBAL de 9 de fevereiro de 1981 mostrou que Martin acertara em alguns pontos de menor importância e fizera uma descrição bem fiel de um acidente de carro na área de Baltimore. Mais tarde, Harry Martin foi enviado a uma vida no século XXII, em que se viu como cientista trabalhando dentro de uma pirâmide de vidro acionada a energia solar. As trezentas pessoas que moravam dentro da pirâmide não trocavam uma palavra: sua tarefa era testar a transmissão de pensamento. Avançando até o último dia de sua vida futura, Martin descreve uma versão de alta tecnologia da eutanásia, que a seu ver o levará a um novo nascimento:

GOLDBERG: Onde você está?
MARTIN: Estou sendo levado para a sala terminal.
GOLDBERG: Continua na pirâmide?
MARTIN: Sim.
GOLDBERG: Por que vai para a sala terminal?
MARTIN: É a minha vez no esquema de substituição de unidades.
GOLDBERG: Pode descrever o procedimento?

MARTIN: A pessoa se estira numa mesa e colocam alguma coisa em seus dedos. Ela logo adormece.
GOLDBERG: Que acontece à pessoa?
MARTIN: Toda a sua energia é sugada.

Falar muito em progressão confunde a mente. Dick Sutphen, que remeteu sujeitos até o ano 4000, aventou certa feita que, em diferentes corpos espalhados pelo futuro, as pessoas talvez interajam com muitas almas que conheceram em encarnações passadas e presentes. E em 1976 perguntou: "Será que, em algum ponto do tempo, meu eu futuro regressará a 1976 a fim de descobrir suas raízes espirituais? É o que me intriga..."

O tempo é dado de graça a todos quantos aceitam a doutrina da reencarnação. E isso pode ser muito sedutor para pessoas plenamente conscientes de suas falhas e limitações. Pois, se a perfeição é inviável nesta vida, sempre haverá outra, e outra.... Com o tempo e o renascimento operando em conjunto, todos os objetivos podem ser alcançados e nenhuma virtude permanece para sempre inatingível. Um antigo conto budista fala da enormidade do tempo requerido pela longa marcha das encarnações. Apresenta-nos a imagem de uma montanha de granito com dez quilômetros de altura, dez de largura e dez de comprimento. A cada cem anos, um pássaro com um lenço de seda no bico voa até lá e passa o lenço pela superfície da rocha. O tempo necessário para o lenço desgastar a montanha é o de que precisaremos etapa após etapa, forma após forma, plano após plano.

Todavia, se o tempo não existe, alguma coisa realmente muda? A percepção, nada mais. A ordem racional se dilui ante a magnitude do panorama. E as areias da atemporalidade parecem mais vastas e imponderáveis do que as dunas do tempo.

"Se puderes perceber que o Supremo não trabalha nem no Tempo nem no Espaço, mas que Espaço e Tempo estão contidos em seu Ser [...] então saberás que o processo mutável do *Samsara* é um Sonho Congelado."
– Vasishta Ramayana

VIDAS MESQUINHAS: RENASCIMENTO NOS REINOS INFERIORES

"Só podemos nos livrar do fardo de um passado animal negando
a todas as almas a natureza subumana."
– Sri Aurobindo

"Morri como pedra e voltei como planta,
Como planta morri e como animal regressei,
Morri como animal e nasci como homem.
Por que deveria temer? Alguma vez a morte me diminuiu?"
– Jalalu' L-Din Rumi

O Espírito Divino, reza a antiga sabedoria do Oriente, permeia toda a matéria. Manifestando-se como unidades de consciência, esse poder espiritual empreende uma imensa jornada de corporificação progressiva. Encarnação após encarnação como mineral são seguidas por inumeráveis vidas como planta e, estas, por sucessivos nascimentos e mortes como animal. Mesmo quando, por fim, a forma humana é atingida, o ciclo incansável não cessa. O tempo continua avançando, fertilizando na eternidade as sementes do renascimento.

Aquilo que os sábios orientais disseram sobre a consciência ascendente dessa Grande Cadeia do Ser ecoou nos *Barddas* da antiguidade céltica. Trata-se de um documento que esboça um esquema de evolução no qual a mônada ou alma passa por todas as fases da corporificação material antes de penetrar na esfera humana. Os rosa-cruzes, ordem mística cuja origem se perde na noite dos tempos, sempre sustentaram que todo mineral encerra um "fogo vivo" ou "joia de luz" – a essência da evolução. Além disso, os achados da ciência moderna apoiam a tese de que existe consciência dentro de todos os tipos de invólucros corporais. O cientista da IBM Marcel Vogel mostrou por meio de fotografia infravermelha que cristais de quartzo armazenam e liberam energia, além de demonstrar que o crescimento cristalino pode ser afetado por padrões de pensamento humanos. Segundo vários experimentos, as plantas são "criaturas que vivem, respiram e se comunicam, dotadas da personalidade e dos atributos da alma", para citar *The Secret Life of Plants*, de Peter Tompkins e Christopher Bird. No tocante aos animais, suas faculdades mentais e emocionais são autoevidentes; a diferença não física entre os reinos humano e animal está no intelecto e não no espírito.

À primeira vista, porém, a progressão da consciência é difícil de aceitar por questões puramente numéricas. A mente não tolera a imagem de, digamos, trilhões de grãos de areia dotados de alma competindo entre si pela posse de um corpo humano. No entanto, a logística aparentemente proibitiva de canalizar a vasta matéria anímica dos minerais para a existência vegetal e depois para os menos numerosos corpos dos animais e humanos é explicada por Manly P. Hall, fundador e presidente da Sociedade de Pesquisa Filosófica sediada em Los Angeles. Ele explica que apenas os aspectos físicos dos minerais, plantas e animais são individualizados; sua entidade e sua mente são coletivas. Enquanto os humanos precisam crescer separadamente, os tipos e espécies que compreendem os reinos inferiores desenvolvem-se por meio da evolução da consciência grupal.

Dorothy Maclean, cuja comunicação psíquica com as plantas foi o que mais inspirou a espetacular comunidade Findhorn no norte da Escócia, onde flores e legumes enormes passaram a florescer num solo em que antes só medravam tojos e espinheiros, também acata o conceito da alma grupal. Escrevendo sobre a notável capacidade dessa mulher para conversar com as plantas em benefício delas próprias, Paul Hawken, em seu livro *The Magic of Findhorn*, observou: "Ficou claro que quem se manifestava não era um espírito ligado a determinado pé de ervilha ou tomate, mas uma entidade que era a planta, o molde e o arquiteto de todas as ervilhas da Terra".

Os diversos reinos naturais são ligados por aquilo que Manly Hall chama de "formas transitórias" precisas. Entre o mineral e o vegetal, há liquens e musgos; entre o vegetal e o animal, certas plantas carnívoras e outras com um sistema nervoso primitivo; entre os animais e os seres humanos, antropoides; e entre os seres humanos e a ordem seguinte, grandes iniciados e mestres – os semideuses da antiguidade clássica.

A confirmação da nossa herança animal pode ser encontrada não apenas na *Origem das Espécies,* de Darwin, mas também nos prontuários dos terapeutas de vidas passadas, muitos dos quais descobrem que seus pacientes, quando regridem o bastante em estado alterado de consciência, sentem-se e veem-se em corpos animais. O dr. Morris Netherton diz que, ao chegar às origens dos problemas particulares de seus pacientes, estes "quase sempre" descrevem um ferimento ou a morte de um animal. Deitadas no divã do consultório de Netherton, as pessoas comumente regridem a vidas como roedores, musaranhos, insetos ou, não raro, criaturas pré-históricas. Muitos dos sujeitos de Joe Keeton comportam-se da mesma maneira. Entre as reencenações mais convincentes por ele observadas estão a de uma mulher que se viu coberta por uma pele de animal de cor vermelho-parda, ao abrigo de um bloco de pedra; a de outra que se surpreendeu bicando insetos num tronco apodrecido de árvore; e a de um pedreiro que contou estar rastejando no chão, coberto de escamas. Embora a dra. Helen Wambach nunca tentasse recuperar dados de vidas animais, alguns de seus sujeitos se descobriram andando como quadrúpedes, gostassem ou não. "Olhavam para baixo e viam suas perninhas peludas", disse ela.

Os participantes dos experimentos com LSD do dr. Stanislav Grof também relataram identificação com vários antepassados animais. Esses sentimentos de identidade geralmente se aplicam a outros mamíferos, pássaros, répteis, anfíbios e peixes de várias espécies. Grof afirma que seus sujeitos podem ter "percepções nítidas do que acontece quando uma cobra sente fome, quando uma tartaruga está sexualmente excitada ou quando um salmão respira pelas guelras". Com menos frequência, vidas vegetais e animais se relacionam. Os sujeitos de Grof sentiram-se como sementes germinando ou raízes estirando-se à cata de nutrição e como consciência de coisas materiais (por exemplo, diamante, granito e ouro). "Experiências similares", escreve ele, "podem alcançar até o mundo microscópico e descrever a estrutura dinâmica dos átomos [...]"

> Na Índia, o cisne – em sânscrito, *hamsa* – simboliza a alma liberta. Os sábios mais venerados são conhecidos pelo título de *paramahamsa*, que significa literalmente "cisne supremo". Platão narra que Orfeu, após ser feito em pedaços pelas mulheres cícones, não quis renascer num corpo feminino e reencarnou como cisne. O compositor Jean Sibelius disse certa vez: "Há milhões de anos, em minhas encarnações passadas, devo ter tido alguma relação com cisnes ou patos selvagens, pois ainda sinto essa afinidade".

As leis de Manu

Seres humanos podem renascer em formas inferiores? Os hindus da antiguidade acreditavam que pessoas sem virtude iriam decerto reencarnar como feras e as veneráveis leis de Manu explicavam exatamente como essa involução podia ocorrer. Manu, santo e legislador lendário, viveu há mais de 2 mil anos. Ele estabeleceu que a vida do indivíduo era influenciada por uma destas três qualidades maiores: bondade, atividade ou trevas. As pessoas dotadas de trevas, que definia como a ânsia de prazeres sensuais, estavam destinadas a renascer na forma de algum animal, inseto ou planta. "Em consequência do apego aos sentidos e do não cumprimento dos deveres, os tolos, os mais vis dos homens, submetem-se ao mais vil dos nascimentos", pontificou Manu. E forneceu alguns exemplos claros dos atos específicos que levam certos corpos ao reino inferior: os ladrões de trigo tornam-se ratos; os ladrões de mel, insetos que picam; os ladrões de leite, corvos; e os ladrões de carne, abutres. Quem "viola o leito de um guru" assume uma centena de vezes a forma de grama, arbusto ou trepadeira. A mulher "infiel ao marido" nasce no ventre de um chacal – e assim prossegue a lista dos crimes e castigos.

Nos velhos tempos, os sacerdotes brâmanes viram nas Leis um poderoso auxílio para consolidar o sistema de castas: não havia nada como o renascimento subumano para impor a obediência. Entretanto, os modernos hindus tendem a não tomar as leis de Manu ao pé da letra, preferindo crer que as más inclinações e apetites, não as almas individuais, reencarnam em forma animal. Alegam que, como nem as plantas nem os animais podem degenerar em espécies inferiores, os seres humanos, embora mergulhem no estado selvagem, nunca serão menos que humanos.

Os antigos hindus – para quem existiam 8.400.000 tipos diferentes de nascimento, culminando na raça humana – não eram os únicos a acreditar em vidas inferiores. Os budistas cultivavam uma doutrina popular do renascimento em esferas subumanas que bem pode tê-los levado a instituir os primeiros hospitais para bichos. Os iniciados e adeptos do budismo, porém, consideram esse ensinamento simbólico, não literal, achando que o sofrimento kármico pode ser vivenciado mais proveitosamente na forma humana renovada. Não aceitariam, por seu valor de face, a advertência contida em *O Livro Tibetano dos Mortos* de que, na iminência de um nascimento animal, a alma "[...] verá, como numa névoa, cavernas rochosas, buracos no chão e cabanas de palha".

No antigo Egito, papiros com palavras mágicas do *Livro Egípcio dos Mortos** eram sepultados junto com o falecido para que este pudesse assumir "a forma que lhe agradasse". Os egípcios acreditavam dever completar um ciclo de três milênios migrando de uma espécie a outra antes de conseguir finalmente renascer como seres humanos. Essa ideia reaparece entre os inuits. O dr. Hartley B. Alexander, em seu *North American Mythology of Arctic Tribes*, explica que para eles as almas podem renascer tanto como humanos quanto como bestas e "sabe-se de algumas que percorreram toda a gama do reino animal antes de retornar à forma humana".

O nada invejável destino do rei Nabucodonosor é importantíssimo para a tradição judaica da transmigração. O Livro de Daniel (4:33) conta que o rei "foi expulso de entre os homens e passou a comer erva como os bois; o seu corpo foi molhado do orvalho do céu, até que lhe cresceram os cabelos como as penas da águia e as unhas como as das aves". Na Cabala, as almas dos maus migravam para corpos de bichos – o adúltero, por exemplo, devia se transformar em cegonha, pois, segundo se acreditava, as cegonhas punem a infidelidade conjugal com a morte. Além disso, a mistura de sementes diversas e o cruzamento de animais eram proibidos para não causar sofrimento às almas que continham.

---

* Publicado pela Editora Pensamento, São Paulo, 1985.

Os filósofos gregos também eram atraídos pela ideia do renascimento como fator da degeneração humana. Enquanto Platão explicava a evolução das aves e animais dizendo que eles provinham da deterioração das almas humanas, Pitágoras teria pedido ao ouvir o ladrar de um cão espancado: "Não lhe batas mais! A alma dele é minha amiga, reconheci-a quando ouvi sua voz!" Mas foi Plotino, fundador do neoplatonismo, quem, como Manu, se preocupou em ser bastante claro com respeito ao tipo de corpos animais resultantes das ações e desejos humanos:

> Aqueles que só cuidaram de gratificar sua luxúria e apetites passam para os corpos de animais lascivos e glutões [...]. Aqueles que degradaram seus sentidos pelo desuso são forçados a vegetar nas plantas. Aqueles que amaram a música excessivamente, mas viveram vidas puras, entram nos corpos de pássaros canoros. Aqueles que governaram tiranicamente se tornam águias. Aqueles que falaram com leviandade das coisas celestes, sempre com os olhos postos no céu, transformam-se em aves que voam para os ares elevados. Aqueles que adquiriram virtudes cívicas transformam-se em homens; caso não as possuam, tornam-se animais domésticos como a abelha.

No primeiro século antes de Cristo, o poeta romano Ovídio pôs-se no lugar de uma vítima da transmigração para escrever seu poema *Metamorfoses*:

> Tenho vergonha de dizer-te, mas direi:
> Cerdas cresciam em meu corpo.
> Não conseguia falar, apenas grunhidos
> Saíam de minha boca em lugar de palavras.
> Sentia os lábios endurecerem.
> Tinha um focinho onde antes tinha o nariz
> E minha face se curvou para olhar o chão.
> Em meu pescoço surgiram músculos possantes
> E a mão que levava a taça aos meus lábios
> Imprimiu pegadas no solo.

> As focas que aportavam às ilhas Faroe, no Atlântico Norte, revestiam forma humana uma vez por ano: era o que se pensava ainda no fim do século XIX. Um artigo do jornal do Instituto Antropológico, publicado na Inglaterra em 1872, observava: "As focas, que abundam nas partes rochosas da costa, são vistas com profunda veneração e por nada no mundo os nativos as matariam. Dizem que elas são as almas de seus amigos falecidos".

"Aquele estorninho era meu marido, George"

As antigas baladas inglesas e escocesas cantavam as almas dos homens e mulheres que migravam para corpos de animais, aves ou plantas. O folclore bretão fala de espíritos de pescadores e marinheiros materializados como gaivotas brancas. As próprias gaivotas são muito eloquentes em se tratando de reencarnação, como Richard Bach ilustra em seu sempre popular romance *Fernão Capelo Gaivota*. Sullivan, a gaivota, fala:

> Tens acaso alguma ideia de quantas vidas devemos ter vivido antes que nos ocorresse a ideia de existir algo mais neste mundo do que comer, lutar ou mandar no Bando? Mil vidas, Fernão, 10 mil! Depois, mais uma centena até começarmos a aprender que existe algo chamado perfeição e outras tantas para amadurecermos a ideia de que nosso objetivo de vida é encontrar essa perfeição e divulgá-la. A mesma regra vale para nós agora, é claro; escolhemos o próximo mundo com base naquilo que aprendemos neste.

Compreensivelmente, o conceito de seres humanos reaparecendo com cascos fendidos, bicos aguçados, coxas peludas ou qualquer outra característica animal sempre foi motivo de zombaria, mesmo entre os simpatizantes da ideia da reencarnação. William Shakespeare retomou o tema em *Noite de Reis*, pondo Malvólio a rir-se do conceito pitagórico de que "a alma de nossa avó pode estar habitando alegremente o corpo de um pássaro".

Os trocistas passam, a crença fica. Hoje, há milhões de pessoas das mais diversas culturas convencidas de que seres humanos podem reencarnar e de fato reencarnam como seres inferiores. Japoneses que moram longe dos grandes centros urbanos ainda ouvem no canto aflito da cigarra a voz do ente querido que renasceu nos bosques. Na ilha de Yap, Micronésia, diz-se que as almas dos recém-falecidos voltam como pequeninos besouros dourados. Em março de 1975, aldeões da região central do Sri Lanka recusaram-se a ajudar o departamento arqueológico da ilha a enxotar as vespas que infestavam uma antiga fortaleza de pedra durante as escavações. Seu raciocínio não podia ser mais simples: a seu ver, as vespas eram reencarnações de soldados do rei Kassapa I que guarneciam a fortaleza no século V.

Cinco anos antes, em Glasgow, Escócia, a sra. Josephine Ralston notara um estorninho descendo dos ares para assistir ao casamento de sua filha. Mais tarde, ela declarou: "Nunca tive tanta certeza de algo em minha vida. Aquele estorninho era meu marido, George". Segundo a revista britânica *Weekend*, George Ralston, morto dois anos antes, sempre dizia à esposa: "Eu acredito em reencarnação. Se voltar à Terra, será como pássaro". O estorninho não só permaneceu ao lado da sra. Ralston durante boa parte da cerimônia como alçou voo para ir ter com o noivo e a noiva no altar, acompanhando-os em seguida até a sacristia para a assinatura do registro. Ao fim da cerimônia, o pássaro voou para uma árvore na frente da igreja, pipilou alegremente e partiu.

A milhares de quilômetros dali, no "Teto do Mundo", a queda de uma mosca numa xícara de chá é vista como uma catástrofe pelos tibetanos, segundo Heinrich Harrer. O bichinho deve "ser salvo a todo custo do afogamento", escreve ele em *Seven Years in Tibet*, "pois pode ser a reencarnação de uma avó falecida. Se, num piquenique, uma formiga sobe pelas roupas da pessoa, é delicadamente apanhada e posta no chão". Quando Harrer estava lá, saiu um decreto nacional proibindo a construção de edifícios por toda parte, uma vez que vermes e insetos poderiam ser esmagados facilmente durante os trabalhos!

Há também a trágica história de Steven Shea, de 15 anos, que, na primavera de 1976, saltou de um estacionamento de vários andares em sua cidade natal de Letchworth, Inglaterra. Em seu diário, a polícia descobriu a chave dessa morte bizarra: uma passagem do *best-seller* de Richard Adams, *Watership Down*, sobre a vida numa coelheira, e uma nota que dizia: "Vou me matar para renascer como coelho". No entanto, a obsessão de Steven por revestir o corpo de um animal, tal como divulgada pela imprensa britânica sob o título "Tragédia do Garoto que Queria ser Coelho", não é tão extraordinária quando posta numa perspectiva histórica mais ampla.

Nenhuma religião oriental desenvolveu uma teoria mais abrangente da reencarnação do que o jainismo, na Índia. Ensina ele que todos passam literalmente por milhões de encarnações como terra, água, planta, fogo, vento, inseto, animal e ser humano. As encarnações como água – cada uma das quais pode durar de menos de um segundo a 7 mil anos – ocorrem em mares, lagos, rios, chuva, orvalho, geada, neve, granizo, gelo, nuvens e neblina! Acreditando que cada partícula de matéria encerra espíritos vivos, presos ali por sua própria vontade maldirigida na roda cruel do renascimento, os jainistas adotaram a filosofia da *ahimsa*, ou não ferir, contra todas as coisas vivas. Sua extrema preocupação com a vida é conservada ainda hoje, e os jainistas devotos devem obedecer à *ahimsa* em seus mínimos detalhes, sem concessões; por exemplo, não podem matar sequer os vermes encontrados nos legumes.

Turistas ocidentais na Índia ficam perplexos ao ver a lentidão com que os monges jainistas, trajados de branco e com máscaras para não inalar toxinas, caminham evitando pisar no menor inseto que encontram. Os mais piedosos recusam-se a viajar de carro por causa dos riscos que isso implica para a vida dos insetos e procuram, quando sobem aos santuários das montanhas, ser levados de cadeirinha por carregadores hindus, cujo zelo pela vida não se estende à preservação de mosquitos, larvas e besouros.

O vegetarianismo repousa no princípio de que criaturas vivas, infundidas de espírito divino, não devem ser devoradas por seres humanos. Imagine-se então os apuros dos pescadores birmaneses, cujo ofício contraria a tradição religiosa de seu país! Na escala social, somente o agente funerário tem mais dificuldade em casar uma filha do que o pescador, pois os males praticados por este sem dúvida o trarão de volta à Terra num dos reinos inferiores, provavelmente o aquático. Como a necessidade há muito exige que racionalizem sua sina, os pescadores, em vez de matar os peixes e incorrer em castigo na próxima vida, apenas depositam o que apanharam à beira do rio, para secar ao sol. Se o peixe for infeliz a ponto de morrer durante a operação, azar dele. O pescador, pelo menos, não poderá ser acusado!

Funcionários do governo também se eximiam de responsabilidade da mesma maneira quando a Birmânia esteve sob regime militar no fim dos anos 50. Os soldados que deviam tirar os cães vadios das ruas da capital, Rangoon, receberam ordens de colocar carne envenenada nas principais calçadas da cidade. Juntaram então, prudentemente, pedaços de carne pura aos outros: desse modo, os cães tinham a oportunidade de exercer seu livre-arbítrio e os matadores não podiam ser acusados de violar a lei budista.

Os xamãs dos indígenas cherokees imaginaram uma maneira igualmente engenhosa de perdoar os caçadores da tribo pela morte dos animais de que se alimentavam. Depois de atribuir a cada animal um prazo de vida definido, que não poderia ser encurtado por meios violentos, os xamãs decretaram que, se algum morresse prematuramente, a morte seria apenas temporária. O corpo ressuscitaria de imediato, das gotas do sangue derramado, para renovar sua vida até o fim do período prescrito.

> Ainda em 1870, algumas criadas do vicariato de St. Cleer, Cornualha, recusavam-se a matar aranhas por acreditar que seu patrão falecido, Parson Jupp, renascera como uma delas.

Apetite felino entre os tupinambás

Muito enraizada no folclore das tribos africanas e sul-americanas era a crença de que inimigos reencarnam em corpos de bestas selvagens. Na América Latina, a forma mais temida adotada por inimigos renascidos é a onça ou jaguar. O historiador peruano do século XVI, Garcilaso de la Vega, escreveu sobre tribos adoradoras do jaguar cujos membros, quando encontravam a fera, se deixavam matar sem resistência. Sabe-se que alguns canibais, falando como se fossem esses animais renascidos, explicavam seu gosto por carne humana em termos de apetite felino. O explorador Hans Staden, no século XVI, mantido como escravo entre os tupinambás da costa brasileira, assim descreveu uma repugnante visita que fez a seu senhor indígena:

Ele tinha diante de si um grande cesto cheio de carne humana e ocupava-se em trincar um osso. Aproximou-o de minha boca e perguntou se eu não gostaria de experimentar. Eu lhe disse: "Poucos bichos selvagens devoram sua própria espécie; como quer então que eu coma carne humana?" Então ele, retomando sua refeição, explicou: "Sou uma onça e gosto desta carne".

Os zulus supunham que seus mortos passassem, de acordo com a hierarquia, para os corpos de diversos tipos de serpentes e lagartos. Os betsileos de Madagascar – que amarravam os corpos dos nobres ao pilar central da cabana da família e deixavam-nos apodrecer ali – acreditavam que as serpentes chamadas *fanany* nasciam de um pote colocado debaixo do cadáver. A pequena *fanany* era levada ao túmulo depois que os restos humanos haviam sido sepultados e, meses depois, uma píton plenamente adulta emergia para ser tratada como rainha. As almas dos membros comuns da tribo assumiam corpos de crocodilos e os maus elementos degeneravam em enguias. Uma prática corriqueira entre as tribos bagesu e wanyamwesi da África oriental consistia em atirar os cadáveres às hienas. Por isso, o uivo da hiena ao cair da noite sempre tinha um significado: era a voz da última pessoa falecida na vizinhança.

Nem sempre, segundo as crenças nativas, as almas humanas migram para corpos de animais. Em muitas partes do mundo, pensa-se que estes reencarnam em sua própria espécie, regularmente. De fato, havendo necessidade de alimento, exige-se que os seres humanos façam de tudo para apressar o processo. Até hoje, na Venezuela, ossos de peixe são enfiados nas fendas das estacas e nos tetos de palha das cabanas dos indígenas waraos. Essa contribuição arquitetônica é fruto do respeito e da esperança, pois se acredita que dos ossos velhos nascerão peixes novos. Para garantir seu suprimento de salmão, os índios kwakiutl da Colúmbia Britânica nunca deixam de devolver ao mar as espinhas e entranhas dos peixes, pois assim a alma do salmão poderá reanimá-las. Queimar as espinhas, pensam eles sem sombra de dúvida, eliminaria a possibilidade do renascimento. Os índios hurões e ottawas nunca incineravam os restos dos peixes pelo mesmo motivo, temendo irritar suas almas e afastar das redes os peixes ainda encarnados.

Os esquimós do estreito de Bering, acreditando que focas, morsas e baleias permanecem ligadas às suas bexigas, praticavam um ritual para apressar o renascimento dessas espécies tão necessárias à sua sobrevivência. Os caçadores removiam cuidadosamente e preservavam as bexigas de todos os animais marinhos abatidos para apresentá-las num solene ritual anual. Depois de uma homenagem com danças e oferendas de alimentos, as bexigas eram levadas para fora e jogadas na água fria por frestas no gelo. Devolvendo-as ao mar, os nativos imaginavam que as almas dos animais, felizes com tão gracioso tratamento, voltariam de boa vontade em novos corpos, para de novo serem lancetadas e arpoadas.

> O artista húngaro Desider Mockry-Meszaros pintou cenas pré-históricas que dizia evocar de encarnações anteriores. No *New York Times* de 9 de fevereiro de 1930, ele declarou: "A lembrança do mamute que me apavorava veio com perfeita clareza. Contemplei a face da Terra quando ela mal acabava de sair da era vulcânica. E recordações de uma encarnação ainda mais remota, como habitante do mundo subterrâneo de outro planeta, fornecem temas para meu lápis e meu pincel".

A Lei de Haeckel

Os instintos de atividade e migração levam os animais terrestres, aves e peixes a reproduzir padrões aprendidos ao longo de muitas vidas. Por exemplo, após quatro gerações longe do material com que constrói seu ninho, o pássaro tecelão africano ainda é capaz de modelá-lo como só sua espécie sabe fazer. A enguia de água doce, o salmão e a truta arco-íris migram para os mesmos rios que serviram de morada a seus ancestrais, atravessando mares e correntes, supõe-se, graças a uma sensibilidade há muito desenvolvida para produtos químicos, temperatura, velocidade e direção. Entretanto, é a Lei de Haeckel que mais implica a reencarnação do ponto de vista da ciência biológica. Assim chamada em homenagem a um cientista alemão do século XIX, essa lei preceitua: "Na ontogenia, a filogenia reaparece". Ou seja, nas etapas formativas de qualquer vida individual, observam-se mudanças corporais que refletem a história evolucionária da espécie. Cada fase do desenvolvimento do embrião humano é uma impressionante recapitulação de formas correspondentes à vida do protozoário unicelular, da medusa, do verme, do réptil dotado de guelras e do macaco! Muitos biólogos atribuem essa mudança progressiva a uma programação do material genético. Mas, com isso, negam o componente espiritual que sem dúvida existe no âmago do processo químico.

Parece que a experiência da alma em vidas recentes se reflete tanto nos seres humanos quanto nos animais. Em apoio desse princípio, o yogue do Himalaia Sri Swami Sivananda (1887-1963) declarou enfaticamente que os bichos de estimação foram humanos vitimados por uma queda na escada evolucionária. Escreveu ele:

> Alguns cães recebem tratamento principesco em palácios de reis e aristocratas. Andam de carro, comem iguarias e dormem em almofadas. São criaturas humanas que degeneraram.

Swami Sivananda e os que pensam como ele constituem minoria, porém. No entender da maioria dos que acreditam na alma, o impulso contínuo para cima é inerente à evolução física e espiritual. Isso indicaria que animais dotados de certas qualidades como afeição, lealdade e inteligência já quase alcançaram o nível humano, enquanto pessoas de natureza grosseira entraram para a família dos humanos saindo há pouco da existência animal. Sybil Leek, a inglesa que morreu na Flórida em 1982, diz o seguinte a respeito de selvagens, criminosos e malfeitores em geral:

> Talvez entendêssemos melhor as pessoas que "agem como animais" se as víssemos como egos pouco desenvolvidos, chegados há pouco ao reino humano. São como crianças num jardim de infância, incapazes de compreender e muito menos de seguir as regras que o homem, evoluindo, aprendeu.

O renascimento, como meio de combater a ignorância e propiciar a compreensão, é a chave para a continuidade do aprendizado. Nascer uma vez é abrir os livros; nascer muitas vezes é fazer um curso. Somente por intermédio de repetidas encarnações podemos progredir e consolidar, cumprir a promessa e dar significado espiritual ao que, de outro modo, seria uma inovação vazia. Quanto maior o número de encarnações, maiores as chances de entender o plano que rege o processo. E, tão seguramente quanto o nascimento se segue à morte, o respeito humano pela vida em todas as suas formas aumenta na medida da compreensão de nossas origens remotas.

> Durante anos, Rosemary Brown, autora de *Unfinished Symphonies*, escreveu músicas a ela ditadas por espíritos de compositores falecidos, de Bach a Debussy. Quando perguntaram ao espírito de Franz Liszt por que ela, carente de conhecimento musical, fora escolhida para a tarefa, ele respondeu que seus serviços haviam sido postos à disposição "em vida anterior". Liszt fez o que pôde para explicar o processo da reencarnação: "O que acontece lembra o brotar de um ramo numa árvore ou planta. Na Terra, vocês se imaginam seres completos. Mas, em verdade, apenas uma parte de vocês se manifestou por meio do corpo físico e do cérebro. O resto permanece em espírito, mas está ligado e integrado à pessoa".

Ascensão à superconsciência

Mas aonde leva toda essa evolução? Do mineral à planta, ao animal, ao humano [...] e a que mais? Assim como a rocha que, acariciada pela folhagem, não consegue liberar sua sensibilidade, assim nós, cegos, damos de ombros ao futuro. O futuro jaz no progresso da superconsciência, um estado para além do alcance da reencarnação física. É de crer que as criaturas desse Novo Amanhã mental olharão para os seres humanos da mesma maneira – embora, esperamos, com mais compaixão – que os seres humanos olham os animais. Presumivelmente, em algum outro plano da realidade suprassensível, o Amanhã já exista para a raça humana – agora, espetado como um espécime de borboleta sob o olhar de seu sucessor. Esse olhar talvez repita interminavelmente os mesmos erros antigos e leve aos mesmos sofrimentos de antes. No entanto, como o reino animal, não se pode esperar que a raça humana evolua por si mesma até o estado de perfeição. Etapas progressivas de desenvolvimento satisfazem a essa exigência.

A raça humana é comparável a uma classe de alunos que nunca melhora seu desempenho porque os que aprendem as lições saem e são substituídos por outros da série inferior. Os que se formam (segundo o desencarnado Frederic Myers, ex-professor de literatura clássica da Universidade de Cambridge que, depois de morrer, comunicou suas experiências a médiuns de diferentes partes do mundo) vão galgando os planos superiores, deixando para trás a forma e a matéria para residir, "não apenas fora do tempo, mas à margem do universo" e integrar-se a Deus.

Por estranhas que essas peregrinações celestiais possam parecer, elas seguramente não são mais impossíveis que a evolução humana a partir do reino mineral. A evolução não será coagida pela imagem acanhada que temos de nós mesmos. Sri Aurobindo, o falecido yogue indiano, escreveu: "A alma não obedece à fórmula da humanidade racional; não começa aí nem aí termina; tem um passado pré-humano; tem um super-humano futuro".

"Acordamos e estamos numa escada. Há outras escadas por baixo de nós, que aparentemente galgamos; há escadas acima de nós, muitas delas, que sobem e se perdem de vista."
— Ralph Waldo Emerson

GUERREIROS INTRÉPIDOS E A FALÁCIA DO SUICÍDIO

"Não se morre quando morre o corpo."
— BHAGAVAD-GITA (2:20)

"O suicídio frustra o plano do ente que plasmou a personalidade [...]. Por sorte, o ente está muito além do alcance das tendências destrutivas do homem."
— MANLY P. HALL

Uma vez que não conhece o medo, o guerreiro que acredita em reencarnação é o mais indomável dos lutadores. Tão profunda é sua aceitação do renascimento que ele pode envolver-se no pior dos massacres e ainda assim ter certeza de que sairá espiritualmente ileso. Não importa quão ameaçadora e desvantajosa seja a situação da batalha, a firmeza interior nunca lhe faltará. Com efeito, o homem que vai guerrear *sabendo* que voltará à Terra já está, em certo sentido, morto. Resignado ao impensável, ele ultrapassou a compreensão puramente intelectual da reencarnação: mergulhou no próprio processo.

A história está repleta de guerreiros intemeratos que literalmente riram da morte. A tradição budista sustenta que a reencarnação era de início privilégio da casta militar, que não deixava a doutrina chegar indevidamente às massas. Os celtas, os druidas, os essênios, os antigos germanos e escandinavos, várias tribos indígenas norte-americanas e, mais recentemente, os japoneses na Segunda Guerra Mundial, todos hauriam sua coragem da ideia de reencarnação. Cada passo rumo à morte os aproximava mais da próxima vida, que não deixaria de ser enriquecida pelo valor, pelo sofrimento e pelo sacrifício do momento presente.

Todos os que viram esses valentes em ação e viveram para contar a história maravilharam-se com sua fortaleza de ânimo. Lutando contra os romanos no século I d.C., os essênios, ordem monástica da Palestina, impressionaram o historiador judeu Flávio Josefo pela capacidade de "ficar acima da dor graças à generosidade de seu espírito". Escreveu ele na *História da Guerra Judaica*:

> Riam em pleno sofrimento e gargalhavam para irritar aqueles que lhes infligiam torturas. Renunciavam à própria alma com grande estardalhaço, como se esperassem recebê-la de volta.

Assim como todos, os guerreiros que acreditam na reencarnação também lutam pela vida. A dupla exortação do destino e da justa causa supera a injunção kármica para não matar e inspira um fanatismo controlado, propositado. Esse fanatismo é que enervou os legionários romanos na Bretanha em 61 d.C., quando Suetônio Paulino foi encarregado de subjugar os celtas e druidas rebeldes. Como se estivesse reproduzindo imagens de pesadelo, o historiador romano Tácito descreveu a aterradora recepção que teve o exército romano ao chegar à ilha sagrada de Mona, hoje Anglesey:

> Na praia postava-se o exército inimigo com suas densas fileiras de guerreiros armados, enquanto, entre os batalhões, viam-se mulheres desvairadas, vestidas de negro como as Fúrias, de cabelos ao vento e empunhando tochas. À volta, os druidas erguiam as mãos para o céu e proferiam tremendas imprecações, assustando nossos soldados com aquele espetáculo inusitado.

Na antiga mitologia céltica, os cadáveres dos guerreiros mortos eram atirados ao caldeirão do renascimento, de onde emergiam robustecidos e prontos para lutar de novo. Todavia, ficavam mudos, o que talvez fosse uma maneira simbólica de explicar que o soldado comum, esquecido da encarnação anterior, era incapaz de transmitir suas experiências. Júlio César, o grande general e estadista romano, observou que os celtas eram, "em grande parte, induzidos à coragem" pela segurança que advém da crença na reencarnação; e o poeta latino Lucano admirava os druidas por não sentirem o pior dos medos, o medo da morte. "Por isso, seus corações belicosos os atiram contra o gládio", escreveu ele no poema *Farsália*, "por isso saúdam galhardamente a morte, considerando uma covardia apegar-se a uma vida que retornará."

Não é por acaso que o diálogo do Bhagavad-Gita, a grande escritura hindu permeada de lições sobre o renascimento, acontece no campo de batalha. A mensagem da reencarnação nunca é tão urgente e premente quanto no instante em que a vida humana está em jogo. Enquanto os exércitos inimigos se alinham na planície de Kuruksetra, o senhor Krishna lembra a seu amigo e devoto Arjuna que não há nascimento nem morte para a alma, pois esta "não pode nunca ser despedaçada por nenhuma arma". Recomendando a intrepidez por uma questão de princípio religioso, Krishna instrui seu discípulo:

> Somente o corpo material da entidade viva indestrutível,
> imensurável e eterna está sujeito à destruição. Portanto,
> luta, ó descendente de Bharata!
>   (Bhagavad-Gita, 2:18)

"A Morte por Mil Golpes de Espada" era um castigo utilizado na China do século XI para impedir a reencarnação dos criminosos mais contumazes. Crimes de traição, assassinato de parente próximo e de três ou mais membros de uma única família, além da mutilação da pessoa viva por razões de bruxaria, mereciam essa pena excruciante na qual um hábil espadachim fatiava o corpo do condenado 999 vezes. De acordo com a crença de que os espíritos reencarnam assumindo sua forma corpórea anterior, a *ling ch'ih* ou "morte por fatiamento" visava literalmente a anular as chances de reencarnação do condenado. "Amarram o criminoso a uma cruz e, por uma série de cortes dolorosos, mas não necessariamente mortais, seu corpo fica tão dilacerado que se torna irreconhecível", escreve Ernest Alabaster em *Notes and Commentaries on Chinese Criminal Law*. A tortura, porém, era reduzida ao mínimo porque a morte sobrevinha geralmente ao terceiro golpe.

Muitos guerreiros indígenas norte-americanos também alimentavam convicção similar de perpetuidade. Morrer honrosamente em combate assegurava um renascimento mais feliz, estando o folclore indígena recheado de relatos sobre bravos que voltaram à vida. Em 1873, o antropólogo francês Alphonse Pinart explicava "a extraordinária coragem" dos indígenas tlingits da Colúmbia Britânica recordando que, longe de temer a morte, eles a buscavam "fortalecidos pela expectativa de voltar logo a este mundo numa situação melhor".

Enganados pela mitologia

Ironicamente, o mesmo credo que tornou os indígenas implacáveis em batalhas locais abalou-lhes a resistência na conjuntura mais crítica de sua história: quando, em diversas partes das Américas, foram atacados por aventureiros europeus. Antigas lendas disseminadas pelo continente falaram, durante séculos, sobre o retorno dos "heróis da aurora" – belos, vigorosos na guerra e decididos a recuperar o poder, a glória e as terras de outrora. Assim, no início, os invasores caras-pálidas do Novo Mundo, em vez de encontrar uma resistência geral, foram recebidos com agradável perplexidade que não raro se transformava espontaneamente em jubilosa acolhida. Não espanta, pois, que os impérios asteca e inca se submetessem tão depressa às ambições imperialistas de uns poucos rufiões espanhóis com suas pesadas armaduras! Na costa oriental dos Estados Unidos, os indígenas de Maryland sucumbiram à mesma falácia mitológica. Convenceram-se de que os homens brancos desembarcados em suas praias eram os representantes renascidos de uma geração há muito perdida, de volta para reclamar um território outrora deles.

A reencarnação, na orgulhosa tradição guerreira dos japoneses, é um grito de desafio lançado pelo desejo mais ardente de servir a pátria para sempre. O renascimento, para o militar japonês, é *Shichisho Hokoku* ou *Servir a Nação por Sete Vidas*, lema que adornava as faixas de cabeça dos pilotos *kamikaze* na última fase da Segunda Guerra Mundial. Esse brado de guerra cheio de determinação e arrojo – mais anseio incontido pelo renascimento do que certeza inabalável de sua realidade – remonta ao século XIV e à nobre derrota do samurai Kusunoki Masashige, fiel servidor do imperador Godaigo. Masashige acumulara vitória após vitória contra forças superiores mas, na batalha do rio Minato, em 1336, suas tropas foram irremediavelmente suplantadas em número. Quase ao fim da luta, Masashige, sangrando por onze ferimentos, retirou-se do campo de batalha com seu irmão mais novo, Masasue, para uma casa de fazenda próxima, a fim de praticar o *harakiri* e evitar a captura. Estando prestes a abrir o ventre, Masashige perguntou ao irmão qual seria sua última vontade, ao que Masasue respondeu: "Gostaria de renascer sete vezes no mundo dos homens para destruir os inimigos da Corte". Satisfeito com a resposta, Masashige teria expressado o mesmo desejo antes de cometer suicídio.

E assim foi que os pilotos *kamikaze*, também confrontados pela derrota irremediável, adotaram idêntica postura em suas missões suicidas contra as belonaves americanas no Pacífico. "Vocês já são deuses, sem desejos terrenos [...]", dizia-lhes o vice-almirante Takijiro Onishi, o principal responsável pela adoção da estratégia suicida. Os pilotos, na maioria com idades entre 20 e 25 anos, correram a apresentar-se como voluntários para o que era considerado o privilégio da *rippa na shi*, a "morte esplêndida". Implorando para subir aos ares e agradecendo aos oficiais mais velhos quando escolhidos, saboreavam de antemão o inefável instante do autossacrifício, quando piloto e aparelho, mergulhando a 900 km por hora, atingiam o casco de aço, envolvendo-o em furiosas labaredas. Esse era o sonho. Na realidade, porém, os aviões de um só lugar dos *kamikaze*, com o nariz repleto de explosivos de alta potência, nem sempre conseguiam atingir os conveses dos porta-aviões e eram tragados pelo oceano. Mas, para os pilotos, a eficiência vinha depois da honra. Antes de voar para a morte em 28 de outubro de 1944, Matsuo Isao, da Heroes' Special Attack Unit [Unidade Especial de Ataque dos Heróis], escreveu:

> Serei o escudo do Imperador e morrerei limpamente com o comandante do meu esquadrão e outros amigos. Gostaria de renascer sete vezes para, em cada uma, golpear o inimigo.

Ao fim da guerra, cerca de 5 mil japoneses haviam morrido em vários veículos *kamikaze* – aviões, lanchas e torpedos tripulados. Mas não eram os únicos guerreiros sem medo da Terra do Sol Nascente que se apegavam apaixonadamente a seus ideais. Em batalha após batalha na Guerra do Pacífico, soldados japoneses se recusavam à rendição lançando ataques violentos e suicidas. Talvez as cenas mais assustadoras tenham ocorrido na ilha de Saipan, em julho de 1944, quando 3 mil japoneses, armados apenas de baionetas e porretes, carregaram contra o fogo nutrido das metralhadoras dos fuzileiros navais americanos. Em ondas sucessivas, eles avançavam e sucumbiam ante a chuva mortal das balas. A espaços, era preciso deslocar as metralhadoras, pois os cadáveres dos japoneses formavam pilhas tão altas que obstruíam a linha de tiro.

Apesar do fim das hostilidades e do surgimento do Japão como poderosa nação industrial, o espírito das "sete vidas", embora enfraquecido, não desapareceu de todo. Yukio Mishima que o diga. Considerado o maior romancista do país na era moderna, Mishima se insurgiu publicamente contra a erosão do patriotismo em sua terra e escreveu livros que muitas vezes abordavam o tema reencarnacionista. Em sua última obra, a série de quatro romances intitulada *O Mar da Fertilidade*, o protagonista reaparece em cada um como a reencarnação do herói desaparecido, identificado por quatro verrugas no flanco, que passam de vida em vida. Enquanto escrevia essa obra, Mishima organizava seu próprio exército particular, a *Tatenokai* ou Sociedade do Escudo, para defender o imperador da ameaça do comunismo. Em 25 de novembro de 1970, Mishima e quatro estudantes membros da *Tatenokai* tomaram um general-de-exército como refém na base militar de Ichigaya. Ali, exibindo sua *hachimaki* ou faixa de cabeça com o lema de guerra *Servir a Nação por Sete Vidas*, Mishima apareceu na sacada sobre o pátio de manobras para falar, a um grupo de soldados apressadamente reunidos, sobre o declínio dos valores nacionais. Em seguida, retirou-se para praticar o *hara-kiri* diante do general aprisionado. Como Masashige e os *kamikaze* que o precederam, Mishima amava a reencarnação e sua vontade foi robustecida por essa ideia; mas ela era mais uma esperança passional que uma crença. A última nota deixada por esse trágico herói japonês sobre sua escrivaninha já dizia tudo: "A vida humana é limitada, mas eu gostaria de viver para sempre".

> Muitas das assim chamadas religiões novas do Japão incluem o renascimento no conjunto de crenças desenvolvido durante os últimos 140 anos. Para a *Tenrikyo* – seita que alega ter mais de 2 milhões de adeptos –, o homem renasce várias vezes e os filhos herdam as consequências das vidas anteriores dos pais.

A porta giratória

Premido entre a morte honrosa do xintoísmo nativo e a inspiração reencarnacionista do budismo importado, Mishima não teria posto fim à própria vida caso acreditasse de fato no renascimento. Embora o *hara-kiri* exija muita coragem, os reencarnacionistas advertem para as repercussões kármicas da morte voluntária. Nos países onde a população em geral acredita na reencarnação, o suicídio, por infringir a lei cósmica, raramente é cometido. Pensa-se que os problemas causadores desse ato de desespero não podem ser evitados: eles apenas se acumularão para desfechar um ataque talvez ainda mais sério em outra vida.

O grande escritor russo Leon Tolstoy observou em seu diário:

Como seria interessante escrever sobre as experiências, nesta vida, de um homem que se matou em outra! Sobre como ele agora tenta fugir às exigências que antes se lhe apresentavam, até compreender que deve cumpri-las!

Talvez o reaparecimento dessas enormes pressões, agravadas pelo ônus do autoassassinato, crie a tendência ao suicídio numa vida e o recrie na seguinte. O dr. Ian Stevenson relata o estranho caso do brasileiro Paulo Lorenz, que afirmava ser a reencarnação de sua irmã falecida, Emília. Emília se matara ingerindo cianureto em 12 de outubro de 1921 – catorze meses antes do nascimento de Paulo. Durante seus primeiros 4 ou 5 anos de vida, ele vestia roupas de menina, brincava de boneca e tinha até a mesma habilidade da irmã na costura. Revelava também os instintos autodestrutivos de Emília. Tentou várias vezes se matar até consegui-lo em 5 de setembro de 1966, encharcando as roupas do corpo com líquido inflamável e ateando-lhes fogo. Stevenson escreveu em *Twenty Cases Suggestive of Reincarnation*: "Em vários outros casos nos quais a personalidade anterior relacionada se matara, o sujeito revelou tendências suicidas".

A personalidade suicida pode se sentir capaz de fugir ao mundo livrando-se do próprio corpo; mas a porta giratória da reencarnação concede vida curta a qualquer esperança de aniquilamento. Aqueles que ficam sabendo, sob hipnose, que se mataram em vidas passadas logo chegam à compreensão de que o suicídio, longe de dar resposta aos problemas da vida, é no máximo uma tática de evasão nascida da ignorância. Em *Reincarnation as a Phenomenon of Metamorphosis*, Guenther Wachsmuth descreve o ato suicida como a ruptura violenta da linha da vida "com base no conhecimento de uma fração dela". E acrescenta que, se a pessoa pudesse antever a intensificação resultante da dificuldade que terá de enfrentar na próxima vida, esse ato jamais seria cometido. No entanto, para algumas, a crença na reencarnação realmente *estimula* o suicídio. O especialista em saúde mental dr. J. William Worden, professor-assistente de psicologia na Faculdade de Medicina de Harvard, cita vários casos em que indivíduos decidiram dar cabo da própria vida acreditando que outra melhor os aguardava da próxima vez! Parece altamente improvável que a autodestruição seja recompensada com alegria; ao contrário, médiuns e videntes em geral asseguram que a morte não traz nenhum alívio ao sofrimento, pouco importa quão fartos de viver estejam os suicidas. A experiência entrevidas, segundo se acredita, é caracterizada por uma forte sensação de privação física porque o eu espiritual e o eu físico do suicida não estão preparados para se separar. Desse modo, a entidade aflita inicia uma busca infrutífera pelo corpo tão repentinamente descartado.

    A sólida popularidade do suicídio (31.142 casos bem-sucedidos e cerca de 775.000 tentativas fracassadas nos Estados Unidos em 1994), para não falar da proliferação de manuais do suicida no mundo ocidental durante os últimos anos, demonstra que tanto a visão mística quanto a evidência científica do estado *post mortem* vêm sendo desdenhosamente ignoradas à medida que esse ato se torna cada vez mais aceitável pela sociedade. O mais espalhafatoso dos guias de "como fazer", um livro francês intitulado *Suicide: Operating Instructions*, equaciona suicídio e revolta contra a ordem estabelecida – tese mais profunda do que o autor deve ter suposto – e chega a explicar como falsificar receitas médicas para adquirir drogas letais. Um funcionário da *Search*, organização francesa de socorro aos suicidas, condenou o manual com as seguintes palavras: "Isso é um crime. Compromete todos os nossos esforços. Nós acreditamos no renascimento, o livro só recomenda fugir da vida".

    Como reprimir o impulso autodestrutivo? O único antídoto duradouro é reconhecer que a vida, não o esquecimento, jaz para além do último suspiro. Por mais sedutor que o suicídio pareça aos profundamente desesperados, a evolução não poderá ser negada com tanta leviandade.

> "Não posso tirar minha vida porque a Vontade de realizar a Obra de Arte me traria de volta ao mundo até que eu a realizasse. Assim, apenas penetraria de novo neste círculo de lágrimas e miséria."
> — Richard Wagner, compositor alemão

PLUTÃO:

O PLANETA DO RENASCIMENTO*

"Plutão mata ou destrói, mas refaz a partir dos
elementos destruídos – do velho para o novo..."
— Fritz Brunhübner

"Plutão pode exigir um final drástico para o espetáculo."
— Alexander Ruperti

Suspenso nas profundezas geladas do espaço, o planeta Plutão descreve regularmente sua órbita nos confins do nosso sistema solar. Quase às escuras, esse orbe opaco e misterioso é o planeta mais proibido, mais inacessível que a humanidade conhece. Hostil é um adjetivo brando demais para um mundo com pouca ou nenhuma atmosfera, superfície rugosa e crivada de crateras, coberta de gelo e metano congelado, e uma temperatura média de -175 °C. Remoto é uma descrição excessivamente amena desse anátema glacial que o Todo-Poderoso condenou a girar para sempre no espaço imensurável. Mesmo quando está mais próximo do Sol, Plutão ainda se encontra a mais de *3 bilhões de quilômetros* de distância da Terra, aparecendo como uma imagem estelar difusa e amarelada nas lentes do telescópio mais poderoso.

Menor que a Terra, com um diâmetro de menos de 3 mil quilômetros, Plutão completou há pouco sua jornada lenta e cíclica rumo ao Sol. No periélio, em setembro de 1989, estava a 4.500 milhões de qui-

---
* No ano de 2006, Plutão perdeu o status de planeta. Ele agora é definido como um planeta anão. (N.E)

lômetros da fornalha solar – bem mais perto, se assim se pode dizer, do que sua distância média de 5.900 km. Plutão reflete tão fracamente a luz do Sol que é quase sete vezes menos brilhante que a mais pálida estrela visível a olho nu numa noite clara. Ainda mais indistinta é sua lua, Caronte, descoberta em 1978.

O próprio planeta foi descoberto apenas em 1930, no auge da Grande Depressão. A partir daí, os astrônomos quase que só se ocuparam de suas origens, enquanto os astrólogos consideravam essa faísca invisível no céu noturno de uma perspectiva completamente diversa. Enfatizam seu significado para a raça humana. Plutão, dizem eles, é o arauto da morte e do renascimento; apareceu por vontade própria; está lançando uma sombra sobre os negócios humanos. Governante da morte e do renascimento, Plutão é visto como uma força gigantesca nas raras ocasiões em que se encontra em Escorpião, seu próprio signo zodiacal e símbolo do sexo e da morte. O mundo esteve há pouco nessa fase. Plutão entrou em Escorpião no dia 27 de agosto de 1984 e ali permaneceu até 10 de novembro de 1995.

> Minerva, deusa da sabedoria, governa o aspecto superior de Plutão.

Uma era sem precedentes

Astrólogos do mundo inteiro saudaram a recente era de Plutão/Escorpião como potencialmente mais magnífica e aterrorizante do que qualquer outra na história. Convulsões geológicas, crise econômica, guerra nuclear, espantosas inovações tecnológicas e transformação da consciência global foram consideradas fenômenos possíveis – a morte do velho acarretando o nascimento do novo. Pois se Plutão tem uma tarefa, é a de extrair o duradouro do transitório e do desgastado.

Sobrevivemos às predições de conflito global e grandes mudanças geológicas, mas fomos avassalados pela epidemia da AIDS, vírus mutantes que escapam ao poder dos remédios, guerra e genocídio na Bósnia e Ruanda – todos acontecimentos caracteristicamente plutonianos. A mudança mais acentuada de todas foi a revolução mundial na tecnologia da informática. O amplo uso dos computadores pessoais, combinado com a introdução da internet e do correio eletrônico, apressou o advento da consciência planetária. A era de Plutão/Escorpião assistiu à emergência de um mundo só, unido eletricamente, se não espiritualmente.

No entanto, a astróloga Caroline Keenan, que examinará o atual trânsito Plutão/Sagitário no fim deste capítulo, adverte: nem todos os acontecimentos ocorridos na recente era Plutão/Escorpião vieram à luz. "Escorpião, um signo fixo, tende a encerrar-se em suas próprias obsessões e trabalho interior", diz a astróloga. "Ele inicia o 'Grande Jogo' e nos fornece pistas a seguir, quer sejamos intrépidos ou insensatos."

A mudança global profunda – física, social e espiritual – é plutoniana por natureza: toda mudança drástica ocorre quando Escorpião concede mais liberdade a Plutão. Esse trânsito sombrio e passional ocorre apenas uma vez a cada 248,4 anos – o tempo que Plutão leva para completar sua órbita em torno do Sol – e dura em média doze anos. Mas até que ponto essas eras são extraordinárias? Como a vida é o campo de provas para as afirmações astrológicas, as eras Plutão/Escorpião foram retraçadas por computador e comparadas com o curso da história nos últimos dois milênios. Fato intrigante, a busca por computador de uma correlação mostrou que alguns dos eventos mais revolucionários do mundo ocorreram durante os períodos de Plutão/Escorpião, provocando muitas vezes uma ou outra forma de renascimento planetário. Os achados podem ser assim resumidos:

Plutão/Escorpião

Período	**Eventos**
10-22 d.C.	• Vida e crucificação de Jesus Cristo. Tradicionalmente, Jesus teria morrido em 33 d.C., mas as pesquisas do historiador alemão Robert Eisler e do astrólogo de Toronto William Koenig apontam o ano 21 d.C. como o da crucificação. Antigos registros relatam que a morte de Jesus ocorreu no sétimo ano do imperador romano Tibério, que subiu ao trono em 14 d.C. Segundo Koenig, o aparecimento do cometa Halley em 12 a.C. foi a mítica estrela de Belém que anunciou o nascimento do Salvador.

504-515	• Advento do império franco sob Clóvis. Unindo muitos dos bárbaros europeus sob um único governante, o império ia, em 800 d.C., do Atlântico ao Danúbio.
997-1008	• Conversão coletiva do povo russo ao cristianismo durante o reinado de Vladimir, o Santo. • A China é unificada à força sob a dinastia Sung – o início de três séculos de prosperidade. • Os *vikings* desembarcam na costa da América do Norte.
1244-1255	• Expansão do império mongol pela Ásia e pela Europa. • Hereges são perseguidos e queimados na fogueira durante os primeiros e violentos anos da Inquisição. • Diminuem o poder e a influência das mulheres. A sociedade sucumbe à persistente intimidação eclesiástica.
1490-1502	• Auge da Renascença (literalmente, "renascimento"); novos conhecimentos, ciência, arte, literatura. • Grande Era dos Descobrimentos – Cristóvão Colombo chega ao Novo Mundo; Vasco da Gama alcança a Índia contornando o cabo da Boa Esperança. • A escravidão negra é introduzida nas Índias Ocidentais.
1737-1748	• Início da Revolução Industrial. Nascida da indústria têxtil inglesa, a nova mecanização transformou o mundo civilizado. Trabalho e lazer nunca mais seriam os mesmos. • Um violento terremoto mata 300 mil pessoas em Calcutá, Índia.

Plutão em Sagitário

Plutão entrou em Sagitário no mês de novembro de 1995 e lá permaneceu até novembro de 2008, acenando com uma transformação global ainda mais drástica. Júpiter, o senhor dos ventos e agente da expansão e do excesso, rege Sagitário. Por outro lado, Saturno, que preside à contração e à diferenciação, governa o signo ascendente de Capricórnio. Ele oferece uma imagem bastante contraditória: generosidade, mas parcimônia, abrasamento, mas colheita. Esse quadro sugere desordem e divisão, precipitadas por cataclismos físicos e recomposições políticas (ver mapa geral na p. 169).

Convém enfatizar que essa interpretação se baseia na astrologia tropical ortodoxa, o sistema aceito pela civilização do Ocidente. Há muito esquecida em nossa cultura, a astrologia sideral (pela qual Plutão entrou em Escorpião em janeiro de 1993 e permanecerá lá até janeiro de 2011) está recuperando prestígio. Seus defensores alegam que ela é uma astrologia mais espiritual, que incorpora uma compreensão maior do karma e do renascimento. Os sistemas divergem porque a astrologia tropical simboliza a relação entre as estações terrestres e os planetas, enquanto a astrologia sideral reflete diretamente as constelações fixas, com os planetas em suas posições astronômicas reais. A astrologia tropical fornece a posição do planeta pelo signo; a sideral, pela constelação. O sistema sideral, universal na origem, conserva traços dos antigos Vedas, dos egípcios, babilônios, astecas e maias. Todos esses sistemas astrológicos são capazes de examinar vidas passadas e acompanhar o progresso da alma no *bardo*. Mas os vínculos entre as reencarnações também podem ser retraçados pela astrologia tropical. Tal como a sideral, ela considera os Nodos Lunares – o ponto onde a órbita lunar corta a eclíptica – o fator mais significativo do passado e futuro kármicos.

A computação astrológica – o cálculo da energia universal que interage com o mundo físico – é o quadro contábil dentro do qual se processa o renascimento. Assim como os mundos são afetados, alterados e reformulados pela interação do desdobramento cosmológico, assim os indivíduos passam por vários nascimentos segundo o mesmo princípio. A astrologia calcula onde estamos na ordem eterna, com cada horóscopo revelando causas antigas. Clarice Toyne explica claramente em *Heirs to Eternity*:

> A alma nasce em determinado tempo (tempo computado em nosso sistema solar) em virtude daquilo que é. Ela não é o que é por causa da estrela sob a qual veio ao mundo. Foi concebida e nasceu num dado momento astrológico porque suas energias se sintonizaram com o fluxo cósmico das forças estelares naquele exato momento.

A mesma sintonia se aplica, em escala bem maior, ao atual posicionamento de Plutão, Sagitário e o planeta Terra. Um padrão específico de energia é criado por cada arranjo previsível dos céus. E esse campo de força afeta toda consciência na superfície e no interior do globo – inclusive a das rochas e minerais.

> Os antigos acreditavam em sucessivas encarnações da Terra. Segundo os estoicos, o mundo se rejuvenescia periodicamente após ser consumido por conflagrações. "Isso se deve", escreveu Fílon, "às forças do fogo vivo que existe em todas as coisas e que, após longos ciclos de tempo, as absorve. A partir daí, um novo mundo é reconstruído."

O deus do mundo subterrâneo

O nome Plutão, do grego *ploûtos* ("fertilidade"), talvez remonte ao sumeriano *Borotun*, que significa "o que tira do ventre". Na antiga mitologia grega, Plutão, deus inescrupuloso do mundo subterrâneo, simboliza o poder e a vontade. Em seus tenebrosos domínios, bem no fundo da terra, ele recebe e regenera as almas dos mortos. Plutão ("rico", em latim) é, com efeito, o porteiro da imortalidade e seus antros transbordam com o passado coletivo da raça humana. Sentado em seu trono ao lado da esposa, Perséfone, é sempre invisível, qualidade simbolizada por seu capuz, feito da pele de um cão. Em consonância com esse disfarce, a influência de Plutão é imperceptível e, às vezes, opera subliminarmente por longos períodos antes de se manifestar numa mudança drástica. Mesmo a descoberta recente do planeta, após ciclos secretos de manipulação, é característica do caráter plutoniano.

Plutão representa o inconsciente – individual e coletivo – e controla forças escondidas bem no fundo da psique dos humanos e nações. Como muitos de seus contemporâneos, a astróloga americana Isabel M. Hickey sustenta que a energia obscura do planeta continua atuando por trás da pressa, caos e confusão do mundo moderno. Ela acha que o trânsito de Plutão por Escorpião provocará o fim de "antigos erros e males", desencadeando uma operação limpeza como jamais se viu antes na história. Embora não se expressasse nesse tom acentuadamente apocalíptico, Edgar Cayce previu que forças plutonianas iriam culminar num cataclismo geológico global em 1998. E observou (preleção 1100-27) antes da Segunda Guerra Mundial:

> Dentro de cem ou duzentos anos, grande será a influência (de Plutão) sobre a ascendência do homem. Ele está, sem dúvida, bem próximo das atividades da Terra e sua influência vai crescendo, embora ainda não haja sido percebida.

Plutão governa o horror e a destruição, os terremotos e os vulcões, as cavernas, as catástrofes, as guerras, as epidemias e as inundações. Há o vínculo óbvio com o plutônio, elemento radioativo sintético muito conhecido por seu papel na construção das ogivas nucleares. Mas o planeta está também preocupado com a fecundidade que brota da morte. Nas palavras do astrólogo Stephen Arroyo: "Um dos aspectos paradoxais da natureza de Plutão é que seu simbolismo incorpora tanto as velhas formas de vida, prontas para ser eliminadas, *quanto* o poder que as irá destruir e realizar [...] uma cirurgia psicológico-emocional". A cinza vulcânica, por exemplo, talvez sugira destruição, mas produz o solo mais fértil que se conhece. Argila medicinal e água mineral são encontradas nas profundezas da Terra, mas suas propriedades podem devolver a vida aos doentes. Descobertas arqueológicas, recuperação de tesouros submersos, cemitérios, pirâmides e templos – tudo isso é plutoniano. Plutão rege também o interesse pelo renascimento, o progresso da percepção espiritual e o funcionamento da glândula pineal, nosso órgão degenerado da clarividência. Segundo Fritz Brunhübner, autor da primeira obra, hoje clássica, sobre Plutão em 1934, o planeta é responsável pelo resgate e aperfeiçoamento da glândula pineal, que ajudará a humanidade a "sair da automatização e da tecnologia mecânica de nosso tempo para uma era de regeneração, ressurreição, magia e poder criador".

Como seu contemporâneo Edgar Cayce, Brunhübner estava "plenamente convencido" de que gigantescas movimentações da crosta terrestre iriam erguer o continente perdido da Atlântida do fundo do mar. O renascimento do insondável vai de par com a morte do obsoleto. A influência de Plutão, escreveu ele: "se exercerá sobre a totalidade da vida internacional, política e econômica [...] o novo espírito já bate à porta com golpes de marreta e exige, ditatorialmente, reorganização e mudança de sistema".

Renascimento global

Por menos bem-vinda que seja uma mudança obrigatória, a atividade de Plutão, como a própria morte, é essencial para o renascimento que o progresso exige. Para renascer, é preciso antes morrer! A tarefa de Plutão consiste em apressar a mudança evolutiva, em fazer com que o homem e a raça enfrentem as dificuldades da renovação na vida e na morte. Idealmente, a humanidade buscará e realizará seu próprio renascimento unindo-se no amor, na compreensão e na tolerância das diferenças individuais. Mas, como Alexander Ruperti assinala em *Cycles of Becoming*, se os seres humanos forem incapazes de agir com lucidez, então a população mundial talvez seja forçada a unir-se na morte.

> Por meio do fogo fabricado pelo homem, os cataclismos planetários, a guerra nuclear ou a convulsão telúrica, Plutão compelirá as pessoas a reconhecer e a sentir (Escorpião) que cada pessoa é individualmente responsável pelo destino dos seres humanos em todos os quadrantes do planeta.

Se Plutão significa aniquilamento, significa também mudança, recomeço. Descendo ao âmago da experiência, separando penosamente o efêmero do duradouro, Plutão, o porteiro, é forçado a oferecer novos horizontes. Dane Rudhyar, o patriarca da astrologia na Califórnia, escreveu que Plutão "guarda o caminho que leva, através da morte inconsciente ou da Crucificação consciente, a algum tipo de reintegração celestial". Tudo isso está muito bem até sermos lembrados de que, na insensata era atômica, o caminho no qual Plutão se posta como sentinela é o caminho da guerra. Mas, se a humanidade está flertando com o desfecho da ação das mais tenebrosas forças plutonianas, talvez seja porque, em algum ponto obscuro do inconsciente coletivo, a raça humana saiba que nada tem a perder com a destruição total. Até o Apocalipse pode ser encarado positivamente quando visto como um prenúncio de renascimento. De fato, importa muito pouco o modo como a consciência global será alcançada. De uma perspectiva espiritual mais ampla, quer a conquistemos em plena vitalidade, quer pelo extermínio em massa, a exigência é a mesma: *para renascer, é preciso morrer!*

"Vede! A esperança e o anseio de voltar à nossa própria pátria, ao nosso estado anterior, lembram muito a mosca atraída pela luz! [...] Esse desejo é a quintessência e o espírito dos elementos, os quais, presos à vida do corpo humano, querem incessantemente volver à fonte. Ficai sabendo que esse mesmo desejo é a quintessência inerente à natureza e que o homem é uma imagem do mundo."
— Leonardo da Vinci

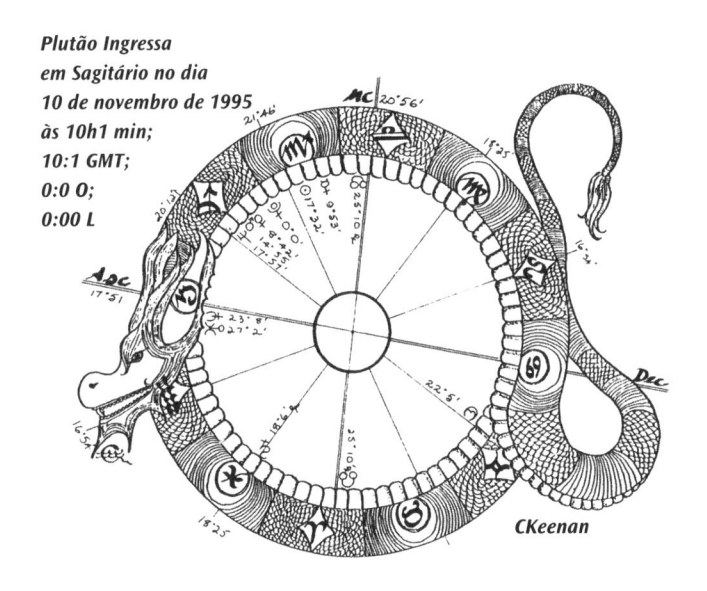

Plutão Ingressa em Sagitário no dia 10 de novembro de 1995 às 10h1 min; 10:1 GMT; 0:0 O; 0:00 L

TRÂNSITO PLUTÃO/SAGITÁRIO: 10/11/1995 A 27/11/2008.

Mapa global desenhado e analisado pela Astróloga Caroline Keenan

Quando olho para esse mapa, as palavras que me vêm à mente são: "alegre sobrevivência". A despeito – ou, talvez, em virtude – das medonhas consequências de Plutão e Escorpião, a consciência do nosso planeta inquieto despertou. Sobrevivemos ao genocídio e à podridão das epidemias para emergir das cinzas e criar uma consciência nova. Ainda carregados de dívidas kármicas, sofremos perdas e ganhamos sabedoria. Talvez não nos sintamos mais ricos do ponto de vista material, mas é de crer que tenhamos nos tornado mais humanos: o mapa – apesar das imensas dificuldades à nossa frente – é cheio de esperança e alegria. Alegria e esperança, nesse caso, são uma advertência. Para sentir alegria, precisamos *estar* alegres. A alegria contida no mapa não é uma emoção consequente à boa sorte, mas um estado mental, uma maneira de ser.

Detalhe importante, o planeta Plutão lembra a fênix que renasce das próprias cinzas. O trânsito Plutão/Sagitário pode ser considerado a era da Fênix, a transformação, o patamar que nos conduzirá ao próximo nível. O fogo da mutabilidade em ação indica uma mudança de fé e enfoque – talvez até de eixo polar na Terra – enquanto o sistema solar vai aos poucos se aproximando de um cinturão de fótons que alterará a estrutura da luz física vista em nosso mundo. Essa mudança significa discernimento.

Plutão, símbolo da reencarnação na linguagem astrológica, é membro de uma trilogia kármica. Seus parceiros são sempre os Nodos Lunares, que representam o caminho, o futuro (norte) e o passado (sul), e a Décima Segunda Casa, a lata de lixo do universo e repositório dos nossos males crônicos.

No mapa, todos os planetas ocupam a porção oriental do céu e estão ali aprisionados pelos Nodos Lunares. A Lua é a única exceção e aparece no céu ocidental para proporcionar alguma escolha livre. Os planetas seguintes estão em Sagitário (fogo universal), na Décima Primeira Casa da esperança: Plutão (metamorfose, forças subterrâneas, corrupção, renovação, eliminação, poder); Vênus (estética, valores, mulheres, influência, encanto, cooperação); Marte (firmeza de ânimo, violência, ação, homens, elegância, gume) e Júpiter (domínio, sociedade com suas estruturas religiosas, convicção, crescimento ilimitado). Opondo-se a esses planetas está a Lua, que representa grandes multidões e, neste caso, traduz o signo aéreo inconstante de Gêmeos em respostas emocionais ou agressivas da população. Isso abre espaço para um grau considerável de pânico.

A meio caminho entre a Lua e o grupo sagitariano, o planeta Saturno está alojado em Peixes. Saturno rege as estruturas e a lei universal, representando os ossos nus da existência. Eliminando tudo o que é desnecessário e erguendo barreiras, Saturno parece sempre iniciar uma nova fase e encerrar-nos em nossos limites interiores. A grande mutabilidade dessa configuração provoca muita confusão e dilema, indicando também que muitas pessoas irão se tornar foras da lei. "Sagitário é o *cowboy* autêntico", declarou o astrólogo californiano Richard Ideman. "Ele sai do *saloon* e cavalga em todas as direções."

Há outro ponto polêmico. O ascendente – aparecendo no signo terrestre de Capricórnio, móvel e universal – é a conjunção de Netuno e Urano. Isso entra em conflito com os Nodos Lunares, os quais, dividindo o mapa em Libra/Áries, capturam tudo, menos a Lua. O ascendente representa atividade, e Netuno é o fator psi ou inconsciente coletivo que junta tudo numa ação única; ele governa as águas, gases, produtos sintéticos, crenças e todas as substâncias que alteram a mente. Isso gera confusão e ilusão, refletindo imagens que combinam com Urano quando este realinha nossos campos elétricos a fim de criar engenhosidade, revolução, inovação e explosões. Essa interação indica o seguinte, durante o trânsito Plutão/Sagitário de treze anos:

Mudança de Padrões Climáticos. A crescente imprevisibilidade de tempestades e chuvas, muito comentada pela imprensa e os cientistas, se acelerará durante esse trânsito. O grande planeta Júpiter, senhor do fogo, do vento e do excesso, saúda seu próprio signo Sagitário, incentivando-lhe a caprichosa capacidade de fazer mudanças radicais.

Atividade Vulcânica e Cataclismo Geofísico. É de esperar um aumento de intensidade e frequência. Chegou, de fato, a época do tão aguardado *"Big One"*. Consequentemente, não é um bom momento para ir à praia. Aqueles que desejarem sobreviver devem adquirir um mapa tectônico, de preferência no departamento local de minas e recursos minerais, e afastar-se das fendas ali indicadas. A atividade vulcânica produzirá muita cinza e destroços, numa tentativa do planeta de renovar sua fertilidade e reinventar-se. Não haverá destruição completa – apenas desnudamento dos ossos do corpo planetário.

Problemas com Produção e Distribuição de Alimentos. Nessas condições precárias, o alimento será uma preocupação importante – sobretudo nas grandes áreas urbanas e outros locais que dependem da importação de gêneros alimentícios. A cinza que cairá sobre o mundo, acompanhada de muita chuva, nos reabastecerá. Mas isso levará tempo. As pessoas devem manter em casa estoques de comida enlatada, desidratada e em conserva.

Crise Energética. Com tanta ênfase nas mudanças climáticas e atividades tectônicas, é natural que ocorra o colapso nos serviços essenciais. O transporte movido a eletricidade, a gás, a petróleo e outros combustíveis corre risco. Inúmeros processos industriais podem sofrer cortes. Isso, por sua vez, nos dará outra visão de nosso consumo irresponsável dos recursos naturais.

Governo. Estados Unidos e Canadá têm a Lua em Gêmeos, no seu mapa básico, o que sugere um elemento gemelar, de divisão em dois. Haverá novas fronteiras no mundo, politicamente ou como resultado de cataclismos físicos. A instabilidade política já se tornou notória, com países unidos tentando volver às suas partes componentes. Os canhestros controles federais talvez já não funcionem, levando à desintegração.

Tecnologia. Outro passo gigantesco à frente parece provável. Ensinamos a nós mesmos o funcionamento do nosso cérebro graças ao uso da tecnologia e, assim fazendo, ampliamos nossa capacidade.

Eliminação. Embora nenhum planeta esteja na Décima Segunda Casa, Júpiter e todas as suas atividades regem a ação nesse mapa. Júpiter é o planeta do excesso e tudo o que lhe diz respeito se realiza em grande escala. Aparentemente, todos nos juntaremos para testemunhar, e integrar, alguma grande irrupção de energia transformadora. Tudo o que se estragou será eliminado. E, se muitos perderão a vida, a maioria sobreviverá para assistir ao advento da Nova Ordem.

Resumo. O posicionamento de Plutão, os Nodos Lunares e as condições da Décima Segunda Casa sugerem que estamos prontos para o alvorecer da Nova Ordem. Quem optar por viver aguçará a percepção para a realidade de que nós – cada rocha, árvore, pássaro, animal e ser humano do planeta – somos uma única entidade sensível. Avançaremos com mente aberta para encontrar o futuro, sem medo e cheios de confiança.

Sobreviveremos!

INVESTIGAÇÃO PESSOAL DE VIDAS PASSADAS

"... Explore o Rio da Alma; de onde e em que ordem você veio..."
— Zoroastro

"Cada encarnação que evocamos deve nos ajudar a
entender melhor o que somos."
— Aleister Crowley

A mente humana é como uma âncora que permaneceu por muito tempo no fundo do mar: para ser devidamente apreciada, temos de arrancá-la do lodo da ilusão de seu ambiente funcional e limpá-la dos depósitos que grudaram nela. Assim como a âncora está quase sempre coberta de algas e cracas, assim a mente é acossada por enxames de pensamentos e emoções que mascaram sua verdadeira natureza. Essas camadas de obscurecimento mental precisam ser removidas antes que o investigador pessoal de vidas passadas comece a buscar lembranças de encarnações anteriores. Por intermédio da meditação profunda, a atenção deve ser desviada de todos os tipos de distrações, internas e externas, para se concentrar na contemplação do cenário eterno. Então, e só então, pode a mente – calma, desimpedida e receptiva – mergulhar à cata do tesouro submerso da lembrança.

Não é fácil. As emoções de cada novo nascimento, compostas de cuidados, preocupações e distrações do momento atual, afastam o eu das imagens mentais de vidas passadas. O que é mais grosseiro e está mais próximo sempre bloqueará o que é mais fino e está mais longe. Ir além da consciência do cotidiano, ignorar temporariamente a maneira normal de perceber e tratar o mundo vai contra todos os condicionamentos sociais e exige enorme persistência. Assim como a procura do ouro, a trilha que leva ao despertar da memória de vidas passadas em geral descreve um zigue-zague por terreno difícil e tem de ser percorrida incansavelmente para se encontrar e escavar o veio rico, que de momento só existe por sugestão alheia. Logo de início, são necessários a capacidade de relaxar, o poder de concentração, a vontade de ir em frente e a paciência para aguardar os resultados.

A técnica – e há muitas variações em torno do tema básico – é aplicada sem a orientação de um guia ou colaborador e sem o recurso à hipnose. Indispensáveis, porém, são um ambiente tranquilo e um forte desejo de cruzar repetidamente os abismos que separam o nascimento da morte. No entanto, exige-se bem mais da pessoa que o mero anseio de conhecer vidas passadas. Os "exploradores" precisam decidir de vez se querem mesmo empreender – e enfrentar – essa busca sempre imprevisível. Colin Bennett, autor de *Practical Time Travel*, um manual publicado em 1937 para incentivar a busca da experiência da reencarnação, adverte o investigador pessoal: "Vagar, embora em caráter provisório, longe da posição específica no tempo e no espaço que chamamos de momento presente, parece excitante – e é. Mas não se recomenda mais aos espiritualmente instáveis do que uma travessia do Atlântico num barquinho de pesca aos fisicamente medrosos". O pesquisador britânico da reencarnação, J. H. Brennan, acrescenta: "Se o médico o aconselhou a não se excitar, não investigue suas vidas passadas como ocupação sedentária tranquilizante". Contudo, se o aventureiro estiver pronto para a jornada, só lhe restará pôr-se a caminho.

"Será possível, mediante um sistema de pensamento seletivo, recuperar apenas as encarnações passadas suficientemente livres da crueldade e da grosseria, para não comprometer o cérebro de uma pessoa muito sensível, cujos nervos estejam sintonizados com o refinamento relativo da moderna vida civilizada? Podemos nós, numa palavra, expurgar nossa experiência de viagem no tempo? Ignoro se isso é possível por um ato de vontade."
— Colin Bennett

Rastreamento

Muitos nomes são dados à recuperação de informações sobre vidas passadas. Vão desde a angustiante "Lembrança Mágica" de Aleister Crowley, o místico inglês de reputação satânica, ao compridíssimo *pubbenivasanussatinana* do budismo. O próprio Gautama Buda, embora se diga que haja evocado 550 vidas anteriores, não explicou (pelo menos nada a esse respeito chegou até nós) como se lembrava das vidas anteriores; disse apenas que quem quisesse fazer o mesmo devia "ser conspícuo nos preceitos, equilibrar suas emoções, praticar os transes com diligência, atingir a iluminação e buscar a solidão". Buda enfatizava muito a força de vontade porque, "se a mente se fixar na aquisição de um objeto qualquer, esse objeto será adquirido". O devoto, a seu ver, devia confidenciar a si mesmo:

> Que eu evoque inúmeros estados anteriores de vida [...] um nascimento, dois nascimentos [...] vinte nascimentos [...] cem nascimentos, mil nascimentos, cem mil nascimentos [...] dizendo: "Vivi em tal lugar, tive tal nome [...]. Depois saí dessa existência e renasci em tal localidade. Ali, tive tal nome, era de tal família, de tal casta, tinha tais e tais posses, experimentei estas e aquelas alegrias e tristezas, vivi tantos anos. Em seguida, renasci na vida atual. Que então eu evoque inúmeros estados anteriores de vida e os defina precisamente".

Buddhaghosha, um sábio cujo nome significa A Voz de Buda, forneceu instruções mais precisas sobre como recuperar vidas passadas. Numa passagem do *Vishuddhi Marga* ou *Caminho da Pureza*, ele aconselha seus confrades budistas a meditar profundamente sobre acontecimentos ocorridos há pouco e depois relembrá-los em ordem inversa. Absorvido na meditação após o desjejum, quando volta da coleta de esmolas, o devoto precisa

> [...] considerar o acontecimento mais recente, ou seja, o ato de assentar-se; depois, o de estender o tapete; sua entrada na sala; o momento em que depositou o prato de esmolas e o manto; a refeição; a saída da aldeia; a ronda em busca das esmolas; a entrada na aldeia [...]. Que examine, pois, tudo o que fez durante o dia e a noite, sempre na ordem inversa.

Completada a recordação do dia inteiro, sem lapsos nem saltos, o devoto puxará pela memória, continua Buddhaghosha – ainda na ordem inversa –, a fim de evocar a véspera, a antevéspera, dez dias antes, um mês, um ano, dez anos, vinte anos e assim por diante. Qualquer elo rompido na cadeia da memória será reparado apelando-se para o transe associativo. Quando a lembrança foi revivida ininterruptamente até o instante da concepção, o supremo desafio consistirá em concentrar-se o bastante para penetrar ainda mais longe, até o nome e o aspecto no momento da morte na vida anterior. Buddhaghosha reconhece a extrema dificuldade do teste, pois "esse ponto no tempo é como treva espessa, nada fácil para a mente de uma pessoa ainda presa à ilusão". Não obstante, ele recomenda uma atitude serena, conclamando o discípulo a manter a mente sempre fixa no vazio "que em pouco tempo" propiciará o desejado conhecimento. Uma vez recuperada a vida anterior, outras serão revividas com mais facilidade, assegura Buddhaghosha. Em seu livro *A Hermit in the Himalayas*,* Paul Brunton escreve que o monge douto de quem foi discípulo na doutrina budista praticara essas meditações por vinte anos e podia atestar sua eficácia. Mas o monge admitia também que poucos budistas eram capazes de seguir o método com sucesso, visto que a concentração e o esforço necessários são tremendamente difíceis e prolongados.

> "Existe [...] um sistema de Yoga pelo qual o yogue aprende a penetrar no estado onírico à vontade, a fim de explorar cientificamente suas características em comparação com a vigília, voltando depois a esta sem romper o fluxo da consciência normal. Assim, ele constata o caráter ilusório de ambos os estados. A prática também permite a quem a domina morrer e renascer sem perda de memória – sendo a morte a entrada no estado onírico e o nascimento, o despertar."
> — W. Y. Evans-Wentz

---

* *Um Eremita no Himalaia*, publicado pela Editora Pensamento, São Paulo, 1973. (fora de catálogo)

O veículo do yoga

O yoga foi definido como "a cessação da agitação da consciência" e é, por isso mesmo, um veículo perfeito para o aguçamento da memória de vidas passadas. Ironicamente, a crença hindu na reencarnação é um dos motivos pelos quais muitos indianos ignoram as práticas do yoga. Bastante seguros de vidas futuras, eles conscientemente adiam a busca pessoal da perfeição para outra existência! Isso, porém, não nega nem altera o objetivo do yoga (da raiz sânscrita *yuj*, "união"), que é despertar a consciência cósmica o mais cedo possível para escapar à temível roda dos renascimentos. Evocar vidas passadas é parte do processo como um todo. Os sutras imemoriais de Patanjali, os mais antigos do yoga, assinalam que toda experiência de nascimentos prévios permanece na *chitta*, isto é, na mente subconsciente. O aspirante espiritual evoluído pode recuperar essa experiência, à vontade, por meio de *samyama* ou absorção extática de ondas de pensamento. Patanjali escreveu: "Concentra-te nas impressões do passado; conhece as vidas anteriores".

Rudolf Steiner disse a mesma coisa de maneira diferente ao responder "A entrada do caminho é aberta pela meditação correta" à pergunta das pessoas curiosas em saber por que, normalmente, ninguém se lembra de vidas passadas. Mais explicitamente, Steiner recomendava a quem desejasse recuperar lembranças remotas que recorresse à ajuda de um duplo imaginário quando algo parecesse acontecer por acaso. Suponhamos que uma telha despenque do teto e machuque o ombro de alguém. Em vez de atribuir o ferimento à má sorte, a pessoa deve visualizar uma mulher ou homem imaginário que subiu ao telhado, deslocou uma telha e saltou para o chão a fim de que ela atingisse seu ombro. Segundo Steiner, o exercício pelo qual nos vemos provocando deliberadamente acontecimentos que parecem ocorrer por acaso "pode, em última análise, insuflar na pessoa a certeza de ter existido numa vida anterior – certeza oriunda de uma impressão que, a pessoa sabe, não foi recebida na vida atual".

Para Aleister Crowley, um obstáculo constante ao fluxo de lembranças de vidas passadas é a supressão de episódios penosos, sobretudo experiências de morte, pelo subconsciente. "Por instinto, evitamos recordar a última morte, assim como preferimos não imaginar a próxima", escreveu ele. Entretanto, se as "manhas do ofício" forem praticadas diligentemente, até o "esquecimento freudiano" será superado, liberando-se então o fluxo pleno da Memória Mágica. Os exercícios propostos por Crowley para a evocação de vidas passadas têm mais que uma semelhança superficial com a técnica budista exposta há cerca de 2.500 anos. Em primeiro lugar, ele recomenda aos candidatos a praticante que aprendam a escrever em sentido contrário com ambas as mãos, a andar para trás, a falar em ordem inversa ("Ésoj uos ue" por "Eu sou José") e a ler da direita para a esquerda. Em seguida, invoca o método de Buddhaghosha de recordar acontecimentos na ordem contrária. Uma regressão de cinco minutos deve ser feita antes de rememorar o dia e, no fim, uma vida inteira. (Diz Crowley: "A ampliação do dia para o curso da vida inteira não será mais difícil que a regressão de cinco minutos".) A prática, que com o tempo se torna quase mecânica, deve ser levada a termo pelo menos quatro vezes diariamente. Só depois que conseguiu voltar cem vezes à hora do nascimento deve a mente ser estimulada a recuar ainda mais – e é então que a Memória Mágica, com um pouco de sorte, começará a se abrir. Crowley adverte para que todos comparem com fatos históricos e geográficos os elementos das lembranças aparentemente anteriores à encarnação, "levando sempre em conta a falibilidade até mesmo dessas garantias". Mas há outra maneira de averiguar os fatos. Escreve ele em *Magick in Theory and Practice*:

> As lembranças genuínas em geral explicam-se umas às outras. Suponhamos, por exemplo, que você sinta uma aversão instintiva a determinado tipo de vinho. Por mais que tente, não consegue descobrir a causa dessa idiossincrasia. Suponhamos ainda que, ao explorar uma encarnação passada, lembre-se de ter morrido por veneno diluído naquele tipo de bebida: a aversão fica explicada pelo provérbio "Gato escaldado tem medo de água fria".

Existem outras formas de constatar a autenticidade. De novo, Crowley:

> Adquirimos uma certeza intuitiva quando aspiramos um perfume. Há certa *estranheza* numa lembrança desagradável, que desperta um sentimento de vergonha e culpa. Há a tendência a enrubescer. A pessoa se sente como um garoto de escola apanhado em flagrante

escrevendo um poema. O mesmo sentimento ocorre quando descobrimos uma fotografia esmaecida ou um cacho de cabelos de vinte anos atrás entre objetos esquecidos numa gaveta. Esse sentimento não depende do fato de a coisa lembrada ser fonte de prazer ou dor. Isso se dá porque nos aborrece a ideia de nossa "servidão antiga?" Queremos esquecer o passado, ainda que nos orgulhemos dele. Sabe-se que muita gente fica constrangida na presença de um macaco.

Quando o investigador particular não tem essa autoconsciência – que Colin Bennett chama mais enfaticamente de autoaversão –, a autenticidade da lembrança fica ainda mais sujeita a questionamento. A desconfiança e o rigor da pesquisa histórica devem rondar toda vida passada fascinante que porventura se apresente. E a desconfiança deve se transformar em ceticismo absoluto se os resultados indicarem que o investigador é a reencarnação de uma pessoa famosa. Por mais concebível que seja uma vida passada repleta de glórias, ela será muito provavelmente produto da fantasia exuberante, pois enganar-se a si mesmo é um risco sempre presente em todas as áreas da pesquisa ocultista. O trabalho revolucionário de estudiosos sérios da reencarnação é sempre minado pela pretensão daqueles que alegam ter sido Napoleão, Júlio César, Henrique VIII, Cleópatra, Joana d'Arc e outros do mesma estirpe. E isso basta.

"Entendo bem por que Deus não permite às pessoas o conhecimento de seu passado remoto. O elitismo genealógico é insuportável. Imagine-se como seria conviver com alguém que foi, digamos, Abraham Lincoln – e conseguisse se lembrar de tudo!"
— Dr. Keith Mano

Um olhar ao passado

Felizmente, sustentar a regressão mental não é a única maneira de ter contato com vidas passadas sem o recurso à hipnose. Existe uma técnica que visualiza um mostrador de relógio e o "apaga" para provocar o estado de transe e fazer o investigador viajar para trás no tempo e no espaço. Não tão difícil quanto dirigir a memória às vidas passadas, o seguinte exercício exige, porém, algum esforço:

> De início, escolha um mostrador de relógio que possa ser observado tranquilamente, sem interrupção. Note o tamanho do mostrador e todos os detalhes que ele encerra – o desenho dos números, a forma dos ponteiros, o nome do fabricante, o contorno e a ornamentação. Concentre-se para assimilar o quadro completo do mostrador e, após cinco minutos, feche os olhos e tente lembrar-se exatamente do que acaba de ver.
> O processo de desconstrução só começa depois que o mostrador for reproduzido na mente com perfeita clareza. Primeiro, imagine que o ponteiro dos minutos foi removido, de modo que o mostrador ainda está completo exceto por esse detalhe. Depois, "apague" o ponteiro das horas; elimine a ornamentação e o nome do fabricante. Inteiramente consciente de que o próprio tempo deixa de existir, elimine também os números. Agora você está diante de um mostrador em branco, que vai diminuindo até desaparecer por completo. Enquanto isso, pense: "O tempo flui para trás". Agora, só o que resta é o suporte do relógio. Quando você o imaginar extinto, o derradeiro vínculo com o tempo terá sido cortado e o transe resultante o conduzirá para outra vida.

Por menos complicado que esse método possa parecer, o sucesso imediato é pouco provável. Algumas semanas de prática diligente costumam trazer bons resultados ao investigador persistente e entusiasta, mas há os que fazem o exercício em vão.

Mirar uma bola de cristal ou um aquário cheio de água traz à vida uma estrada de lembranças vivas que conduz do eu às profundidades do cristal. Os tibetanos empregam esse método com pedras cristalinas de cor preta, encontradas nos regatos de montanha, enquanto, na Índia, os nativos preferem um vaso bojudo, um pires ou mesmo uma mão em concha cheios de tinta. Depois que um forte vínculo psíquico se estabeleceu entre o investigador e o objeto da concentração, o tempo regride aos poucos, recuando da vida presente até mergulhar em encarnações passadas. O processo tem sua velocidade própria e não pode ser apressado. Inicialmente, no exercício, não se deve gastar mais de vinte minutos ou meia hora nem repeti-lo mais de uma vez por dia, até começarem a aparecer os resultados. Colin Bennett escreve: "O primeiro fenômeno suprafísico é, em geral, o anuviamento da superfície cristalina com uma espécie de vapor azulado, que pode se destacar da esfera e flutuar sobre ela como uma camada de neblina. Depois disso, basta ter um pouco de paciência e esperar que a nuvem diante da face do cristal se fragmente ou se disperse, dando lugar a uma imagem".

Pode-se usar também um símbolo arquetípico como objeto de concentração – por exemplo, o olho, o círculo, o sol, a cruz, o triângulo ou mesmo qualquer número de um a dez. Atuando como um sensibilizador mental, o símbolo escolhido (para melhorar a visualização pode-se usar um desenho) se transforma num canal para extrair energia do inconsciente profundo e assim o olho interior tem vislumbres de cenas de vidas passadas. Cada fragmento que surge é uma pista potencial e o investigador deve gravar cada um para montar o quadro de uma ou mais vidas anteriores.

O registro e a análise dos sonhos também podem despertar a memória profunda. Os sonhos tendem a girar em torno de uns poucos pensamentos e incidentes importantes – indícios de experiências intensamente sentidas no passado, que contribuíram muito para o caráter e a personalidade atuais. Sonhar é viajar para além do tempo; e viajar para além do tempo é rodopiar num turbilhão de percepções e impressões que podem dizer quem somos, onde estivemos e para onde vamos. Dar sentido a esse bombardeio quadridimensional já é outra história. Colin Bennett recomenda que, depois de um estudo prolongado dos registros pessoais dos sonhos, a pessoa se deite, feche os olhos, relaxe os músculos e esvazie a mente ao máximo. "A partir do estado de semiconsciência resultante", diz ele, "a verdade procurada aparece como se fosse um incidente representado no palco ou visto num filme."

A Ordem Rosa-Cruz mundial, com 250.000 membros em mais de 180 países, preservou e aperfeiçoou cerca de oitenta tipos diferentes de exercícios para a restauração da memória de vidas passadas. O motivo básico dessa prática mental é o mesmo do movimento rosacruciano em si: despertar no indivíduo a consciência cósmica. Adotando várias formas de meditação e visualização orientada, os exercícios procuram responder diretamente à pergunta: "Como posso ser mais eficiente, mais criativo e mais completo hoje?" Os rosa-cruzes ressaltam que o valor da experiência da reencarnação é determinado por sua utilidade na vida presente. "O mais importante a lembrar", esclarece o *Rosicrucian Digest* de outubro de 1979, "é que, no nível individual, a reencarnação se torna, não uma questão de prova ou fé, mas de *experiências pessoais* que deem sentido e dimensão à nossa vida atual."

Videntes e ocultistas falam há muito dos Registros Akáshicos, as impressões indeléveis deixadas na substância etérica do universo por tudo o que já aconteceu. Numa palestra proferida em 1931, Edgar Cayce descreveu uma típica jornada fora do corpo que lhe deu acesso a esse depósito no céu. "Penetrei no templo e descobri um vasto recinto, bem parecido a uma biblioteca", disse ele. "Estavam ali os livros das vidas das pessoas, parecendo que as atividades de cada uma eram objeto de registro. Bastava-me retirar o volume referente à pessoa de quem estivesse buscando informação." Longe de constituir um repositório somente para os grandes místicos, esses Registros Akáshicos – que, no dizer de Cayce, estavam "para o mundo mental assim como o cinema está para o mundo físico" – podem ser abertos por quem quer que consiga viajar ao plano astral. J. H. Brennan afirma que, por um ato da imaginação, a pessoa logra criar um envoltório astral capaz de interagir com os Registros Akáshicos. Ele sugere imaginarmos uma visita à biblioteca de Cayce, visualizarmos a cena por não mais que dez minutos diariamente durante as duas primeiras semanas e depois – ou ao menos até ocorrer a identificação plena – por no máximo quinze minutos. A paciência do investigador será posta duramente à prova, pois ele terá de fazer o seguinte:

(a) Na primeira semana, depois de relaxar a mente de olhos fechados, imagine-se descendo um corredor na direção da porta. Torne o quadro mais nítido e completo a cada dia até ficar bastante familiarizado com o corredor.

(b) Não antes de uma semana – quando o corredor estiver o mais vívido possível – imagine-se abrindo a porta e penetrando numa grande biblioteca. Reserve duas semanas ou mais para construir detalhe a detalhe o recinto. Observe o grande número de seções, os bilhões de volumes nas prateleiras, a vastidão do espaço. Com efeito, nessa coleção estão gravados todos os detalhes de cada pessoa que já viveu.

(c) Não tente descobrir atalhos – eles só arruinarão o projeto. Todo pormenor deve ser assimilado até completar a visão. Quando isso acontecer, continue construindo e reexaminando o quadro por mais uma semana. Depois, vá até a seção da biblioteca que guarda a história de sua vida e procure nas estantes o volume que traz seu nome. Tire o livro e leia o relato de suas reencarnações. Antes de se convencer, compare as informações obtidas – algumas visualizadas, outras imaginadas – com fatos conhecidos.

A exploração akáshica pode às vezes não ser tão simples assim. A ocultista Alice Bailey adverte que vagos vislumbres do filme akáshico nem sempre dizem respeito ao observador, como este gostaria de crer. "É o mesmo caso", escreveu ela, "das pessoas e atividades vistas da janela de uma grande cidade. Não quer dizer que elas revelem ao observador seus próprios parentes, amigos e negócios." Certamente, apenas a visualização mais nítida pode trazer resultados. E estes são suspeitos até a prova definitiva.

> O místico Isaac Luria (1534-1572), segundo se conta, conseguia reconhecer a alma de todas as pessoas que encontrava. Ernst Müller escreve em *History of Jewish Mysticism*: "Olhando para a testa de um homem, ele podia dizer imediatamente de que fonte sua alma derivava, por qual processo de transmigração ela passara e qual era sua missão atual na Terra [...]. Relatava o passado e previa o futuro das pessoas, prescrevendo-lhes as regras de conduta que iriam compensar suas faltas numa vida anterior". Luria, que passou treze anos como eremita numa choupana às margens do Nilo, morreu de peste.

A experiência Christos

Adotando-se a visualização como técnica primária, é possível – alguns diriam preferível – explorar vidas passadas com a ajuda de outras. A experiência Christos, em que os tornozelos e a área do "terceiro olho" são massageados ao mesmo tempo para induzir um "sonho" lúcido e consciente, tem levado seus sujeitos a territórios assustadores, para as experiências mais exóticas. O escritor Gerry Glaskin, propagador de uma técnica que descobriu numa obscura revista do oeste da Austrália em 1971, confessou ter ficado "abalado" por sua primeira viagem Christos. Escreveu em *A Door to Eternity*:

> Antes dessa aventura [...] eu nem sequer considerara, e muito menos aceitara, a possibilidade de vidas passadas ou reencarnação. Minha criação religiosa negava tudo isso completamente. Mas agora eu podia "me" ver de pele escura, membros magros e compridos num corpo de mais de 1,80 m de altura – com traços alongados e bem diferentes dos meus, além de ser um homem na casa dos trinta e não dos cinquenta, idade que tinha então. "Eu" trajava uma tanga e uma coifa que deviam ser egípcias.

Em outra jornada Christos, Glaskin se viu como uma criatura primitiva fugindo de outros selvagens. Uma mulher, fazendo a mesma experiência, descreveu-se no corpo de um albatroz planando sobre os gelados mares do sul. E, como para mostrar que o método pode conjurar também visões futuras, um homem, depois de descrever uma aldeia rodeada de montanhas, voltou mais tarde de sua lua de mel na Noruega informando que visitara o mesmo cenário visto durante a experiência Christos! Eis uma descrição resumida da técnica:

(a) O sujeito, que deve estar relaxado, deita-se descalço no chão, com um travesseiro sob a nuca. Um assistente massageia seus tornozelos por dois ou três minutos, a fim de deixá-lo ainda mais descontraído. O outro – geralmente o "guia" Christos – massageia-lhe a área do "terceiro olho", ou seja, a porção centro-inferior da testa. A massagem é feita vigorosamente com a borda da mão encurvada e deve continuar até os ouvidos do sujeito começarem a zumbir.

(b) Peça ao sujeito – para encorajá-lo a falar, pois assim mais tarde se sentirá à vontade ao descrever sua experiência – que se visualize crescendo 5 cm a partir da sola dos pés. Depois que ele se estirou, mande-o recuar os pés para a posição normal. O processo se repete mas, desta vez, o sujeito é instado a crescer a partir da cabeça. Volte aos pés, pedindo-lhe que visualize um estiramento de 30 cm. Repita, agora na cabeça

– e volte. De novo nos pés, com um estiramento de 60 cm. Agora o sujeito deve *sustentar* o estiramento enquanto estica a cabeça na mesma distância. Depois de crescer 1,20 m, ele se sentirá inflar como um balão.

(c) Peça ao sujeito que use a consciência expandida para descrever nos mínimos detalhes a frente de sua casa e os arredores – inclusive o lugar onde está e o que vê ao olhar para cima. Em seguida, peça-lhe que se imagine de pé no telhado e descreva a cena embaixo. Depois, que suba cerca de 500 m e continue descrevendo o que vê. Ele deve girar lentamente, perfazendo um círculo completo, e relatar tudo. Pergunte-lhe que horas são e quais as condições climáticas. Faça-o mudar o cenário do dia para a noite e de novo para o dia, pedindo-lhe que compare ambos os cenários. Em seguida – a fim de deixá-lo tranquilo –, pergunte-lhe quem está transformando a luz do dia em escuridão. É muito importante para a pessoa compreender que ela mesma controla o que vê.

(d) Agora, a experiência que pode recuperar uma vida passada. Recomende ao sujeito que conserve o cenário bem claro, para saber onde está. Mande-o descrever seus pés (descalços ou calçados?), o chão em que pisa, as pessoas e acontecimentos à sua volta, suas roupas, seus traços etc. Exija cada vez mais detalhes. Observe-lhe o movimento das pálpebras – quanto mais rapidamente piscar, mais nítidas serão suas visões. Esclareça as respostas dele com perguntas pertinentes. Deixe que o passeio siga seu curso até o sujeito dar mostras de querer voltar ao presente. Ele não está em transe e deve, se solicitado, ser capaz de identificar sons locais enquanto vivencia acontecimentos num tempo diferente. Embora o procedimento todo costume levar uma hora ou mais, o sujeito, com muita probabilidade, achará que viajou por uns meros 15 minutos.

A visualização é tratada de outra maneira no método "montagem dobra do tempo", de Bryan Jameison, em que interruptores de luz imaginários, instalados estrategicamente no corpo, são desligados um por um antes que um elevador imaginário leve o sujeito para o umbral de uma experiência de vida passada. O sujeito comum que empreende a viagem pela primeira vez precisa de apenas 8 minutos para atingir o estado alterado de consciência. "A regressão pela dobra do tempo é surpreendentemente fácil", escreve Jameison. "Não envolve o uso de drogas, o transe hipnótico profundo, a meditação árdua, truques ou ritos misteriosos [...]. É quase uma brincadeira de criança." Elaborado para um sujeito e um guia, o método se desenvolve assim:

(a) Escolha um recinto com pouca luz, discreto. Peça ao sujeito que se deite e tomar cinco respirações profundas, de olhos fechados.

(b) Instrua-o a visualizar interruptores de luz comuns de parede em pontos-chave de seu corpo e a desligá-los na seguinte ordem: pé direito, joelho direito, quadril direito, pé esquerdo, joelho esquerdo, quadril esquerdo, costas da mão direita, cotovelo direito, ombro direito, costas da mão esquerda, cotovelo esquerdo, ombro esquerdo, alto da cabeça, meio da testa, garganta, base da espinha e nuca.

(c) Depois que ele visualizar um elevador, peça-lhe que se aproxime, aperte o botão de chamada e, quando o elevador chegar, entre e olhe para diante. Orientado pelo superconsciente, ele deverá então escolher o andar que mais se prestar à reencenação de uma vida passada e descrever o que vir quando o elevador parar e as portas se abrirem. (NOTA ESPECIAL: caso o sujeito contemple uma cena de vida ao deixar o elevador, pergunte-lhe se está num corpo de outra vida. Se ele avistar nuvens em vez de um corredor, peça-lhe que penetre nas nuvens e volte no tempo à primeira vida terrena importante. Ignore o próximo passo caso isso aconteça.)

(d) Se o sujeito avistar um corredor ou túnel, mande-o ir até o fim da passagem, descrevendo a caminhada. Ele deverá em seguida localizar e atravessar uma porta de saída, relatando o que descobrir do outro lado. Caso depare com uma cena de vida anterior, pergunte-lhe se está num corpo. Se assim for, sugira-lhe que respire fundo e relaxe nesse novo ambiente.

(e) Questione-o a respeito de identidade, idade, raça e capacidade de usar seus sentidos. Peça-lhe que regrida no tempo à idade de 15 anos e percorra lentamente essa vida, constatando tantos acontecimentos importantes quantos lhe seja possível. Faça com que experimente a morte e passe em revista aquela vida do princípio ao fim. Indague sobre a possibilidade de pessoas proeminentes naquela vida estarem afetando a atual. (NOTA: Caso o sujeito comece a reencenar um episódio particularmente excitante ou traumático, sua respiração se acelerará. Se isso acontecer, mande que ele abandone o corpo temporariamente ou remeta-o a um período mais tranquilo.)

(f) Convide o sujeito a retornar à primeira vida terrena importante para a atual e repita o ciclo vida-morte. Remeta-o adiante em etapas de 25, 50 ou 100 anos, dando-lhe a oportunidade de passar em revista o maior número de vidas possível. O sujeito poderá voltar ao momento presente quando quiser – você só precisará pedir-lhe que respire fundo e abra os olhos. Para reduzir o risco de cefaleia, deixe-o descansar por alguns minutos após o fim da regressão.

A convicção oriunda do intelecto pode ser forte, mas nada convence mais que o choque emocional da experiência vivida pessoalmente. Eis por que vale a pena investigar vidas passadas: o plausível se transforma no tangível, unificando cérebro e coração. Os melhores resultados, porém, não podem ser obtidos por meio da técnica pura e simples. Uma nova maneira de ser é invocada, na qual os horizontes da percepção recuam em todas as direções. Em *The Memory of Past Births*, Charles Johnston, funcionário aposentado do Serviço Civil de Bengala, escreveu em 1899: "É somente à medida que herdamos a imortalidade e superamos as barreiras do tempo que talvez possamos recuperar a memória de nosso passado". E esse passado, vale dizer, pode ajudar a diluir parte da perplexidade do presente, pois aquilo que somos tem suas raízes em encarnações anteriores. Sem o saber, somos o agregado de todas as nossas vidas. No esforço para tornar consciente o inconsciente e no afã de *conhecer* residem a emoção e a recompensa da busca pessoal por lembranças de vidas passadas. Às vezes, é difícil colher indícios e mais difícil ainda interpretá-los. Mas, nas palavras de Aleister Crowley, "Tudo aquilo que lança luz sobre o Universo, tudo aquilo que nos revela a nós mesmos é bem-vindo neste mundo de enigmas".

"Vivendo de acordo com os ditames da alma, o cérebro pode ao fim tornar-se permeável às lembranças dela. Então, nossas vidas passadas serão para nós um livro aberto."
— Folheto sobre reencarnação e karma publicado em 1923 pela Theosophy Company

Símbolos do renascimento

A Lua. Os antigos filósofos, baseando-se nas fases crescente e minguante da Lua, postularam que a humanidade passa também por ciclos similares de morte e renascimento. Quando a Lua nova aparecia, os anciãos da tribo de San Juan Capistrano, Califórnia, reuniam-se para orar: "Assim como a Lua morre e volta à vida, assim nós, mortais, viveremos de novo". Os nativos do Congo batiam palmas e bradavam: "Que eu renove minha vida tal como renovas a tua!"

O Lótus. No Oriente, símbolo do renascimento espiritual.

O Sol. Saindo a cada dia do ventre da Mãe Terra, o Sol era saudado pelo homem primitivo como senhor, dono e exemplo luminoso do processo de reencarnação.

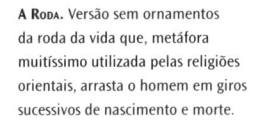

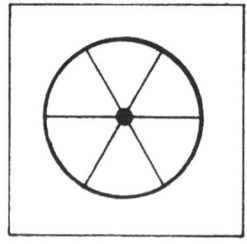

A Roda. Versão sem ornamentos da roda da vida que, metáfora muitíssimo utilizada pelas religiões orientais, arrasta o homem em giros sucessivos de nascimento e morte.

A Fênix. O mais antigo e disseminado símbolo de renascimento é a fênix, pássaro mítico de esplêndida plumagem que vivia no deserto por quinhentos anos. Imolando-se a si mesma numa pira funerária, a fênix renascia das próprias cinzas para viver outro ciclo. Da Índia à Pérsia, da Irlanda ao Egito, a fênix aparece no mito e na lenda. Para os japoneses, esse pássaro fabuloso é o *Kirin*; para os turcos, o *Kerkes*.

O Pavão. No Oriente, o pavão representa o renascimento tanto para os hindus quanto para os budistas e muçulmanos.

DO DALAI-LAMA AO ENIGMA DA POPULAÇÃO

> "Se um asiático me pedisse uma definição da Europa,
> eu seria obrigado a responder-lhe: é a parte do mundo
> perseguida pela incrível quimera de que o homem foi criado do
> nada e o nascimento atual é sua estreia na vida."
> — Arthur Schopenhauer

> "Ciente de que a alma é incorpórea entre corpos, inabalável
> entre coisas mutáveis, o sábio se liberta de todo sofrimento."
> — Katha Upanishad

A defesa da reencarnação é multifacetada e multidimensional, muitas vezes quixotesca, mas sempre a mesma. Eis mais algumas perspectivas do renascimento visto de uma série de janelas.

A reencarnação personificada

O décimo quarto Dalai-Lama, governante autoexilado de 6 milhões de tibetanos, é a mais célebre personificação do renascimento no mundo de hoje. Pensa-se que cada Dalai-Lama (expressão mongólica para "mestre maior") seja não apenas seu predecessor renascido como também a reencarnação da linhagem inteira dos reis deuses, que remonta ao ano de 1391. Sempre que um Dalai-Lama morre, inicia-se uma busca exaustiva da reencarnação infantil do líder morto, o qual, corporificando *Chenrizeg*, o deus budista da graça, volta imediatamente à Terra para ajudar a raça humana. Longe de ser um disfarce orquestrado por fazedores de reis tibetanos a fim de aplacar o público com inclinações metafísicas, a busca incorpora rigorosos testes de reconhecimento não muito diferentes dos empregados por pesquisadores ocidentais da reencarnação. Os candidatos sem qualificações são logo descartados pelos testes, enquanto testemunhas oculares se dão conta das notáveis respostas fornecidas pelo verdadeiro Dalai-Lama.

O atual Dalai-Lama, cujo nome civil é Tenzin Gyatso, nasceu em 6 de junho de 1935. Foi descoberto depois que equipes de investigação partiram de Lhasa, a capital tibetana, para o leste, em resposta a sugestões místicas de que o novo governante seria encontrado na direção do sol nascente. Em primeiro lugar, a cabeça do falecido Dalai-Lama (exposto em câmara ardente após sua morte em 1933) foi vista virada misteriosamente para o leste e não na tradicional posição voltada para o sul. Quando o oráculo oficial foi consultado sobre o fato, o monge vidente, em transe profundo, agitou um lenço branco na direção do leste. Orando sem parar por novas orientações, o regente tibetano dirigiu-se em peregrinação ao lago de Chos Khorgyal, pois, ao que se diz, todos quantos se aventuram naqueles ermos conseguem ter vislumbres do futuro. O olhar do regente pousou num templo de três andares, com teto de turquesa, erguido perto de uma casa de empenas esculpidas e beiral azul. Os detalhes da visão foram anotados e mantidos em segredo pelos grupos de busca, os quais, em 1937, saíram à procura do rei menino da mesma maneira que os três magos do Oriente partiram em busca do Jesus recém-nascido. Os tibetanos de um modo geral, sabendo que a recuperação de seu monarca era importantíssima para o interesse do país, ansiavam por notícias do progresso da missão. O Tibete, sem o Dalai-Lama, era uma nação órfã.

Um grupo de busca, desanimado após meses de jornada árdua e infrutífera a cavalo, penetrara fundo no território chinês. Em seus cestos, estavam objetos pertencentes ao décimo terceiro Dalai-Lama. Embora vários garotos houvessem sido questionados ao longo do caminho a respeito desses objetos, nenhum conseguira, em suas respostas, atender às exigências divinas. Todavia, quando entravam na aldeia de Takster, província chinesa de Chinghai, os investigadores cobraram ânimo ante a visão de um templo de três andares não muito longe de uma residência familiar. A visão era exatamente como fora descrita. Excitado, o chefe do grupo trocou de roupa com um serviçal, artimanha muito usada durante essas buscas importantíssimas para que a aristocrática pesquisa se desse em lugares humildes sem atrair atenção indevida. Penetrando na cozinha da "casa de beiral azul", o chefe foi recebido por um garotinho de 2 anos, o qual lhe pediu que segurasse o rosário que ele trazia ao pescoço. O rosário pertencera ao décimo terceiro Dalai-Lama, e o líder disfarçado prometeu entregá-lo ao menino caso este lhe dissesse quem ele era. O garotinho respondeu "*Seraga*" – que, no dialeto local, significa "um lama do mosteiro de Sera, em Lhasa". E, a seguir, nomeou corretamente todos os membros do grupo. Depois, em meio a inúmeros itens ali colocados para despistar, identificou sem sequer se dar conta mais rosários, um tambor e uma bengala que haviam pertencido ao Dalai-Lama anterior. Não bastasse isso, o corpo do menino trazia todas as marcas de uma verdadeira encarnação de *Chenrizeg* – relhas grandes, destacadas, e pequenas manchas no tórax exatamente de acordo com a tradição. Descobriu-se que os pais do garoto eram de pura ascendência tibetana, embora habitassem uma região anexada pela China há 27 anos. Satisfeitos por ter finalmente localizado o Dalai-Lama renascido, os membros do grupo dispuseram para que o futuro governante do Tibete fosse escoltado a Lhasa. A jornada, porém, não pôde ser empreendida antes de os investigadores concordarem em pagar ao corrupto governador da província 300 mil *yuan* chineses (cerca de 300 mil dólares) pela preciosa carga.

Quando os chineses invadiram o Tibete em 1959, o Dalai-Lama fugiu para a Índia com grande número de compatriotas. Ainda vive ali, com sua sede em Dharamsala, no Himalaia, mas passa a maior parte do tempo visitando outros países budistas e também nações ocidentais. Em suas memórias, *My Land and My People*, o Dalai-Lama assim resumiu sua compreensão do princípio do renascimento:

> A fonte imediata de um corpo são seus pais. Contudo, a matéria física não pode engendrar o espírito, e o espírito não pode engendrar a matéria física. A fonte imediata do espírito deve ser, pois, um espírito que existiu antes da concepção – ou seja, ele dá continuidade a um espírito prévio. Para nós, isso prova a realidade de vidas anteriores.

Embora o Dalai-Lama mal se lembre do episódio de seu reconhecimento pelo aristocrático grupo de busca, ocorrido em 1937, recorda ter identificado pessoas e lugares conhecidos por seu predecessor em

Lhasa. E insiste em interpretar a duradoura opressão do Tibete por seus conquistadores chineses em termos de karma nacional gerado numa outra era. "A agressão deve ter ocorrido porque fizemos alguma coisa errada", disse o Dalai-Lama ao *New York Times* em novembro de 1967.

> Embora não tivesse conhecimento consciente de arquitetura, o psiquiatra sueco dr. Axel Munthe (1857-1949) reconstruiu o templo do imperador romano Tibério na ilha de Capri. Muitos achavam que ele era o próprio Tibério renascido. A escritora inglesa Clare Sheridan escreveu a seu respeito: "Tinha as qualidades e os defeitos do imperador; tirania e doçura [...]. Poderia ter sido, e achava que era, a reencarnação de Tibério, trazido de volta ao cenário de seu passado e condenado, nesta vida, a pagar um oneroso karma".

De volta e do mesmo jeito

Sucessivas encarnações, já se disse, podem revelar enorme semelhança umas com as outras. Joseph Myers, parapsicólogo e engenheiro-consultor de Lexington, Carolina do Norte, declara: "A aparência pessoal de alguém não se altera de uma vida a outra muito mais do que pela idade ao longo de uma existência". Myers está convencido de que foi Edward Bellamy, o escritor do século XIX que produziu romances utópicos. Alega até mesmo lembrar-se de ter escrito esses livros e diz que recorda muito bem a dolorosa morte por tuberculose do autor. Fotografias dos dois homens revelam que existe de fato uma forte semelhança entre ambos.

Estimulando o fluxo das reminiscências de outras encarnações e a intuição psíquica graças a uma prolongada meditação diária, Myers tem declarado que Walt Disney era Charles Dickens renascido, Mario Lanza era Caruso, George Bernard Shaw era Voltaire, e Danny Kaye descendia de Hans Christian Andersen. Por parecidos que esses e outros pares famosos possam ser, a hipótese de Myers, baseada na semelhança, não é de forma alguma incontestável. Seu fascínio consiste em que traz uma dimensão nova à tese amplamente aceita de que traços predominantes passam de vida em vida.

A mística inglesa Clarice Toyne diz a mesma coisa que Myers em seu livro *Heirs to Eternity*. Além de associar G. K. Chesterton a Samuel Johnson e *Sir* Winston Churchill a Thomas Wentworth, ela junta Shaw e Voltaire, Kaye e Andersen, assinalando que a aproximação de nomes lhe vem, falando francamente, enquanto faz os trabalhos domésticos ou leva seus cães para passear. Pesquisando as vidas e as semelhanças dos sujeitos apontados, ela "espanta-se ao encontrar a mesma configuração óssea da cabeça, a mesma fisionomia, a mesma sutileza de feições". Clarice Toyne explica assim a impressionante semelhança de encarnações aparentemente consecutivas:

> Há sempre uma carga de energia geral comparável que é o ser interior. Ela penetra no novo corpo e o anima. A escada da evolução natural sobe aos poucos e muda ligeiramente, não apresentando diferenças súbitas e gritantes na forma e na capacidade mental. Desse modo, a alma que volta tem traços parecidos aos de seu último corpo, mesmo ocorrendo mudança de raça.

Em 1946, muito antes de Clarice Toyne e Joseph Myers insistirem na semelhança entre encarnações, Harold W. Percival sustentou em seu tratado metafísico de mil páginas, *Thinking and Destiny*, que fotografias tiradas do indivíduo médio em períodos correspondentes de duas ou mais vidas apresentariam poucas alterações. Os traços fornecidos pela hereditariedade – não importa quem sejam os pais – reaparecem numa série de vidas, acredita Percival.

Os pesquisadores da reencarnação muitas vezes constatam semelhança física entre seus sujeitos e as personalidades anteriores que eles alegam ter sido. O caso de Sinhá Oliveira, filha de um próspero fazendeiro brasileiro, é típico: as pessoas que conheceram tanto Sinhá quanto Marta Lorens, a qual dizia lembrar-se de ter sido Sinhá, ficaram impressionadas com a semelhança de traços e caligrafia entre ambas. Sinhá morreu de tuberculose aos 28 anos, em outubro de 1917, tendo prometido à sua amiga Ida Lorens, esposa do professor local, que voltaria como sua filha. Dez meses depois, nasceu Marta Lorens, que aos 2 anos e meio de idade começou a discorrer em detalhe sobre a vida de Sinhá.

> Sentenciado à morte por um júri de Houston, Texas, no dia 13 de maio de 1982, o assassino Herman Clark declarou que não tinha medo nenhum de morrer porque acreditava na reencarnação. Clark, de 36 anos, matara Joseph McClain durante um assalto que, segundo os promotores, fora planejado com a intenção de cometer estupro. Três mulheres e uma garota de 10 anos atestaram que Clark as havia estuprado ou abusado sexualmente delas. O promotor Ira Jones expressou o desejo de Clark voltar à terra no corpo de uma menina, para entender melhor seus crimes.

Leituras de vidas do profeta adormecido

Edgar Cayce, o maior clarividente americano do século XX, não acreditava numa palavra do que dizia. A data era 10 de agosto de 1923 e Cayce, mergulhado profundamente num transe hipnótico autoinduzido, declarava – contrariando sua crença consciente – que as pessoas renascem em corpos diferentes. Ouvindo depois uma transcrição de suas palavras, Cayce ficou chocado e confuso. De fato, a reencarnação era estranha e repulsiva à sensibilidade desse presbiteriano devoto que lecionava numa escola dominical e lia a Bíblia diariamente.

Arthur Lammers, o rico impressor de Selma, Alabama, que pagara as despesas de Cayce só para questioná-lo a respeito de reencarnação, ficou encantado – tanto quanto o famoso vidente de Virginia Beach ficou confuso e desiludido. As respostas dadas pelo "profeta adormecido", como chamavam Cayce, eram tudo aquilo de que Lammers precisava para confirmar seu já enorme fascínio pelo renascimento, o oculto, as religiões orientais. Embora, no início, temeroso de que suas faculdades subconscientes houvessem sido orientadas pelo demônio, Cayce aos poucos foi aceitando a reencarnação e percebendo que ela de modo algum impugnava os ensinamentos de Jesus Cristo. Por fim, passou a considerar Jesus um adepto avançado que se materializara em 29 encarnações prévias.

Apesar de recorrer ao transe principalmente para curar, Edgar Cayce fez 2.500 leituras de "vidas" nos 21 anos seguintes. Com base nos Registros Akáshicos e na mente inconsciente da pessoa, ele relatava histórias pessoais que cobriam muitas encarnações. As leituras apontavam inquestionavelmente para a recorrência de grupos de almas na Terra e detectavam "padrões kármicos", às vezes associando enfermidades atuais a atos – ou omissões – em vidas passadas. Para Cayce, toda alma tem acesso subconsciente a características e habilidades acumuladas em vidas anteriores, ficando também sujeita, nesta, à influência de emoções negativas como o ódio e o medo. O profeta adormecido era a grosseria em pessoa. Certa feita, disse a um surdo: "Então não feche mais os ouvidos a quem pede ajuda". Um homem que sofria de tuberculose vertebral foi saudado assim: "A entidade prejudicou outros e agora está prejudicando a si mesma". Várias vezes, em leituras das vidas de crianças com todos os tipos de doenças, Cayce disse: "Isso é karma, tanto para os pais quanto para o filho". A ideia convencional da hereditariedade era peremptoriamente negada. Quando alguém lhe perguntou: "De que lado de minha família herdei mais?", Cayce respondeu: "Você herdou mais de você mesmo, não de sua família! Esta é apenas um rio pelo qual a alma flui".

Segundo Cayce, os cúpidos conquistadores que assolaram a América Latina no século XVI pagaram suas rapinagens e assassínios reencarnando coletivamente na Espanha em tempos modernos. A crueldade com que trataram incas e astecas voltou-se contra eles próprios durante a Guerra Civil Espanhola. Do mesmo modo, aqueles que participaram da destruição da Atlântida estão hoje em grande número na Terra. Cayce declarou:

> Considerando-se que a reencarnação é um fato; que almas ocuparam outrora a Atlântida; e que essas almas começam a penetrar na esfera terrestre – caso realmente hajam alterado os negócios terrenos em sua época a ponto de se destruírem –, então será de admirar que operem as mesmas mudanças nos negócios de povos e indivíduos hoje?

Poucas das leituras de vidas – das quais quase a metade remonta a história das reencarnações da pessoa à Atlântida – fornecem dados verificáveis e muitas, o que é bastante suspeito, referem-se a gente famosa. Jesus Cristo (inúmeras crianças foram "abençoadas por Ele"), Nero, Reubens e o Capitão Kidd, além de toda uma corte de sacerdotes e personagens aristocráticas, figuram nas leituras, revelando poucas mudanças de sexo ao longo das encarnações. Apesar disso, algumas leituras eram simplesmente intrigantes. Em *Many Mansions*, Gina Cerminara conta que um dos consulentes de Cayce soube ter sido Barnett Seay, um soldado sulista da Guerra Civil, em sua vida anterior. Foi depois informado de que vivera em Henrico County, Virgínia, onde ainda existiam registros dessa personalidade anterior. Curioso, o homem viajou para Henrico County, onde o encaminharam para a Biblioteca Histórica do Estado da Virgínia, que agora conservava os documentos. Vasculhando os arquivos, ele encontrou a pasta de Barnett A. Seay, alistado no exército do general Lee como porta-bandeira em 1862, aos 21 anos de idade.

O próprio Cayce teria nascido pela última vez em 1742 como John Bainbridge, um aventureiro que vagueara da Flórida à fronteira canadense, metendo-se em escaramuças com tribos indígenas. Mas ele se lembrava de outras encarnações também – inclusive uma como um sacerdote chamado Ra-Ta, que viveu no antigo Egito. Ele previu que voltaria à Terra em 1998, possivelmente como "libertador do mundo".

> "Quem vive hoje vive amanhã, pois hoje é amanhã e amanhã é hoje."
> – Edgar Cayce

Xenoglossia

Pessoas que falam espontaneamente uma língua estrangeira desconhecida, talvez extinta, são testemunhas de peso para a hipótese da reencarnação. Esse talento raro e involuntário é chamado xenoglossia – termo cunhado pelo ganhador do prêmio Nobel dr. Charles Richet, fisiologista e pesquisador psíquico francês. A palavra vem do grego *xénos*, "estranho" ou "estrangeiro", e *glôssa*, "língua". Sempre suscitando reações intensas, a xenoglossia parece o extravasamento da memória subconsciente.

Num caso relatado no *Journal of the American Society for Psychical Research* (julho de 1980), o dr. Ian Stevenson e o dr. Satwant Pasricha aventam que talvez Uttara Huddar, uma mulher solteira do centro-oeste da Índia conhecida por ter mudado subitamente de personalidade e começado a falar o bengali do século XIX, estivesse com toda a probabilidade externando lembranças de uma vida anterior. Uttara, cuja língua materna é o marathi, tinha 32 anos quando, em 1974, tornou-se Sharada, uma modesta senhora casada que gostava das roupas, comidas e canções religiosas bengalis. Uttara e sua família precisavam comunicar-se por sinais quando não havia por perto nenhum falante de bengali.

Enquanto Sharada era pouco instruída e submissa, como convinha a uma dona de casa de Bengala Ocidental nos anos 1800, Uttara é expansiva e culta, com mestrado em inglês e administração pública. Uttara não se lembrava do que acontecera quando era Sharada. Esta se sentia perdida no mundo moderno, sem conhecer automóveis, trens e eletrodomésticos. Ignorava também a região e a família de Uttara, a quem se referia em bengali como "essas pessoas". Além do mais, Sharada, cujas manifestações duravam dias ou semanas de cada vez, parecia ignorar o que se seguira depois de ter sido picada por uma cobra num dos dedos do pé, provável causa de sua morte aos 22 anos. O vocabulário de Sharada (essa capacidade de manter conversas em línguas estranhas chama-se "xenoglossia responsiva") era destituído de todos os termos modernos que entraram para a língua desde a Revolução Industrial. Os pesquisadores concluíram que havia pouca probabilidade de Uttara ter herdado ou adquirido, por meios normais, seu súbito e fluente conhecimento do bengali. Além disso, encontraram registros genealógicos com nomes de uma família que correspondia às informações fornecidas por Sharada. Veio a lume até um contrato imobiliário, de 1827, entre parentes nomeados por Sharada.

Embora não se possa descartar aqui a possessão por uma entidade desencarnada, inúmeros indícios sugerem a persistência da memória de uma vida passada. Uttara sentia um medo exagerado de cobras na infância e sua mãe, quando grávida dela, tinha pesadelos nos quais se via picada no dedo por uma cobra. Resumindo o caso, Stevenson e Pasricha declaram: "Não sabemos como Uttara recuperou essas lembranças de uma vida passada; mas o aspecto de xenoglossia responsiva nega fortemente a tese de que ela as adquiriu por meio da percepção extrassensorial. Podemos supor então, ao menos em caráter provisório, que Sharada foi a encarnação anterior da pessoa hoje identificada como Uttara".

Em novembro de 1930, o *New York Evening Post* relatou que uma menina de 4 anos, residente em Varsóvia, conseguia falar gaélico embora seus pais só conversassem em polonês. Mais recentemente, a popularidade da regressão hipnótica incentivou uma maior incidência de xenoglossia. Californianos normais, anglófonos, surpreenderam-se falando diversos tipos de línguas, inclusive dialetos indígenas, quando estirados no divã do dr. Morris Netherton. O caso mais extraordinário, gravado em fita, foi o de um garoto de 11 anos, loiro e de olhos azuis, que por onze minutos falou um dialeto chinês. A fita foi levada a um velho professor de chinês do Departamento de Estudos Orientais, Universidade da Califórnia; e ele confirmou, para seu grande espanto, que o menino recitara um texto de uma religião proibida da antiga China. "No caso de algumas pessoas", diz Netherton, "não existe linguagem. Só capto grunhidos e resmungos, que mando traduzir." Thorwald Dethlefsen conta que, quando conduz regressões em língua alemã, geralmente consegue arrancar algumas respostas na "língua original". Entretanto, muitos hipnoterapeutas evitam por completo o exotismo confuso da xenoglossia. Segundo a dra. Edith Fiore, "... por questão de segurança, antes de fazer a regressão de um sujeito, sugiro que ele me responda em inglês".

Um dos melhores e mais bem estudados exemplos de xenoglossia nos vem do dr. Joel Whitton, de Toronto, cujo sujeito anônimo – um psicólogo "de muito prestígio por seus diagnósticos e tratamento de crianças com distúrbios de aprendizado e de comportamento" – recordou sob hipnose duas antigas línguas que, presumivelmente, falara em encarnações anteriores. A primeira era o norueguês, precursor do islandês moderno. Em transe profundo, ele recordou de uma vida como um guerreiro pirata num pequeno exército *viking* por volta do ano 1000 d.C. e ouviu a voz de Thor, sua presumível personalidade anterior, responder a perguntas sobre o navio que tripulara e a vida no mar. Em seguida, fez a transcrição fonética das respostas, depois examinada independentemente por especialistas fluentes em islandês e norueguês. Várias palavras e frases foram identificadas, a maioria relacionada com o mar e navios.

O psicólogo se descreveu também como um jovem da Mesopotâmia (parte da Pérsia) no ano 625 d.C. e pôs-se a escrever na língua da época. (Isso, mais exatamente, é xenografia e não xenoglossia.) Trechos daquela escrita complicada, infantil, foram identificados pelo dr. Idrahim Pourhadi, do Setor Oriente Próximo da Biblioteca do Congresso, Washington, como *pahlavi sassânida* – uma forma de escrita não mais usada desde 651 d.C. e que não tem parentesco algum com o atual iraniano.

> Uma fórmula de reconhecimento dos que acreditam na reencarnação foi adotada pelos drusos da Síria, Líbano e Jordânia na Alta Idade Média. Um catecismo druso, datando de 1012, mostra como distinguir um correligionário dos demais. Quando indagado: "Homem, plantam o *thlilij* (arurá) em tua terra?", o verdadeiro druso responde: "Sim, plantam-no nos corações dos crentes". Em seguida, mostram-lhe duas bilhas de água, uma cheia e a outra vazia. Se o homem verte a água da cheia na vazia, está dizendo simbolicamente que acredita na reencarnação e é mesmo um druso. Ao que se diz, os drusos modernos descendem de místicos de várias nações refugiados nas montanhas da Síria quando a Igreja Cristã se voltou contra os não conformistas.

A cura de uma doença

Como único professor universitário canadense que fala sobre provas empíricas da reencarnação, Ian Currie tinha adotado uma abordagem puramente acadêmica do tema – mas não contara com as represálias de vidas passadas! Depois de escrever *You Cannot Die*, um *best-seller* que documenta a imortalidade, Currie contraiu uma doença e ficou muito mal justamente durante a fase de promoção do livro nos Estados Unidos, no verão de 1979. Pelos três anos seguintes, os médicos nada puderam fazer por ele, atribuindo os sintomas físicos a causas psicológicas. E isso, por sua vez, fez com que Currie passasse a refletir na possível influência oculta de vidas passadas. Assim, procurou em Toronto o dr. Joel Whitton, psiquiatra, neurofisiologista e terapeuta de vidas passadas, na esperança de livrar-se dos desagradáveis sintomas.

Sessões semanais regulares de hipnoterapia com Whitton possibilitaram a Currie reconhecer sete personalidades de outrora, de um pedreiro no antigo Egito a uma freira do século XVII nos Países Baixos antes de fazer contato, em 1983, com aquilo que chamou de "vida-chave" – um sacerdote/astrônomo na América Central de mil anos atrás. O sacerdote, diz Currie, não cumpriu seu voto de celibato e acabou assassinando um rival. Depois de examinar essa vida passada através do véu de um leve transe hipnótico, Currie experimentou uma gradual diminuição dos sintomas e começou a entender melhor os motivos das características depressivas, autoritárias e ascéticas da personalidade. "As imagens de vidas passadas", afirma Currie, excético que passou a acreditar na reencarnação depois de colher numerosas evidências documentais, "despertam um senso muito forte de convicção emocional e intelectual."

Currie acha que seu interesse pelas coisas ocultas remonta àquela existência na América Central, onde não conseguiu exercer convenientemente seu poder e influência. "Meti os pés pelas mãos", reconhece ele. "Agora, tento aperfeiçoar meu conhecimento da vida após a morte de uma maneira mais positiva." Em quatro das vidas relatadas em seus artigos, a ex-mulher de Currie, Margaret, figurava com destaque, embora nem sempre como esposa. Outros parentes e amigos também reapareceram.

As regressões convenceram Currie, falecido em 1992, de que sua doença se devera a uma culpa reprimida por séculos. Ele se deu conta também de quão longo é o braço da justiça kármica. De fato, após se ver esfaqueando sua vítima anos e anos antes na América Central, viu-se também torturado, mutilado e morto por uma lâmina em circunstâncias similares, quando era um índio no sudoeste americano antes da conquista espanhola.

> Um estudo de âmbito nacional feito pelo Departamento de Pesquisas de Opinião da Universidade de Chicago indica que 61 em cada 100 americanos já experimentaram o *déjà vu*.

Déjà vu

Acontece raramente, mas acontece a todos nós: um choque abrupto de reconhecimento quando em presença, pela primeira vez, de determinada cena ou pessoa. O *déjà vu* ("já visto") desmente a presumida originalidade das experiências atuais e sugere o despertar de lembranças subconscientes de outras vidas.

O general George "Sangue e Vísceras" Patton, o irascível herói americano da Segunda Guerra Mundial, accreditava ter vivido antes e sustentava essa postura com uma experiência de *déjà vu* na cidade francesa de Langres. Patton estava assumindo seu primeiro comando, e um oficial de ligação francês ofereceu-se para mostrar-lhe as belas ruínas romanas das imediações. "Não é preciso", retorquiu Patton, "conheço o lugar. E muito bem." Embora o general nunca houvesse andado por lá, guiou seu motorista em meio às ruínas, mostrando o velho anfiteatro, o campo de manobras, o fórum, os templos de Marte e Apolo. Além de afirmar ter lutado nas legiões de César numa vida anterior, Patton dizia que reencarnara várias vezes como guerreiro. Essa convicção é vigorosamente expressa numa estrofe de seu poema *Through a Glass Darkly*, escrito em 1944, um ano antes de sua morte:

> Assim, nas sombras de um espelho,
> Acompanho a guerra incansável
> Onde lutei sob muitas formas
> E muitos nomes – mas sempre eu!

Refletindo uma experiência bastante comum, os arquivos literários estão repletos de episódios de *déjà vu*. Por exemplo, o poeta Shelley, passeando com amigos numa região da Inglaterra onde nunca estivera, disse a um deles: "Do outro lado daquela colina há um moinho". Quando chegaram ao alto da colina e avistaram o moinho que Shelley acabara de descrever, ele desmaiou de emoção. O romancista escocês *sir* Walter Scott anotou em seu diário em 17 de fevereiro de 1828: "Não sei se convém registrar que ontem, na hora do almoço, vi-me assaltado por uma forte sensação de preexistência, ou seja, por uma ideia confusa de que nada do já dito foi dito pela primeira vez..." A estrofe inicial do poema de Dante Gabriel Rossetti, *Sudden Light*, evoca intensamente a experiência arquetípica do *déjà vu*:

> Estive aqui antes,
> Mas não sei dizer quando nem como;
> Conheço a relva lá fora,
> O doce aroma sutil,
> Os sons plangentes, as luzes da praia.

> Em 1956, três mulheres membros de um fã-clube de Liberace pagaram 34 guinéus na Sotheby's, famosa casa de leilões londrina, por uma carta do compositor Franz Liszt ao imperador da França. Por quê? Porque Liberace jurava ser a reencarnação de Liszt.

Como atualmente a música superou a literatura como forma favorita de expressão sentimental, referências à reencarnação e ao *déjà vu* povoam as ondas sonoras. Crosby, Stills, Nash e Young construíram harmonias suaves e persistentes em torno da ideia num álbum de 1970 intitulado justamente *Déjà Vu*. E dez anos depois Dionne Warwick fez enorme sucesso com uma canção do mesmo nome.

Arte em vidas passadas

Para a artista de vidas passadas Isolde Bauer, as encarnações estão nos olhos. Fitando os olhos de uma pessoa – ao vivo ou em fotografia –, ela mergulha em transe com a ajuda da respiração yogue. A seguir, concentra-se nas imagens que o transe produz – imagens das vidas passadas do sujeito. Gradualmente, as figuras mentais, rostos do passado, são transferidas para o papel ou a tela com a mão esquerda da artista. Isso, por si só, é extraordinário porque Isolde normalmente é destra.

Isolde, nascida na Alemanha e agora moradora de Las Vegas, Nevada, era de início uma retratista que contava com políticos e empresários entre seus clientes. Mas em 1974 uma visão fora do corpo, enquanto se submetia a uma delicada operação cirúrgica, mudou radicalmente seu estilo de trabalho. "Foi como se me tirassem um véu da frente dos olhos", disse ela. "Tudo ficou claro e nítido. As cores eram incrivelmente belas. Quando olhava para as pessoas, percebia a força psíquica de suas auras. Comecei a ter vislumbres de imagens de vidas passadas bruxuleando nas faces de quem estava à minha volta. Quando contei aos meus amigos o que estava acontecendo, eles me pediram que descrevesse suas vidas passadas. Eu resolvi então pintar aquilo que via."

Os quadros de Isolde compõem-se de rostos de outras vidas baseados na aparência atual. Uma leitura da vida anterior acompanha cada retrato, sempre executado a carvão, óleo, pastel ou acrílico monocromático (preto ou marrom) – o meio que o cliente preferir. Em geral, Isolde trabalha baseada em fotografias no sossego de sua casa. "A chave de tudo são os olhos", insiste ela. "Quando pinto os olhos do modo como desejava, as imagens de vidas passadas começam a se revelar. O rosto atual muda por uma fração de segundo. De muitas maneiras, é um processo automático – eu apenas o inicio e depois a pintura se faz por si mesma." Isolde garante que a maioria de seus sujeitos – que incluem pesos-pesados metafísicos como Dick Sutphen, Hans Holzer e Peter Hurkos – é invadida por uma sensação de familiaridade ao contemplar sua série de vidas passadas.

A capacidade de ver rostos transformando-se numa fração de segundo não é privilégio de Isolde Bauer e sua arte de vidas passadas. O psicólogo clínico Ronald Wong Jue, de Fullerton, Califórnia, costuma ver pessoas em imagens de vidas passadas quando trata de doenças psicossomáticas. "Concentro-me na energia de meus clientes e as imagens vão surgindo", afirma o dr. Jue. "É um filme que passa dentro da minha cabeça. Às vezes, quando compartilha a imagem, o cliente entra em regressão. Trata-se de uma abordagem intuitiva."

A hipnoterapeuta britânica Jo Kirby relatou o despertar de seus poderes de clarividência num dia de junho de 1980. Ela viajava no metrô de Londres e espantou-se com a súbita transformação das pessoas sentadas à volta. Uma bonita garota de saia curta era agora uma meretriz com pelos no queixo. Uma roliça dona de casa de meia-idade parecia uma mulher bem mais jovem, vestida de freira. E um rapaz de camiseta e *jeans* ostentava um uniforme de oficial naval do século XIX, com botões dourados. "Era como uma festa à fantasia", lembra-se Jo Kirby. "E me deixou maluca. Depois de muita meditação, descobri uma maneira de mandar embora aquelas imagens."

Segundo Marcia Moore e Mark Douglas em *Reincarnation: Key to Immortality*, as almas "estão encarnando e desencarnando num ciclo tão rápido que provocam verdadeiros engarrafamentos de trânsito entre os planos. Em consequência, há confusão e congestionamento no porto de entrada das almas na Terra".

O enigma da população

Os críticos do renascimento adoram citar o rápido aumento populacional e escarnecer: "Se a reencarnação é um fato, de onde vem toda essa gente 'nova'?" Sem dúvida, a população global dobrou de 25 d.C. a 1500; dobrou de novo por volta de 1800; e, desde então, quase quadruplicou. Mas os céticos não levam em conta o período entrevidas ou *bardo*, o qual, conforme indícios colhidos em transe hipnótico, diminuiu constantemente à medida que a mudança do mundo se acelerava. Só isso já justificaria o aumento populacional. Bem pode ser que, quando havia pouca mudança de geração a geração, as entidades preferissem pausas mais longas entre as encarnações; hoje, ao contrário, os rápidos avanços funcionariam como um atrativo para almas sedentas de novas experiências.

Os prontuários de hipnoterapia da dra. Edith Fiore informam-lhe que as pessoas com menos de 40 anos provavelmente já viveram antes neste século, enquanto outras estão em sua terceira ou quarta existência desde 1900. A dra. Helen Wambach, cujos sujeitos relataram períodos cada vez mais curtos fora da encarnação ao mesmo tempo que advertiam para a iminente catástrofe global, diz a propósito do surto populacional em curso: "Gosto de compará-lo à reunião do elenco de um musical no palco, para a *gran finale*". Um dos estudos da dra. Wambach, com 1.100 pessoas convidadas a determinar aleatoriamente três encarnações em dez períodos de tempo disseminados por 4 mil anos, reproduziu a curva ascensional estimada da população terrestre. Os sujeitos hipnotizados aparentemente demonstraram que encarnações cada vez mais rápidas ampliaram os números da população nos últimos séculos. A grande teosofista dra. Annie Besant observou em 1893 que a resposta à irritante pergunta sobre o crescimento populacional reside no número de egos sem corpo, sempre "consideravelmente maior" que o dos encarnados. Escreveu ela:

> O globo é um teatrinho numa metrópole, cujo público vem da população total. Pode às vezes estar meio vazio ou completamente lotado, sem que se note nenhuma mudança no número de habitantes da cidade.

Também não se devem excluir do debate os supostos acréscimos ou subtrações na raça humana – entidades que ascendem do reino animal à condição humana e renascimento de seres humanos altamente evoluídos num plano superior. Joe Keeton apressa-se a dizer que, enquanto a população humana aumenta, a animal diminui. "Para onde foram tantos segmentos de vida?", pergunta ele. "Será lá que mantemos essas criaturas humanas como guardas de campo de concentração?"

Conforme observa o dr. Ian Stevenson, estimativas plausíveis do número total de pessoas que já viveram na Terra vão de 69 a 96 bilhões. Isso consigna a cada membro da raça humana – hoje estimada em 6 bilhões de pessoas – aproximadamente de onze a dezesseis vidas anteriores.

"Se pudéssemos ver a nós mesmos e a outros objetos tais quais são realmente, ver-nos-íamos num mundo de naturezas espirituais, com o qual nossa comunidade nem começou quando nascemos nem terminará quando morrermos."
— Immanuel Kant

DE VOLTA À VIDA

"O renascimento é que dá ao nascimento de um ser incompleto num corpo físico sua promessa de completude e seu significado espiritual."
— Sri Aurobindo

"Por que algumas pessoas nascem geniais e outras tolas? Algumas nascem belas e outras feias? Algumas nascem saudáveis e outras enfermas? O conceito de renascimento na Terra, talvez após um intervalo usado pelo indivíduo para retirar das lembranças da vida recém-terminada a sabedoria que seu poder de reflexão lhe permite obter, leva-nos a acreditar que existe justiça no universo."
— C. J. Ducasse

Pesquisas recentes e estudos de caso confirmam e promovem a crescente aceitação da reencarnação nestes derradeiros anos do século XX.

Evidências científicas inquestionáveis fornecidas por um especialista global

O canadense dr. Ian Stevenson, durante 25 anos o maior investigador mundial da reencarnação, publicou em 1997 um estudo exaustivo sobre marcas e defeitos de nascença, que têm surpreendente relação com ferimentos e lesões lembrados de vidas anteriores. *Reincarnation and Biology* é um estudo em dois volumes, ilustrado, de mais de 2 mil páginas. Citando casos do mundo inteiro, recolhidos em três décadas de pesquisa, o livro documenta a aparente significação transdimensional de manifestações físicas que podem ser pequenas marcas ou sérias deficiências físicas. "Agora posso mostrar", garante o cuidadoso cientista, "que uma ampla variedade de mortes em diferentes países se traduz em defeitos de nascença relacionados com vidas anteriores."

O dr. Ian Stevenson – que, em 1995, recebeu a primeira Medalha de Ouro do Memorial Myers, da Sociedade Americana de Pesquisas Psíquicas, pelo "notável trabalho no campo das investigações psíquicas" – evita, bem a seu modo, afirmar que o renascimento explica a estreita semelhança física entre uma vida e outra. Mas essa inferência óbvia é difícil de ignorar e refutar. Como sempre propôs desde que publicou seu primeiro artigo sobre reencarnação, em 1960, o dr. Stevenson argumenta que seus casos tão penosamente documentados apenas *sugerem* a reencarnação. Contudo, sua obra mais recente adiciona um elemento físico persuasivo a um programa de pesquisa que se fia unicamente da memória.

Os estudos de caso em *Reincarnation and Biology* enfatizam a forte semelhança entre anormalidades físicas do indivíduo e cicatrizes de acidentes ou ferimentos rememorados de outras vidas. Eis alguns exemplos:

O caso do ladrão de gado que voltou: Tailândia

Ao nascer, Thiang San Kla trazia no corpo seis defeitos e sinais, o mais visível localizado na nuca. Seu tio Phoh – notório ladrão de gado – fora morto com um golpe de faca exatamente naquela região, cerca de um ano antes do nascimento de Thiang. O assassino era membro de um bando armado de mais de trinta aldeões de Ban Ar Vud, que acreditava que Phoh estava planejando roubar-lhe o gado.

Sonhos com Phoh – irmão mais velho do pai de Thiang – foram relatados pelos pais deste nos meses que antecederam o nascimento do menino. Ambos viram Phoh pedir para renascer como seu filho. Por causa desses sonhos, os pais de Thiang não hesitaram em aceitar que a criança fosse a reencarnação de Phoh. E ela confirmou isso tão logo começou a falar, fazendo declarações verificáveis e identificando várias pessoas. Os membros de sua família convenceram-se então de que estavam presenciando um episódio autêntico de renascimento.

Quando um policial que investigara os roubos e o assassinato de Phoh visitou Thiang, este se dirigiu a ele pelo nome e citou corretamente as pessoas envolvidas no crime. Em especial, exprimiu o desejo de vingar-se de um homem chamado Chang, o verdadeiro assassino. Um dos defeitos de nascença de Thiang era uma unha parcialmente destacada do dedão do pé direito, por baixo da qual o tecido apresentava uma pigmentação escura. Phoh sofrera durante muitos anos de uma infecção crônica naquela área.

O caso do "coletor de impostos": Índia

Lekh Pal Jatav nasceu em 1971 numa aldeia do distrito de Mainpuri, Uttar Pradesh, com uma grave deformidade na mão direita. Faltavam os dedos e grande parte do polegar. Tão logo o problema foi constatado, alguém sugeriu zombeteiramente que o garoto, em sua vida passada, devia ter sido coletor de impostos cuja mão fora decepada por um contribuinte enraivecido. "Coletor de impostos", em hindi, é *lekh pal* – justamente o nome dado ao menino.

Quando Lekh Pal começou a falar, disse já ter vivido antes e contou à irmã mais velha que sua mão fora cortada por uma máquina de picar feno. A pesquisa revelou que ele devia ser a reencarnação de Hukum Singh, uma criança que vivera numa aldeia do mesmo distrito, mas não era conhecida da família de Lekh Pal. Aos 3 anos e meio, Hukum Singh enfiou a mão numa máquina de picar feno. Todos os dedos foram amputados, mas a ferida logo cicatrizou e o garoto destro passou a usar a mão esquerda. Cerca de dez meses após o acidente, Hukum Singh morreu de uma doença sem nenhuma relação com o ferimento, em setembro de 1970 ou 1971. A data é incerta porque os registros estão incompletos; mas, seja como for, a morte ocorreu um ano ou imediatamente antes do nascimento de Lekh Pal.

O caso do menino que foi abatido a tiros como um coelho: Turquia

Um grave defeito na orelha direita marcou profundamente Semih Tutusmus desde seu nascimento, em 1958, na província de Hatay, Turquia. Quando tinha menos de 2 anos de idade, o garoto começou a falar que tinha sido assassinado na vida anterior por um homem chamado Isa Dirbekli. Afirmava ter sido alvejado na orelha direita. Deu também seu nome naquela vida – Selim Fesli –, bem como os de sua esposa e seis filhos. Aos 4 anos de idade, Semih percorreu dois quilômetros até a casa onde dizia ter vivido na encarnação passada e apresentou-se à família. Novas e alegres visitas se seguiram, mas o comportamento do menino mudava bastante quando via Isa Dirbekli. Tomado de raiva súbita, reagia atirando pedras no homem.

Aos 12 anos de idade, Semih ameaçava matar Dirbekli para se vingar do que considerava um assassinato deliberado. Dirbekli, porém, justificava-se alegando ter ido caçar pássaros e acertado Selim – que dormia no chão – porque o tomara por um coelho. Percebeu logo o engano e fugiu do local para escapar à ira dos filhos de Selim. Este faleceu seis dias depois no hospital, e Dirbekli foi preso e condenado a dois anos de reclusão. A cólera de Semih contra Dirbekli persistiu até a maturidade, mas as lembranças foram aos poucos se desvanecendo e uma cirurgia plástica na orelha remediou o problema, que, além disso, podia ser disfarçado pelos cabelos compridos.

O caso do veículo em chamas: Birmânia

Quando veio ao mundo em 1974, Ma Khin Hsann Oo tinha o corpo quase todo coberto por marcas grandes e fortemente pigmentadas. Nem seu pai, um agricultor, nem sua mãe ou qualquer outro membro da família questionaram a causa dos sinais até Ma Khin, com 18 meses de idade, começar a falar sobre uma vida anterior. Quando tinha 3 anos, afirmou que vivera antes como Ahmar Yee e morrera de queimaduras quando o veículo no qual viajava tombara e pegara fogo. "O carro de Shik-koe virou", dizia ela, mas sem mencionar as circunstâncias do acidente.

A família – que morava na aldeia de Ywathit, município de Tatkon, Birmânia Superior – concluiu: a menina se referia a uma mulher local, Ma AhmarYee, que morrera de queimaduras quando o caminhão no qual ela e muitos outros se encontravam tombou e incendiou-se. O veículo pertencera a um indiano muçulmano chamado Shik-koe, e o acidente custara dez vidas. Segundo o dr. Ian

Stevenson, duas outras crianças além de Ma Khin Hsann Oo parecem lembrar-se de ter morrido no desastre.

> O dr. Ian Stevenson compara as lembranças de outras encarnações ao efeito do papel-carbono: quando a primeira cópia (o corpo) é destruída, a imagem permanece.

Busca bem-sucedida pela prole de uma vida anterior

Quando criança, Jenny Cockell era assombrada por sonhos nos quais aparecia como uma mulher de nome Mary. Via-se estirada num quarto grande e de paredes brancas, com janelas altas e envidraçadas. Sozinha e moribunda, pensava apenas nos oito filhos que ia deixar. A pequena Jenny despertava em lágrimas, soluçando baixinho e indignada por ter de ficar tão cedo sem os filhos. Mas, temendo que o pai a castigasse, não pedia ajuda e guardava para si mesma aquelas imagens perturbadoras. Só de passagem mencionava para a mãe os sonhos e as lembranças que lhe vinham durante a vigília, cuja origem, acreditava ela, estava numa vida anterior.

Crescer na Inglaterra com emoções mistas de criança e adulto exigia muito de Jenny. Embora muito inteligente (é membro da Mensa), não gostava da previsibilidade da escola e não foi bem nos estudos universitários. A passagem dos anos, longe de anuviar sua memória, trouxe a Jenny mais e mais "instantâneos mentais", como ela chamava esses fragmentos de um passado turbulento. Acima de tudo, lembrava dos filhos e podia descrever seus traços, hábitos e características. Estava certa de ter vivido na Irlanda e recordava um chalé de aldeia com certa nitidez, principalmente a cozinha, onde Mary passava a maior parte do tempo. Na infância, Jenny desenhou mapas do chalé e sua posição relativamente a outros marcos locais. Adulta, tentou montar o quebra-cabeça e sentiu-se obrigada a procurar as crianças que conhecera outrora.

Em *Yesterday's Children* – história estranha, mas verdadeira, de uma busca bem-sucedida –, Jenny Cockell conta-nos que colocou anúncios nos jornais, telefonou para estranhos e vasculhou uma pequena área da Irlanda à cata de pistas da vida que lhe afluía à consciência. Ela sempre soubera que o período recordado se estendia, grosso modo, de 1898 aos anos 1930. Falou francamente sobre suas lembranças a parentes e amigos íntimos, depois ao marido, ao filho e à filha quando constituiu família – na verdade, a todos quantos se dispusessem a ouvir sua história ou ajudá-la na busca.

Por fim, Jenny conheceu o hipnotizador Jim Alexander, de Northampton, que a auxiliou na tentativa de resgatar, em transe, lembranças do passado. Na sessão inicial, em 6 de janeiro de 1988, Jenny descreveu sob hipnose uma rua calçada de pedras em Malahide, ladeada por barracas de feira. Depois, acercou-se dos derradeiros momentos de Mary, cena que sempre reaparecia em seus sonhos. Saiu do transe chorando descontroladamente.

A primeira sessão levou a uma série de regressões gravadas em fita com o objetivo de recuperar detalhes gráficos da vida de Mary e a identidade de seus filhos. Imagens mais entranhadas foram trazidas à luz e, em 1989, Jenny partiu para Malahide a fim de conduzir uma pesquisa naquele mesmo lugar. Ali, descobriu que Mary Hand desposara John Sutton, um soldado taciturno, o qual, na lembrança de Jenny, raramente estava em casa. Seis filhos haviam sido batizados na Igreja Católica de São Silvestre, em Malahide: Jeffrey (1923), Philomena (1925), Christopher (1926), Francis (1928), Bridget (1929) e Elizabeth (1932). Após a morte de Mary no Rotunda Hospital, Dublin, quando Elizabeth tinha apenas um mês de idade, seus filhos foram colocados em orfanatos.

Jenny tinha certeza, porém, de que a lista dos filhos não estava completa e prosseguiu na pesquisa. Depois que uma carta solicitando informações foi publicada num jornal de Dublin, Jenny ouviu de uma neta de Mary, filha de Jeffrey, que ela tinha oito filhos. Conversou então com Jeffrey, o segundo filho, por telefone e, mais tarde, com Sonny, o mais velho.

Em 1993, Jenny entrou em contato com os sete filhos (Bridget, segundo confirmou, morrera na Austrália). O relato mais notável em *Yesterday's Children* é o encontro, em 23 de setembro de 1990, de Jenny Cockell com "seu" filho há muito perdido, Sonny, que se mudara para Leeds, Inglaterra. Aquele homem tranquilo e gentil – velho o bastante para ser pai de Jenny – perguntou-lhe como explicava as lembranças que tinha de sua mãe. "Respondi que, para mim", diz Jenny, "devia haver reencarnação, mas essa não era a única maneira de ver a coisa. Não esperava que todos a vissem da mesma maneira. Ele pensou um pouco e pareceu feliz em deixar tudo como estava."

Quando Jenny revelou que, como Mary, certa feita ficara esperando num cais de madeira alguém que chegaria de barco, Sonny se mostrou agitado: "Quando criança", disse ele, "eu costumava carregar os tacos de golfe dos jogadores numa ilha e, ao entardecer, minha mãe me esperava no cais para voltarmos juntos para casa." Sonny confirmou também a lembrança de Jenny de que respondera ao chamado dos filhos quando eles descobriram um animal apanhado numa armadilha. O encontro com Sonny lançou luz sobre outros aspectos da vida de Mary, sobretudo seu medo e relutância em lembrar do marido, John Sutton. Sonny explicou que Sutton muitas vezes se mostrava violento com ela, principalmente depois que bebia. Com frequência, Sonny – o único filho que não fora mandado para o orfanato após a morte de Mary – tinha de intervir para impedi-lo de espancar a mãe. Indagado sobre até que ponto Jenny se parecia com Mary, o ancião respondeu prontamente: "Posso ver minha mãe em seus olhos".

Em 1992, como resultado direto da pesquisa e contato de Jenny com a família, Sonny foi à Irlanda a fim de encontrar sua irmã mais nova, Betty, pela primeira vez em seis anos. Reuniu-se também com outros familiares. Na casa de Sonny em Leeds, Jenny conheceu Phyllis, uma senhora sexagenária que não constava da lista dos filhos de Mary. Nessa ocasião, viu aquela que é provavelmente a única fotografia preservada de Mary Sutton, na qual ela aparece ao lado de Phyllis, então com apenas 2 anos de idade.

Jenny Cockell conclui *Yesterday's Children* com estas palavras: "Agora, com 39 anos, reencontrei quase todos os [meus] filhos e sei o que aconteceu. Se nenhum se dispusesse a conversar comigo, com toda a probabilidade não teria descoberto nada. A concordância de Sonny me deu o que eu procurava. O sentimento de responsabilidade e culpa se desvaneceu; estou tranquila e em paz como nunca antes".

Depois de escrever *Yesterday's Children*, Jenny Cockell reuniu-se aos "outros" membros da família em Malahide, para uma grande festa que se tornou tema de um documentário televisivo. Disse ela: "Todos queriam ir ver as ruínas do chalé. Foi a primeira vez que me reuni com todos e a primeira que todos se reúnem desde 1932". O hipnotizador Jim Alexander contou à *Reincarnation International* que não podia considerar o estudo de caso de Jenny Cockell uma prova incontestável da reencarnação, "pois deve haver outra maneira de explicá-lo". Mas acrescentou: "Creio que, num tribunal, essa prova seria suficiente para fundamentar a sentença".

> "Morte e nascimento são os toques de vésperas e matinas que convidam o povo a dormir e despertar pronto para um novo passo à frente."
> — Thomas Carlyle

"Fui baleado durante a Segunda Guerra Mundial"

Outro estudo de caso verificável na Inglaterra também começou com imagens de infância perturbadoras. Essas imagens, porém, não se originaram de sonhos: foram suscitadas por um presente de Natal. Menino ainda, Martin Heald ganhou no Natal um aparelho de telefone de campanha. Apertando um botão verde conforme lhe ensinara o pai, chegou a um segundo botão, vermelho, que trazia o alfabeto completo junto de uma sequência estranha de pontos e traços.

Heald escreve: "Meu pai logo me explicou que aquilo era o código Morse e pôs-se a tamborilar 'SOS' no aparelho. O quarto começou a desaparecer quase imediatamente e, em questão de segundos, eu estava flutuando acima das nuvens, olhando para a escuridão do céu noturno. Logo abaixo, avistei um avião sendo perseguido por outro bem menor e mais veloz. Depois do segundo ataque, o avião grande explodiu com um barulho ensurdecedor, lançando uma onda de terror e pânico através do meu corpo já trêmulo. Eu estava a ponto de gritar por socorro quando a horrível cena sumiu tão rapidamente quanto surgira. Tentei explicar a meu pai o que acontecera, mas ele riu e lembrou minha tendência a fantasias e devaneios".

Essa experiência de Heald foi apenas o começo de uma longa série de acontecimentos inexplicáveis ocorridos em sua infância – todos, aparentemente, ligados à Segunda Guerra Mundial e que o garoto só conseguia descrever como vislumbres do mundo dos espíritos. Entretanto, procurava viver uma vida normal e, depois de cinco anos sem grandes novidades na escola secundária, respondeu a um anúncio da Força Aérea Real (Royal Air Force – RAF) que vira na televisão. Heald candidatou-se a um posto de eletricista, fez os testes e exames médicos necessários no centro de informações local da RAF e foi chamado para uma entrevista.

Depois de cumprimentar Heald pelos bons resultados dos testes, o oficial recrutador informou-o de que a lista de espera para o cargo era de pelo menos um ano. Ofereceu-lhe então um posto alternativo, de telegrafista, onde deveria trabalhar com computadores, equipamentos de comunicação sofisticados e código Morse. Semanas depois, Heald fez o teste de aptidão para o cargo e teve uma estranha sensação de *déjà vu*, lembrando-se logo de sua experiência infantil com o telefone de campanha. Quando compareceu para a entrevista final, foi efusivamente recebido pelo oficial recrutador, que estava muitíssimo intrigado com seu conhecimento do código Morse.

"Meus parabéns!", disparou o oficial.

"Como assim, senhor?", perguntou Heald, perplexo.

"Ora, você foi a primeira pessoa na história desses testes a tirar nota 10!"

Na época, Heald atribuiu seu desempenho à sorte, mas, quatro anos depois, deixou a RAF para se casar e retomar a vida civil. O casamento, porém, não durou muito tempo e ele foi morar numa pensão. Mas justamente essa mudança é que anunciou o começo de um período de dois anos de episódios estranhos, principalmente uma série de sonhos premonitórios com desastres de avião, dos quais quase todos aconteceram de fato. Heald conheceu então uma jovem enfermeira chamada Jennifer, a quem se sentiu confiante de comunicar seu fascínio por assuntos sobrenaturais. Contou-lhe alguns sonhos, sobretudo os referentes a desastres aéreos, que iam aumentando em número e nitidez. Em 1992, Jennifer decidiu morar na Holanda, pois lhe ofereceram um contrato de dois anos como babá. As vantagens incluíam acomodação e o uso de um carro.

Heald achou melhor acompanhá-la e, no anseio de recomeçar, livrou-se de todos os seus livros e objetos associados à paranormalidade. "Afinal", escreve ele, "o que eu ganhara com aquilo? Um casamento fracassado e um monte de problemas menores, sem falar nos sonhos horríveis." Heald conseguiu achar emprego numa fábrica e um apartamento em Hoorn, antigo porto pesqueiro na região noroeste do país. Mas não pôde se livrar dos sonhos com acidentes aéreos. Uma premonição particularmente lúgubre envolvia um aparelho que caíra logo depois de levantar voo na Macedônia. Heald estava tão lúcido durante o sonho que tomou notas mentalmente do local, da torre de controle a distância, do terreno montanhoso, das condições climáticas e do próprio avião, que parecia ter uma forma estranha. Ao despertar, registrou o sonho da melhor maneira possível e, à noite, mostrou a Jennifer o desenho. No dia seguinte, comprou um exemplar de *The Dutch Telegraph* para examinar a página de aviação: sob a manchete "ACIDENTE AÉREO NA MACEDÔNIA", vinha o relato do próprio desastre que ele previra. Todos os detalhes que anotara, inclusive a forma esquisita do aparelho, estavam na reportagem. O mais estranho, porém, era a fotografia da cena do acidente: parecia ter sido tirada da mesma posição de Heald no sonho!

Logo depois, a dona do apartamento de Heald passou-lhe o cartão de uma "leitora de auras" chamada Saskia de Bruin. A seu ver, essa mulher poderia lançar alguma luz sobre a situação inusitada de Heald. Embora cético, ele seguiu o conselho da proprietária e logo viu sua descrença evaporar-se; com efeito, Saskia de Bruin descreveu fielmente, sem hesitar e com muitos detalhes, os anos de infância de Heald. Disse-lhe que ele se mudara para a Holanda a fim de recompor sua vida passada. E prosseguiu fornecendo um quadro fascinante da última vida de Heald na Inglaterra, quando se alistara na RAF durante a Segunda Guerra Mundial e fora abatido em algum ponto da Holanda ao voar em missão de bombardeio contra a Alemanha. Saskia aconselhou-o a procurar um especialista em regressão para reencenar alguns dos episódios e integrar a experiência às suas circunstâncias atuais. Isso poria fim às aterrorizantes premonições, garantiu ela.

Numa bela tarde de verão de 1994, Heald chegou a Enkhuizen, a cidade do regressionista Josee van Asten, nome que ele escolhera ao acaso na lista telefônica. Van Asten disse a Heald que ele teria muita sorte caso as lembranças de sua vida anterior aflorassem logo na primeira sessão. E sorte não lhe faltou. Mergulhado em transe, Heald viu cenas de um brilho intenso, que confirmaram ter ele sido aviador na Inglaterra há mais de 50 anos. As imagens surgiam repassadas de absoluta convicção emocional.

No dia seguinte, Heald transcreveu uma fita gravada da sessão, descobrindo seu antigo nome, Richard Seymour, a profissão do pai – vigário de uma igreja – e o ano do acidente, 1942. O corpo, esclareceu em resposta a uma pergunta de Van Asten, fora destruído quando o aparelho explodira. Richard Seymour, Heald o soube, era rádio-operador, o que explicava – nesta vida – sua "visão" infantil com o telefone de campanha, sua vontade de entrar para a RAF e seu domínio do código Morse.

Algumas semanas depois, Heald procurou sociedades históricas na Inglaterra esperando confirmar o que soubera sob hipnose. Mas a longa pesquisa parecia infrutífera ao final de 1994, sem nenhuma informação que viesse corroborar os dados. Havia, porém, um consolo: os frequentes sonhos de Heald com acidentes aéreos tinham cessado. Em maio de 1995, Heald já desistira de obter provas de suas lembranças da vida passada. Mas o entusiasmo voltou quando o iminente aniversário dos 50 anos do fim da Segunda Guerra Mundial foi exibido várias vezes em todas as televisões europeias. De novo, ele se sentiu tomado por uma estranha sensação de *déjà vu* e uma série de emoções que não pareciam ser suas.

Num dia particularmente melancólico, Heald recebeu a visita de um ex-colega de trabalho que o convidou a um passeio até a biblioteca local. No momento em que o colega apanhava uma revista da mesa, estando Heald sentado pacientemente no saguão, seu olhar caiu sobre um periódico que anunciava a Segunda Guerra Mundial como área de interesse de colecionadores. Um dos artigos mencionava um especialista em informações sobre acidentes com aparelhos aliados nos céus da Holanda de 1939 a 1945. O artigo fornecia o endereço do homem. Heald escreveu-lhe, falando-lhe do que soubera em estado hipnótico. A resposta não tardou, dizendo que embora os dados fornecidos por Heald fossem precários, uma cópia de sua carta fora enviada a um colega especializado em acidentes aéreos ingleses. Duas semanas depois, Heald recebeu a confirmação do que andava procurando. Um relatório do acidente (ver abaixo) corroborava todos os detalhes de sua vida como sargento Richard Seymour.

RELATÓRIO DE ACIDENTE
SEYMOUR, SARGENTO RICHARD HENRY CREED

1166511. RAF (V. R.) Esquadrão 158. 20 de julho de 1942. Filho do reverendo Archibald Thomas Seymour e Mary Seymour, do vicariato de Swallowfield, Berkshire. Painel 93

Data do acidente: 20 de julho de 1942
Hora do acidente: 2h52
Aparelho: Halifax Mk 11
Códigos: W1162 NP-D
Esquadrão: 158
Base: East Moor Yorkshire
Acidentado perto de/em: Mar do Norte, 30 km N da ilha de Terschelling, Holanda
Acidente devido a: Caça noturno Oberleutnant Egmont, Prinz ZUR LIPPE WEISSENFELD 11./NJG2
Mortos: Sargento Arthur Ernest WATKINS, Obs, 21, 1331702, RAF (VR), Túmulo 7.C.6
Sargento Patrick Joseph DILLION, piloto, 1378506, RAF (VR), Túmulo 7.C.11
Sargento William Henry ROGERS, Fe, 520277, RAF, Túmulo 7.C.12
Sargento Herbert Edward GODFEREY, Ag (Artilheiro de torre), 23, 4405482, RNZAF, Túmulo 7.E.14
Desaparecidos: Sargento Robert FORGIE, Ag (Artilheiro de popa), 653037, RAF, Runnymede Panel 83
Sargento Douglas Arthur REDLER, Ab, 25, 1169796, RAF (VR), Runnymede Painel 92
Sargento Richard Henry Creed SEYMOUR, Wop/Ag, 21, 1166511, RAF (VR), Runnymede Painel 93
Cemitério: Sage War Cemetery Oldenburg (Alemanha). Sepultamentos, inicialmente, no Cemitério Luterano em Borkum
Decolagem: 23h56
Alvo: Docas de Vegesack

(Detalhes recolhidos pelo sr. J. G. J. de Haan, Kronenland 1432, 6605 RW WIJCHEN, Holanda.)

> A abstenção total de castigos corporais, nas famílias inuits, deve-se à crença comum de que a relação pai-filho talvez tenha sido invertida no passado e possa sê-lo de novo no futuro. Do ponto de vista kármico, a expressão "Isto vai doer mais em mim do que em você", tantas vezes usada por pais ocidentais quando vão bater nos filhos, assume um significado mais profundo do que se imagina conscientemente.

Retorno da tribo

A ideia de que as pessoas reencarnam em grupo tornou-se uma perspectiva realista para a regressionista americana Janet Cunningham. Em seu trabalho de terapeuta, viu-se involuntariamente às voltas com testemunhos muito similares de pacientes que diziam ter sido indígenas norte-americanos massacrados por soldados brancos. Os indícios sugerem que os membros da tribo oglala nos Dakotas reencarnaram no século XX para resolver emoções profundas dessas vidas anteriores. Eles voltaram para se curar e, em alguns casos, tornaram-se eles próprios curadores.

Em seu livro *A Tribe Returned*, Cunningham conta que, a fim de superar sua culpa, alguns dos militares responsáveis pelo massacre estão hoje casados com membros da tribo. A terapeuta revela que foi um dos personagens principais desse drama notável – Estrela Cadente, filha do chefe da tribo, Águia Prateada. Ambos assassinados. Caso o leitor reaja com ceticismo a essa crônica, o autor não o condena. Ao longo da narrativa – repleta de lembranças vívidas e às vezes horríveis dos acontecimentos que levaram ao massacre –, a própria Cunningham exprime dúvidas e incredulidade. Por muito tempo, não quis sequer fazer regressão ela própria, talvez receando influenciar outros ou não estar preparada ainda para fazer face aos horrores previsíveis de uma vida anterior. Ao coligir seu material, ela ignorava indícios documentados de outras encarnações em grupo e mais tarde ficou aliviada ao constatar que sua descoberta não era a primeira do gênero.

A redação do livro foi realmente difícil. "A programação de minha cultura e sociedade sustentava que semelhante história é impossível", declara Cunningham. Em seguida, pergunta: "É mesmo verdade? A tribo existe?" As "lembranças" eram fortes, convincentes, e chegavam a arrancar borbotões de lágrimas dos participantes; o livro, porém, não apresenta provas de que o massacre da tribo oglala de fato ocorreu. "Teríamos nós mergulhado nas mentes inconscientes uns dos outros e produzido uma metáfora?", pergunta a terapeuta. "Por acaso. Ou – talvez – sejamos uma tribo que voltou."

> A alma de Abel passou para o corpo de Sete e depois para o de Moisés, segundo o *Talmude*.

O relógio que sobreviveu ao holocausto

Bruce Whittier, criador de cabras canadense, não sabia nada sobre o povo judeu. Não havia judeus entre os 1.600 habitantes da cidadezinha de Kingston, Nova Escócia, onde ele crescera, nem entre seus ancestrais, que haviam emigrado da Inglaterra nos anos 1700. Mas em abril de 1991, Whittier começou inexplicavelmente a sonhar de maneira muito nítida que era um judeu holandês com esposa, filha e filho na Holanda durante a Segunda Guerra Mundial. Os alemães estavam chegando e, para fugir-lhes, a família se abrigou num velho porão. Encostada à parede havia uma mesa quadrada, sobre a qual se via um relógio antigo. Eles calculavam a passagem do dia pelo tique-taque suave do relógio. O sonho de Whittier terminava com ele esgueirando-se para fora do esconderijo a fim de levar seu cão malhado a passear, logo ao amanhecer. No pátio, foi surpreendido por alguém que o acusou de um crime, atirou no cão e voltou-se para ameaçá-lo.

Whittier acordou grandemente sobressaltado. Ao longo do dia, rememorava as imagens assustadoras, perguntando-se o tempo todo o que elas podiam significar. Nas duas noites seguintes o sonho se repetiu. Na terceira, outro sonho revelou que o relógio se achava bem perto de sua casa no Canadá e chegou a fornecer detalhes para localizá-lo: vá pela Estrada 1 até uma loja de antiguidades recentemente inaugurada e encontrará o objeto.

Semanas a fio, Whittier adiou a viagem. Mas, enquanto protelava, o sonho se repetia, fornecendo cada vez mais detalhes. Viu-se em pessoa no campo de concentração de Auschwitz, que estava todo coberto de poeira e cinzas. Ele e a mulher foram empurrados para a beira de uma trincheira profunda, espécie de vala comum. Em seguida, fuzilaram-nos.

A resposta de Whittier a esses sonhos era intensamente emocional, mas ele não conseguia entender por quê. Não era judeu e tinha apenas 29 anos de idade – jovem demais para se lembrar de uma guerra ocorrida muito antes de seu nascimento. Por fim, resolveu visitar a loja de antiguidades que lhe aparecera em sonhos. Exatamente como fora indicado, encontrou o novo estabelecimento – chamado *In Tyme* – na Estrada 1. Dentro, viu muitas peças maravilhosas, mas nenhum relógio. Quando já se preparava para sair, o dono emergiu de uma sala aos fundos e fechou a porta às suas costas. Então, Whittier viu o relógio. "Não fiquei apenas espantado", escreve Whittier em *From Ashes to Healing*, uma coletânea de histórias místicas autênticas reunidas pelo rabino Yonassan Gershom, "fiquei chocado. Aquele relógio era meu – ou pelo menos o fora em outra vida."

Whittier não se animava a contar a um completo estranho que sonhara ter possuído aquele relógio em outra encarnação, mas queria conhecer melhor a história. O proprietário da loja explicou que acabara de voltar de uma viagem de compras à Europa. Adquirira diversas peças na Holanda, onde as autoridades haviam aberto alguns depósitos antigos, cheios de pertences confiscados pelos nazistas aos judeus holandeses durante a Segunda Guerra Mundial. O relógio integrava a coleção.

Bem que Whittier gostaria de ter o relógio em mãos, mas o objeto desse desejo era caro demais para justificar semelhante atitude. Percebendo não poder dar nenhuma desculpa plausível para manusear o relógio, saiu da loja sem fazê-lo. A imagem dele, porém, acossou-o depois por semanas. E enquanto ruminava a propósito de "seu" relógio, foi se lembrando de outros incidentes na vida que combinavam com a perspectiva de ter sido outrora um judeu holandês. Com 9 ou 10 anos de idade, sentira-se tomado de pânico numa ocasião em que os pais assistiam a um filme de guerra. O título do filme fugiu de sua memória, mas ele se lembra bem de que o mandaram para o quarto, proibindo-o de ver televisão naquela noite. Mais tarde, já adolescente numa ida às compras, compraram-lhe dois solidéus judaicos – um de veludo marrom e o outro de seda multicolorida. Todo dia, após a escola, punha um dos solidéus enquanto fazia as lições, pois isso lhe dava uma sensação de "ser parte".

Em agosto de 1995, depois de conversar com o contador de histórias hassídico Rabbi Gershom, resolveu se submeter a uma regressão hipnótica na tentativa de compreender seus sonhos perturbadores e seu bizarro fascínio pelo judaísmo. Posto em transe pelo hipnotizador local George McAdoo, viu-se na pele de um judeu holandês chamado Stefan Horwitz, que se casara com uma mulher de nome Helene. Tiveram dois filhos. Visualizou também um relógio, uma herança de família que pertencera à sua avó naquela vida. A hipnose deu maior dimensão aos sonhos e resgatou detalhes impressionantes do cotidiano em Auschwitz. Uma penúria extrema dominava as imagens, que culminaram no empurrão para a beira da vala comum e no tiro, semelhante "a uma lâmina quente atravessando-me", e na queda sobre a pilha de cadáveres.

Felizmente, a morte de Whittier foi seguida por uma magnífica sensação de estar flutuando em plena luz. Quando McAdoo lhe perguntou por que escolhera uma encarnação tão traumática, Whittier respondeu: "Fui *mandado* para lá a fim de obter um maior grau de paz, ganhar força e conhecimento, crescer, ser capaz de ensinar e orientar meus semelhantes". Depois de experimentar a serenidade e a alegria supremas daquilo que só pode ser o estado de *bardo* ou entrevidas, Whittier conseguiu se livrar da dor e do medo que lhe vinham das lembranças do Holocausto. E embora o desejo de ter o relógio – cujo preço excedia em muito o orçamento familiar – persistisse, esse desejo não foi em vão. Enquanto Rabbi Gershom divulgava a história de Bruce Whittier por todo o continente norte-americano, as pessoas começaram a fazer doações para um "Fundo de Resgate do Relógio", de modo que aquela peça antiga voltou às mãos do legítimo dono. Em maio de 1996, o relógio foi finalmente redimido de seu longo exílio e levado para o lar dos Whittier, onde hoje ocupa um posto de honra.

> Lorde Dowding, o marechal do ar que comandou a Batalha da Grã-Bretanha, achava que os torturadores e assassinos da Inquisição renasceram para sofrer nos campos de extermínio da Segunda Guerra Mundial. "Tenho lá minhas razões para acreditar", declarou ele durante uma palestra sobre reencarnação na

Sociedade Teosófica, em Londres, no mês de novembro de 1945, "que quem lançou as sementes da crueldade abominável na época da Inquisição fez sua própria colheita em Belsen e Buchenwald."

Um estudo de seis anos com crianças que se lembravam de vidas passadas

As crianças que se lembram de ter vivido antes são mais maduras, têm maiores habilidades verbais e melhor memória que as outras, segundo o professor Erlendur Haraldsson em *The Journal of Nervous and Mental Disease* (1995). Essas crianças também se saíam melhor na escola e eram socialmente mais ativas que o grupo de controle. Os resultados do estudo – feito no Sri Lanka – não foram obtidos sem grandes dificuldades. Um dos problemas do professor Haraldsson foi que a maioria das crianças com recordações de vidas passadas tinha entre 2 e 5 anos de idade, havendo poucos testes psicológicos objetivos para analisar a personalidade de pessoas tão novas. Assim, ele passou para um grupo mais velho, cujos integrantes haviam todos mencionado lembranças de vidas anteriores quando eram mais jovens, embora a maioria já não falasse sobre o assunto. Os testes foram aplicados a 23 sujeitos – oito meninos e quinze meninas entre 7 e 13 anos.

O professor Haraldsson concluiu no fim de seu estudo de seis anos que as crianças com recordações de vidas anteriores:

- são em geral mais maduras que as outras;
- demonstram muito mais conhecimento de palavras e compreensão da linguagem;
- evocam acontecimentos recentes com maior clareza;
- saem-se melhor na escola, são mais bem-comportadas e esforçam-se mais;
- *não* são mais sugestionáveis que as outras.

Para os professores que colaboraram no estudo, as crianças com lembranças de vidas passadas conviviam melhor com os colegas, faltavam menos às aulas, eram mais motivadas e menos desobedientes, apresentando um comportamento menos explosivo e imprevisível que as outras. No entanto, os pais das crianças relataram inúmeros problemas comportamentais não registrados no grupo de controle. Afirmaram que seus filhos eram mais dados a discussões, mais teimosos, mais tagarelas, mais propensos a machucar-se, muito preocupados com ordem e limpeza, pouco propensos a "aparecer", mais nervosos, muito tensos e mais inclinados ao perfeccionismo.

Escreve o professor Haraldsson: "As repetidas e não raro enfáticas declarações que os sujeitos fazem a propósito de vidas anteriores costumam indispô-los com outros membros da família. Por exemplo, algumas crianças negam que os seus pais sejam mesmo seus pais e querem por força ser levadas para junto dos 'verdadeiros', que, segundo dizem, gostavam mais delas. Uns poucos sujeitos realmente tentam fugir de casa a fim de encontrar eles próprios a família anterior. Outros reclamam da pobreza atual e gabam-se de ter tido mais comida, roupas e criados na vida anterior. Os pais, em culturas nas quais prevalece a crença na reencarnação [como a do Sri Lanka], nem sempre mandam os filhos calar-se por acharem que eles estão fantasiando; mas, num grande número de casos, sentem-se aborrecidos com os filhos por causa daquilo que dizem e de seu comportamento inusitado".

O professor Haraldsson adverte que esses dados não amparam a tese segundo a qual crianças com recordações de vidas passadas sofrem de isolamento social. O caráter sugestionável entre incipiente e normal e o baixo índice de confabulação que os testes revelam "parecem indicar que lembranças de vidas anteriores talvez sejam geradas interiormente, ao menos no começo, não recebendo nenhuma influência de outras pessoas".

> Napoleão acreditava firmemente na reencarnação. Às vezes gritava para seus marechais: "Sou Carlos Magno! Então não sabem quem sou? Sou Carlos Magno!"

Em busca do tesouro da vida passada

Aos 4 anos de idade, o americano Jim Bethe começou a dizer que fora um soldado britânico durante as Guerras Napoleônicas. Mas essas reminiscências infantis não eram as de um soldado comum. Pois, pelo que ele recorda, o garoto destinado a tornar-se numismata em Prescott, Arizona, com uma das maiores coleções de medalhas napoleônicas nos Estados Unidos, tinha "certa lembrança" de haver escondido um baú de joias durante aquela encarnação como militar.

As regressões a vidas passadas, conduzidas pelo hipnotizador Frank Baronowski em Phoenix, de 1988 a 1989, somente confirmaram a certeza íntima de Bethe. Corroborando e ampliando suas declarações, os transes revelaram que sua personalidade anterior fora Jonathan Seman, um cartógrafo do Exército Real que viveu de 1769 a 1834 e casou-se com uma mulher chamada Mary Merton. Servindo na Índia durante os derradeiros anos do século XVIII, Seman adquiriu um cofrinho de joias roubadas, que trouxe para casa e enterrou num lugar qualquer da Península de Gower, País de Gales.

Seguindo o conselho de clarividentes e a informação colhida de suas próprias regressões, Bethe partiu em 1994 para ver se conseguia encontrar o tesouro escondido. Uma equipe de filmagem do programa de televisão britânico *Schofield's Quest* estava a postos para registrar o drama enquanto a rabdomante Elizabeth Sullivan encaminhava os escavadores ao local exato, num dia úmido e frio de inverno. Depois de muito escavar, os operários toparam com um "chão" sólido de concreto, desapontando a todos. Filmagem e trabalho foram suspensos até outro dia inclemente, quando os escavadores conseguiram perfurar a camada de concreto. Bem no fundo, descobriram um arco muito mais antigo de tijolos, que causou grande agitação entre os caçadores de tesouros.

Bethe imediatamente se lembrou de uma sessão hipnótica em que falara de maneira inequívoca sobre as joias enterradas naquele local. "Levei-as para Gales, onde tenho um esconderijo", dissera ao hipnotizador britânico Tom Barlow. "Atravessei o campo até a encosta perto do bosque. Há ali um curral e alguns edifícios."

"Enterrou só um baú?", perguntara Barlow.

"Não", respondera Bethe. "Tenho lá um cofre de joias e uma caixa de ferro que meu avô me deu antes de morrer. Na verdade, são três caixas." A seguir, forneceu mais detalhes sobre o esquivo tesouro. "Está num lugar por onde pouca gente passa. Num chiqueiro. Abro uma das portas duplas, esgueiro-me para dentro e desço ao subterrâneo."

Bethe mencionara também que as caixas estavam mergulhadas na água e, com efeito, logo os escavadores se viram metidos num grande atoleiro. Pela segunda vez a caça ao tesouro teve de ser interrompida, mas – numa entrevista de julho de 1997 em Phoenix, Arizona – Jim Berthe, longe de desanimar, anunciou uma nova expedição. Mais investigações secretas, disse ele, revelaram que o tesouro estava a cem metros do sítio da última escavação. Bethe escreveu aos magnatas da mídia Hugh Hefner e Steven Spielberg pedindo-lhes ajuda. "Não posso fazer isso por meus próprios meios", confessou ele. "Preciso do devido apoio financeiro para levar adiante e documentar de maneira profissional a busca. E quando obtivermos sucesso", acrescentou com um brilho nos olhos, "provaremos que a reencarnação existe."

Há outro aspecto excitante na pretensão de Berthe a ter sido outrora Jonathan Seman. Lembrando curiosamente a prova de Ian Stevenson da marca de nascença, citada no início deste capítulo, o porte avantajado de Bethe (ele mede quase 1,90 m e pesa 110 kg) dá a seguinte impressão de sua suposta vida anterior:

Ele tem uma marca de nascença na nuca, correspondendo a um ferimento de cimitarra que Seman teria sofrido em 1799 durante o cerco de Seringapatam, no Mysore, Índia.

Jonathan Seman aparentemente perdeu o olho esquerdo em 1809 quando foi alvejado por um tal Edward King. Nesta vida, Bethe apresenta catarata no mesmo olho.

Desde pequeno, Bethe sofre de aspereza e calosidade nos pés e mãos, muitas vezes dolorosas. Nenhum creme consegue suavizar sua pele seca e trincada. Bethe soube que as mãos e os pés de Seman foram metidos no fogo – um excruciante método de tortura destinado a revelar a localização do tesouro escondido.

O número de vidas do Buda foi estimado de umas quatrocentas ao equivalente a quantas plantas existem no universo. Cerca de 550 narrativas de suas existências em várias formas animais e humanas aparecem nas *Jatakas* ou histórias de nascimento. A virtude nem sempre predomina. Numa das vidas, ele matou seu meio-irmão durante uma briga por herança; e em outra, foi um garoto malcriado que arrancou o prato de esmolas das mãos de um velho. Na região central de Java, dentro de um vale rodeado por vulcões ativos, vê-se um grande santuário piramidal ornamentado com esculturas que descrevem as vidas do Buda. Numa encarnação remota, ele aparece como uma tartaruga conduzindo náufragos até a praia.

Pós-escrito: Princesa Diana (1961-1997)

Diana, princesa de Gales cuja morte trágica num acidente de carro em Paris chocou o mundo em 1997, acreditava na reencarnação. O *The Daily Telegraph* relatou que, depois do episódio fatal, preces eram oferecidas diariamente a Diana no templo indiano de Neasden, norte de Londres. Os adeptos deveriam estar comemorando o segundo aniversário do edifício, mas preferiram entoar *bhajans* e *kirtans* (canções devocionais) pelo *atma* ou alma da princesa.

The Telegraph acrescentou: "Gulu Lalvani, o empresário asiático que se viu no centro das atenções por ter levado Diana a um clube noturno ainda este ano, refletiu sobre as crenças hindus ao dizer na noite passada: 'Ela acreditava em reencarnação. E voltará'. A princesa Diana teria dito a amigos que fora uma freira em vida anterior.

> "Todos voltamos. É essa certeza que empresta significado à vida, não fazendo a menor diferença se numa encarnação posterior lembrarmos ou esquecermos a anterior. O que conta não é o indivíduo e seu bem-estar, mas a grande aspiração ao puro e ao perfeito que prossegue vida após vida."
> — Gustav Mahler (1860-1911)

LEVAR TUDO DE VOLTA PARA CASA

"A pessoa cuja visão de vida se limita a esta encarnação passageira lembra o cavalo de charrua que vê seu trabalho como um único sulco, não sendo nunca capaz de perceber que um sulco se mistura a muitos outros."
— Bryan Jameison

"Não basta saber sobre a reencarnação; é preciso vivê-la."
— Guenther Wachsmuth

A acanhada perspectiva se esvai, as paredes se esboroam e, de repente, tudo começa a fazer sentido. Compreende-se então que, afinal de contas, um dia não é uma vida inteira; que a existência humana é maior, mais ampla e mais significativa do que se possa imaginar.

Estendendo uma vida para muitas vidas, a reencarnação dá conteúdo a cada vida, assim como, em qualquer delas, o desenvolvimento pessoal implica a contribuição de cada dia. A esperança acompanha essa perspectiva mais vasta. Não a esperança ingênua, idealista, mas a que se funda na mescla de fé e razão. A reencarnação nos ensina que mesmo as mortes mais trágicas e sórdidas são apenas novos nascimentos em preparo e que nada pode suceder nas incontáveis jornadas do progresso exceto oportunidades para aprender e evoluir. Assim, as vidas na Terra, moldadas por tendências kármicas, adquirem pleno significado. Cada pensamento, palavra ou ato tem sua finalidade, pois é a causa de um efeito futuro. E isso traz de novo à tona a verdade segundo a qual temos de nos considerar totalmente responsáveis e imputáveis por aquilo que somos e fazemos. Não podemos culpar as circunstâncias ou forças eternas de qualquer tipo por nossa sina. Cada qual faz sua cama, como se diz, e nela deve deitar-se.

Embora as biografias de criminosos ricaços e santos miseráveis sugiram falta de justiça no mundo, ela se manifesta no contexto maior da sucessão de vidas. Somente depois de muitas vidas, a alegria, a pobreza e a desigualdade flagrante se justificam. Palavras como "coincidência", "acidente" e "iniquidade" saem de cena quando o indivíduo aceita que ele próprio engendrou cada ação e reação ao longo do caminho. A reencarnação significa que todos nós estamos colaborando para uma gratificante autorrealização numa série incalculável de corpos. O senso de incompletude provoca um anseio de experiência que nos traz de volta até nosso potencial realizar-se plenamente. Destinos moldados individualmente se fundem e interagem com os destinos coletivos de famílias, grupos de pessoas parecidas, nações e o mundo como um todo. É assim que crescemos.

> Proposta de reflexão para os ocidentais ricos: nascemos ao abrigo do materialismo do Ocidente porque a evolução ainda não nos fez flexíveis o bastante para suportar o sofrimento comum no Oriente ou estamos sendo recompensados por virtudes passadas?

Natural como respirar

Não há nada de extraordinário na reencarnação. Ela é tão natural quanto respirar e igualmente compatível com o fluxo e refluxo incessante do universo. Infelizmente, nosso imemorial afastamento dos ritmos primordiais e a lavagem cerebral das falsas conclusões materialistas fazem com que o renascimento seja visto por muitos como mera indulgência, um corolário de racionalizações de desejo alimentado por excêntricos e simplórios.

Mas considere-se a transformação que ocorreria na vida terrena caso a encarnação penetrasse na espiritualidade da população global como guia de comportamento. Bem cientes de estar colhendo a safra de atos passados e, ao mesmo tempo, lançando as sementes de vidas futuras, muitas pessoas agiriam de forma diversa. A vida no planeta mudaria – e para melhor. Guerras, crimes, racismo, nacionalismo e chauvinismo sexual diminuiriam a olhos vistos. Pois quem iria ferir ou discriminar o tipo de pessoa que ele mesmo já foi ou pode vir a ser, sabendo que pagará por isso em outra vida? O medo constante da morte seria eliminado e substituído pela aceitação da oportunidade de melhorar. Médicos que se esforçam para prolongar a vida recorrendo a todos os meios artificiais ao seu dispor se veriam como truões lamentáveis, ignorantes da renovação cósmica. Poucos seriam estouvados a ponto de praticar o suicídio ou o aborto; e a engenharia genética seria considerada por todos uma ciência petulante e perigosa. De modo algum se encorajaria a extinção de espécies vegetais ou animais, pois isso equivaleria a remover degraus da escada evolucionária. Aqueles que têm seus cadáveres congelados no aguardo de futuras técnicas de ressuscitação saberão que estão gastando dinheiro para preservar um corpo que logo irá ser substituído por outro, gratuito!

A aceitação da reencarnação exige uma mudança cabal das atitudes inculcadas por uma cultura que de há muito se identificou em excesso com o corpo. Essa superidentificação transparece até na nossa linguagem. Dizemos, por exemplo, "estou com fome" quando deveríamos dizer, como alguns indianos, "meu corpo está com fome". Annie Besant comenta em *Reincarnation*:

> Se tivéssemos o hábito de nos identificar mentalmente, não com a casa onde vivemos, mas com o Eu Humano que existe dentro de nós, a vida seria melhor e mais serena. Expeliríamos as tribulações como expelimos o pó de nossas roupas e compreenderíamos que a medida de todas as coisas que nos acontecem não é a dor ou o prazer proporcionados ao nosso corpo, mas o progresso ou o retardamento trazidos ao Ser Humano que existe dentro de nós. E, como tudo é matéria de experiência e de tudo se pode extrair uma lição, devemos abrandar os sofrimentos procurando em cada coisa a sabedoria nela contida, como contidas estão as pétalas no botão.

Do mesmo modo, a urgência e a ansiedade que experimentamos diante do tempo poderão desaparecer se compreendermos que dispomos de todo o tempo e todas as vidas necessárias. A eternidade é nossa herança; e a reencarnação, requerendo tempo material para expressar-se, dá esse tempo de graça. Mergulhar no infinito só traz alegria. Ninguém está afirmando aqui que resistir psiquicamente às condições adversas e às aparentes devastações do tempo é coisa fácil em meio às vicissitudes diárias do mundo físico. Mas um certo grau de serenidade deve prevalecer caso queiramos acatar a "lei perpétua do Morrer e Voltar a Ser", de Goethe. De fato, o valor e a força da reencarnação não podem ser descobertos examinando a teoria como se fosse um fóssil sob a lupa ou brincando intelectualmente com seus preceitos. A reencarnação tem de ser vivida. E isso implica um renascimento do modo como pensamos e sentimos, uma metamorfose consequente à compreensão autêntica de que somos criaturas imortais responsáveis por forjar nossas almas na bigorna de uma multiplicidade de existências.

A despeito de todas as evidências de vidas passadas e vidas futuras, de todas especulações sobre mundos que renascem após períodos insondáveis de tempo, a reencarnação importa sobretudo ao momento presente. Outras vidas e outras eras cuidam de si mesmas; mas o presente é tudo o que temos e, sempre, a vida atual é a única de que dispomos. Nada importa a não ser o *agora* com sua esplêndida incorporação da história inteira das reencarnações. Pois, embora sejamos hoje o que planejamos ontem, seguramente seremos amanhã o que planejarmos hoje. Eis aí o desafio da reencarnação – desafio que suscitou este conselho do grande filósofo alemão Friedrich Nietzsche:

Vive como se quisesses viver de novo – esse é o teu dever –, pois, seja como for, de novo viverás!

"As leis da reencarnação e do karma tornam possível o progresso constante de todas as coisas vivas. O homem cresce, mas os galhos, as pedras e as estrelas crescem com ele. Todos evoluem juntos; a vida em si se dilata no espaço e rumo ao espaço."
— Manly P. Hall

"Aquele que alcançou a meta não tem medo, não tem desejos, não tem paixões; eliminou os espinhos da vida; esse é seu corpo final."
— *Dhammapada* (24:351)

BIBLIOGRAFIA

Livros

Aquarian Gospel of Jesus the Christ, The (transcrito dos Registros Akáshicos), Marina Del Rey, Cal.: DeVorss & Co., 1981.
Arroyo, Stephen, *Astrology, Karma and Transformation*. Davis, Califórnia: CRCS Publications, 1978.
Aurobindo, Sri, *The Problem of Rebirth*. Pondicherry, Índia. Sri Aurobindo Ashram Trust, 1973.
Bache, Christopher, Ph.D., *Lifecycles: Reincarnation and the Web of Life*. Nova York: Paragon House, 1990.
Bailey, Alice A., *Esoteric Astrology*. Nova York: Lucis Publishing Company, 1979.
_____, *The Light of the Soul*. Nova York: Lucis Publishing Company, s/d.
Banerjee, H. N., *Americans Who Have Been Reincarnated*. Nova York: Macmillan, 1980.
Banerjee, H. N. e Oursler, Will, *Lives Unlimited*. Nova York: Doubleday, 1974.
Barlow, Fred, *Mental Prodigies*. Londres: Hutchinson's, 1952.
Bennett, Colin, *Practical Time Travel*. Londres: Rider, 1937.
Bernstein, Morey, *The Search for Bridey Murphy*. Nova York: Pocket Books, 1978.
Besant, Annie, *Reincarnation*. Madras, Índia: The Theosophical Publishing House, 1975.
Besterman, Theodore, *Collected Papers on the Paranormal*. Nova York: Garrett, 1968.
Blavastky, H. P., *The Secret Doctrine*. Los Angeles: The Theosophy Company, s/d. [*A Doutrina Secreta*, publicado pela Editora Pensamento, São Paulo, 1980.]
Bowman, Carol, *Children's Past Lives: How Past-Life Memories Affect Your Child*. Element Books, 1997.
Brandon, S. G. F., *Religion in Ancient History*. Nova York: Charles Scribner's & Sons, 1969.
Brennan, J. H., *Reincarnation: Five Keys to Past Lives*. Wellingborough, Northants: The Aquarian Press, 1981.
Brunhübner, Fritz (traduzido por Julie Baum), *Pluto*. Washington: American Federation of Astrologers, 1949.
Campbell, Joseph, *The Masks of God: Oriental Mythology*. Nova York: Viking Press, 1962.
_____, *The Masks of God: Primitive Mythology*. Nova York: Viking Press, 1959.
Cannon, Dr. Alexander, *The Power Within*. Londres: Rider and Company, 1950.
_____, *Powers That Be*. Londres: Francis Mott Company, 1934.

Capra, Fritjof, *The Tao of Physics*. Nova York: Bantam Books, 1980. [*O Tao da Física*, publicado pela Editora Cultrix, São Paulo, 1985.]
Carr, Donald E., *The Eternal Return*. Nova York: Doubleday, 1968.
Catholic Encyclopaedia, The. Nova York: Robert Appleton Company, 1911.
Cavendish, Richard, org., *Man, Myth and Magic* (vols. 12, 17). Londres: Marshall Cavendish Corporation, 1970.
Cerminara, Gina, *Many Mansions*. Nova York: William Sloane, 1956.
Chuang Tzu, *The Musings of a Chinese Mystic*. Londres: John Murray, 1955.
Christie-Murray, David, *Reincarnation: Ancient Beliefs and Modern Evidence*. Newton Abbot, Devon: David and Charles, 1981.
Cockell, Jenny, *Yesterday's Children*. Londres: Piatkus, 1993.
Cohen, Daniel, *The Mysteries of Reincarnation*. Nova York: Dodd Mead, 1975.
Crowley, Aleister, *Magick*. Nova York: Weiser, 1979.
Cunningham, Janet, *A Tribe Returned*. Crest Park, Califórnia: Deep Forest Press, 1995.
Dethlefsen, Thorwald, *Voices from Other Lives*. Nova York: M. Evans and Co., 1977.
Easton, Stewart C., *Man and World in the Light of Anthroposophy*. Nova York: The Anthroposophic Press, 1975.
Eberhard, Wolfram, *Chinese Festivals*. Nova York: H. Schuman, 1952.
Eliade, Mircea, *Rites and Symbols of Initiation*. Nova York: Harper Torchbooks, 1958.
Evans-Wentz, W. Y., *The Fairy Faith in Celtic Countries*. Londres: Oxford University Press, 1911.
_____, org., *The Tibetan Book of the Dead*. Londres: Oxford University Press, 1960. [*O Livro Tibetano dos Mortos*, publicado pela Editora Pensamento, São Paulo, 1985.]
_____, org., *Tibet's Great Yogi Milarepa*. Londres: Oxford University Press, 1974.
Ferguson, John, *An Illustrated Encyclopaedia of Mysticism*. Londres: Thames and Hudson, 1976.
Fiore, Dra. Edith, *You Have Been Here Before*. Nova York: Coward, McCann and Geoghegan, 1978.
Ford, Arthur (comunicação a Jerome Ellison), *The Life Beyond Death*. Nova York: Berkley Medallion Books, 1972.
Frazer, Sir James George, *The Belief in Immortality* (vol. 2). Londres: Dawsons of Pall Mall, 1968.
_____, *Folk-Lore in the Old Testament*. Londres: Macmillan, 1918.
_____, *The Golden Bough*. Londres: Macmillan, 1963.
Fremantle, Francesca e Trungpa, Chögyam, *The Tibetan Book of the Dead*. Boulder, Colorado: Shambala Publications, 1975.
Furst, Peter J., *Stones, Bones and Skin: Ritual and Shamanic Art*. Toronto: The Society for Art Publications, 1977.
Gallup, Dr. George, Jr., *Adventures in Immortality*. Nova York: McGraw-Hill, 1982.
Gaskell, G. A., *Dictionary of All Scriptures and Myths*. Nova York: Julian Press, 1977.
Gershom, Rabbi Yonassan, *From Ashes to Healing*. Virginia Beach, Virginia: A. R. E. Press, 1996.
Glaskin, G. M., *A Door to Eternity*. Londres: Wildwood House, 1979.
_____, *Windows of the Mind*. Nova York: Delacorte Press, 1974.
Goldberg, Dr. Bruce, *Past Lives, Future Lives*. North Hollywood, Cal.: Newcastle Publishing, 1982.
Grant, Joan, *Far Memory*. Nova York: Harper and Row, 1956.
Gray, Louis Herbert, org., *The Mythology of All Races*. Boston: Marshall Jones, 1918.
Gribbin, John, *White Holes*. Nova York: Delacorte Press, 1977.

Gris, Henry e Dick, William, *The New Soviet Psychic Discoveries*. Englewood Cliffs, N. J.: Prentice Hall, 1978.
Grof, Stanislav, *Varieties of Transpersonal Experiences: Observations from LSD Psychotherapy*. Chicago: Nelson-Hall, 1975.
Grof, Stanislav e Grof, Christina, *Beyond Death*. Nova York: Thames and Hudson, 1980.
Guirdham, Arthur, *The Psyche in Medicine*. Jersey: Neville Spearman, 1978.
Gunaratna, V. F., *Rebirth Explained*. Kandy, Sri Lanka: Buddhist Publication Society, 1971.
Hall, Manly P., *Reincarnation, The Cycle of Necessity*. Los Angeles: The Philosophical Research Society, 1978.
Harrer, Heinrich, *Seven Years in Tibet*. Londres: Pan Books, 1956.
Hastings, James, org., *Encyclopaedia of Religion and Ethics*. Edimburgo: T. and T. Clark, 1934.
Head, Joseph e Cranston, S. L., orgs., *Reincarnation: The Phoenix Fire Mystery*. Nova York: Crown Publishers, 1977.
Hickey, Isabel M., *Pluto or Minerva: The Choice Is Yours*. Watertown, Mass.: Fellowship House Bookshop, 1977.
Holzer, Hans, *Patterns of Destiny*. Los Angeles: Nash Publishing, 1974.
Howe, Quincy, Jr., *Reincarnations for the Christian*. Filadélfia: The Westminster Press, 1974.
Humphreys, Christmas, *Karma and Rebirth*. Londres: John Murray, 1943.
Jameison, Bryan, *Explore Your Past Lives*. Van Nuys, Califórnia: Astro-Analytics Publications, 1976.
Jast, L. Stanley, *What It All Means*. Londres: T. Werner Laurie, 1941.
Johnston, Charles, *The Memory of Past Births*. Nova York: Metaphysical Publishing, 1899.
Judge, William Q., *The Ocean of Theosophy*. Los Angeles: Theosophy Company, s/d.
Kelsey, Denys e Grant, Joan, *Many Lifetimes*. Nova York: Doubleday, 1967.
Langley, Noel, *Edgar Cayce on Reincarnation*. Londres: Howard Baker, 1969.
Laws of Manu, The. Délhi, Índia: Motilal Banarsidass, 1967.
Leek, Sybil, *Reincarnation: The Second Chance*. Nova York: Stein and Day, 1974.
Lenz, Frederic, *Lifetimes*. Nova York: The Bobbs-Merrill Company, 1979.
Lowell, Laurel, *Pluto*. St. Paul, Minnesota.: Llewellyn Publications, 1973.
Lucas, Winafred Blake, Ph.D., *Regression Therapy: A Handbook for Professionals* (Vols. 1 e 2). Crest Park, Califórnia: Deep Forest Press, 1993.
Mabie, Hamilton Wright, *In the Forest of Arden*. Nova York: Dodd, Mead & Co., 1891.
McDermott, Robert A., org., *The Essential Aurobindo*. Nova York: Schocken Books, 1973.
Moody, Dr. Raymond A., Jr., *Life After Life*. Nova York: Bantam Books, 1981.
Moore, Marcia e Douglas, Mark, *Reincarnation: Key to Immortality*. York Cliffs, Maine: Arcane Publications, 1968.
Moore, Marcia e Alltounian, Howard Sunny, *Journeys into the Bright World*. Rockport, Massachusett: Para Research, 1978.
Morris, Ivan, *The Nobility of Failure*. Nova York: Holt, Rinehart and Winston, 1975.
Moss, Peter e Keeton, Joe, *Encounters with the Past*. Nova York: Penguin, 1981.
Müller, Ernst, *History of Jewish Mysticism*. Oxford: Phaidon Press, 1946.
Müller, Max, org., *The Sacred Books of the East*, Londres: Oxford University Press, 1880-1890.
Netherton, Morris e Schiffrin, Nancy, *Past Lives Therapy*. Nova York: William Morrow, 1978.

Newton, Michael, Ph.D., *Journey of Souls: Case Studies of Life Between Lives*. St. Paul, Minnesota: Llewellyn Publications, 1995.
Ouspensky, P. D., *A New Model of the Universe*. Nova York: Vintage Books, 1971.
Parameswara, P., *Soul, Karma and Re-birth*. Bangalore: P. Parameswara, 1973.
Parrinder, Geoffrey, *The Indestructible Soul*. Nova York: Harper and Row, 1973.
Patanjali, Bhagwan Shree, *Aphorisms of Yoga*. Londres: Faber and Faber, 1973.
Perry, W. J., *The Origins of Magic and Religion*. Port Washington, Nova York: Kennikat Press, 1923.
Prabhupada, His Divine Grace A. C. Bhaktivedanta Swami, *Bhagavad-Gita as It Is*. Nova York: The Bhaktivedanta Book Trust, 1976.
Prophet, Elizabeth Clare, *Reincarnation: The Missing Link in Christianity*. Corwin Springs, Montana: Summit University Press, 1997.
Pryse, James M., *Reincarnation in the New Testament*. Nova York: Elliott B. Page, 1900.
Ram Dass, *Grist for the Mill*. Santa Cruz: Unity Press, 1977.
_____, *The Only Dance There Is*. Nova York: Anchor Press, 1974.
Reyna, Dr. Ruth, *Reincarnation and Science*. Nova Délhi: Sterling Publishers, 1973.
Ring, Kenneth, *Life at Death*. Nova York: Coward, McCann and Geoghegan, 1980.
Roberts, Jane, *The Nature of Personal Reality*. Englewood Cliffs, Nova Jérsei: Prentice-Hall, 1974.
_____, *The Seth Material*. Nova York: Bantam Books, 1981.
Rudhyar, Dane, *An Astrological Triptych*. Nova York: Asi Publishers, 1968.
Ruperti, Alexander, *Cycles of Becoming*. Davis, Califórnia: CRCS Publications, 1978.
Russell, Jeffrey B., *A History of Witchcraft*. Nova York: Thames and Hudson, 1980.
Schecter, Jerrold, *The New Face of Buddha*. Nova York: Coward-McCann, 1967.
Seward, Jack, *Hara-Kiri: Japanese Ritual Suicide*. Tóquio: Charles E. Tuttle Co., 1968.
Shepard, Leslie, org., *Encyclopaedia of Occultism and Parapsychology*. Detroit: Gale Research Co.
Sivananda, Swami, *What Becomes of the Soul after Death*. Himalayas, Índia: Divine Life Society, 1972.
Smart, Ninian, *The Long Search*. Boston: Little, Brown and Co., 1980.
Sogyal Rinpoche, *The Tibetan Book of Living and Dying*. San Francisco: HarperSanFrancisco, 1992.
Spencer, Sir Baldwin, *Native Tribes of the Northern Territory of Australia*. Londres, 1914.
Steiner, Rudolf, *An Outline of Occult Science*. Spring Valley, Nova York: Anthroposophic Press.
Stemman, Roy, *Reincarnation: True Stories of Past Lives*. Londres: Piatkus, 1997.
Stevenson, Dr. Ian, *Cases of the Reincarnation Type* (vols. 1-3). Charlottesville: University Press of Virginia, 1974.
_____, *Reincarnation and Biology: A Contribution to the Etiology of Birthmarks and Birth Defects*. Praegar Publishers, 1997.
_____, *Twenty Cases Suggestive of Reincarnation*. Charlottesville: University Press of Virginia, 1974.
Stokes, Henry Scott, *The Life and Death of Yukio Mishima*. Tóquio: Charles E. Tuttle Co., 1975.
Sutphen, Dick, *Past Lives, Future Loves*. Nova York: Pocket Books, 1978.
Talbot, Michael, *Your Past Lives: A Reincarnation Handbook*. Nova York: Harmony Books, 1987.
_____, *The Holographic Universe*. Nova York: HarperCollins, 1991.

Tatz, Mark e Kent, Jody, *Rebirth: The Tibetan Game of Liberation*. Nova York: Anchor Press, 1977.

TenDam, Hans, *Deep Healing: A Practical Outline of Past-Life Therapy*. Tasso Publishing, 1997.

Toyne, Clarice, *Heirs to Eternity*. Londres: Neville Spearman, 1976.

Verny, Dr. Thomas e Kelly, John, *The Secret Life of the Unborn Child*. Don Mills, Ont.: Collins Publishers, 1981.

Wachsmuth, Guenther, *Reincarnation as a Phenomenon of Metamorphosis*. Nova York: Anthroposophic Press, 1937.

Walker, Benjamin, *Hindu World*. Londres: George Allen and Unwin, 1968.

_____, *Masks of the Soul*. Wellingborough, Northants: The Aquarian Press, 1981.

Walker, E. D., *Reincarnation: A Study of Forgotten Truth*. Nova York: Theosophical Publishing Co., 1904.

Wambach, Helen, *Life Before Life*. Nova York: Bantam Books, 1979.

_____, *Reliving Past Lives: The Evidence Under Hypnosis*. Nova York: Harper and Row, 1978.

Wangdu, Sonam, *The Discovery of the XIVth Dalai-Lama*. Bankok: Klett Thai Publications, 1975.

Weatherhead, Leslie D., *The Christian Agnostic*. Londres: Hodder and Stoughton, 1965.

Weisman, Alan, *We, Immortals*. Nova York: Pocket Books, 1979.

Whitton, Joel L., M.D., Ph.D. e Fisher, Joe, *Life Between Life: A Scientific Exploration into the Void Separating One Incarnation from the Next*. Nova York: Doubleday, 1986.

Wilber, Ken, *The Spectrum of Counsciousness*. Wheaton, Illinois: The Theosophical Publishing House, 1977. [*O Espectro da Consciência*, publicado pela Editora Cultrix, São Paulo, 1990.]

Wilson, Colin, *The Occult*. Nova York: Random House, 1971.

Wilson, Ian, *Mind out of Time?* Londres: Victor Gollancz Ltd., 1981.

Zukav, Gary, *The Dancing Wu Li Masters: An Overview of the New Physics*. Nova York: Bantam Books, 1980.

Jornais e revistas

Arkansas Democrat Gazette, "Ex-teacher Says Love for Girl 1,000 Years Old", 11 de maio de 1997.

Banerjee, H. N., "Murderer and Victim Meet", *Fate*, fevereiro de 1980.

Bannister, Paul, "Dead Man Lives Again in this Girl's Body", *National Enquirer*, 6 de outubro de 1981.

Bowen, Francis, "Christian Metempsychosis", *Princeton Review*, maio de 1881.

Crehan, Father J. H., *Reincarnation*, Catholic Truth Society, Londres.

Crenshaw, James, "Xenoglossy – Proof of Reincarnation?", *Fate*, julho de 1981.

Denton, Jon, "The Mysterious Memories of Jeremy", *The Sunday Oklahoman*, 27 de abril de 1980.

Downer, Craig C., "Do Animals Reincarnate?", *Reincarnation Report*, outubro de 1982.

Duffy, David, "Tragedy of the Rabbit Fantasy Boy", *Sunday Mirror*, 4 de abril de 1976.

Edvardsen, Annu, "Lilla Romy Moter Sin Mor Fran Sitt Tidigare Liv", *Allers*, Helsingborg, Suécia, 19 de abril de 1981.

Gribbin, John, "Does the Universe Oscillate?", *Astronomy*, agosto de 1977.

Herron, Vanessa, "Of Kingfisher, Okla, and the Nine Lives of Ernie Shafenberg", *The Wall Street Journal*, 31 de agosto de 1981.

Journal of Nervous and Mental Disease, "Commentary on Dr. Ian Stevenson's 'The Evidence of Man's Survival After Death'", vol. 165, nº 3, setembro de 1977.

Koenig, William J., "Something to Think About", *The Compensator*, novembro de 1966.

Lewis, Emanuel, "Inhibition of Mourning by Pregnancy: Psychopathology and Management", *British Medical Journal*, 7 de julho de 1979.

Meltzoff, Andrew N. e M. Keith Moore, "Imitation of Facial and Manual Gestures by Human Neonates", *Science*, 7 de outubro de 1977.

Psychic News, "Bird of Passage Is Reincarnated Husband, Says Wife", 22 de agosto de 1970.

_____, "Dowding Stands by Reincarnation", 3 de novembro de 1945.

The Rosicrucian Digest, "The Experience of Reincarnation", partes 1, 2 e 3, outubro, novembro e dezembro de 1979.

Reincarnation International, "I Was Shot Down During WWII", novembro de 1996.

_____, "Children Who Remember Past Lives Are More Mature", julho de 1997.

_____, "Diana Believed in Rebirth", outubro de 1997.

_____, "Incredible Physical Evidence for Reincarnation", outubro de 1997.

_____, "Research into Past-Life Therapy", outubro de 1997.

Stemman, Roy, "A Question of Memory", *Reincarnation International*, janeiro de 1994.

_____, "Past-Life Memories Inspire Hunt for Buried Treasure", *Reincarnation International*, março de 1995.

Stevenson, Dr. Ian, "The Explanatory Value of the Idea of Reincarnation", *Journal of Nervous and Mental Disease*, vol. 164, 1977.

_____, "Some Questions Related to Cases of the Reincarnation Type", *Journal of the American Society for Psychical Research*, vol. 68, 1974.

_____, "The Southeast Asian Interpretation of Gender Dysphoria: An Illustrative Case Report", *Journal of Nervous and Mental Disease*, vol. 165, 1977.

Sunday People, The, "'Second Life' of a Gipsy", 28 de maio de 1978.

Theosophy Company, The, *Reincarnation and Karma*, Los Angeles, 1923.

Time Magazine, "Going Gentle into that Good Night", 21 de março de 1983.

Times, The, "The Controversial and the Problematical", 20 de dezembro de 1980.

Touby, Frank, "Born Again", *Today Magazine*, 4 de outubro de 1980.

Viereck, George Sylvester, "Interview with Henry Ford", *San Francisco Examiner*, 27 de agosto de 1928.

Wambach, Helen, "Pleasures and Perils of Reincarnation Research", *Fate*, abril de 1981.

Whitton, Joel L., "Hypnotic Time Regression and Reincarnation Memories", *New Horizons*, junho de 1976.

_____, "Karma in Reincarnation", *The Rosicrucian Digest*, outubro de 1978.

_____, "Xenoglossia: A Subject with Two Possible Instances", *New Horizons*, setembro de 1978.

Créditos

O trânsito de Plutão por Escorpião foi determinado por Gord Hines, da Zodiac House (P. O. Box 5803, Stn. 'A', Toronto, Ontario M5W IP2), com o uso do DR-70 Astrology Minicomputer pelo Digicomp Research Center, Ithaca, N.Y., E.U.A.

Os símbolos de renascimento foram desenhados por Art Chappelle.

"The Clock That Survived the Holocaust" é cortesia de The A.R.E. Press, Virginia Beach, Estados Unidos.

ÍNDICE DAS CITAÇÕES

Agostinho, Santo, 105
Aurobindo, Sri, 135, 207

Bailey, Alice A., 45
Balzac, Honoré, 51
Bennett, Colin, 174
Bhagavad-Gita, 151
Blavatsky, Madame H. P., 111
Brunhübner, Fritz, 161

Carlyle, Thomas, 214
Cayce, Edgar, 196
Codrington, R. H., 124
Conrad, Joseph, 132
Crowley, Aleister, 173

Da Vinci, Leonardo, 169
Dethlefsen, Thorwald, 118
Dhammapada, O, 232
Dictionary of All Scriptures and Myths, 99
Ducasse, C. J., 207

Emerson, Ralph Waldo, 129, 149
Evans-Wentz, W. Y., 176

Ford, Henry, 55
Fox, Emmet, 58

Gandhi, Mohandas K., 126
Goethe, 10

Goldberg, Dr. Bruce, 133
Grant, Joan, 110
Guirdham, Dr. Arthur, 61

Hall, Manly P., 151, 232
Herder, J. G., 29
Hugo, Vítor, 23

Jalalu' L-Din Rumi, 135
Jameison, Bryan, 66, 229
Jesus Cristo, 99
Jue, Dr. Ronald Wong, 81
Jung, Carl, 83

Kant, Immanuel, 205
Katha Upanishad, 189
Knight, William, 51

Livro Tibetano dos Mortos, O, 113

Mahler, Gustav, 227
Mano, Dr. Keith, 179
Minha Lei, 20

Netherton, Dr. Morris, 61

Parameswara, P., 35

Rainha Elisabeth da Áustria, 60
Ramayana, Vasishta, 134

Ram Dass, 129
Ruperti, Alexander, 161

Schopenhauer, Arthur, 23, 189
Smohalla, 25
Sócrates, 45
Stevenson, Dr. Ian, 29, 34

Thoreau, Henry David, 49

Toyne, Clarice, 72
Trungpa, Chögyam, 111

Wachsmuth, Guenther, 229
Wagner, Richard, 159
Walker, E. D., 83
Wambach, Dra. Helen, 69, 128

Zoroastro, 173